Neue Perspektiven der marktorientierten Unternehmensführung

Herausgegeben von
R. Stock-Homburg, Darmstadt, Deutschland
J. Wieseke, Bochum, Deutschland

Der Reihe „Neue Perspektiven der marktorientierten Unternehmensführung", die sich Konzepten des erfolgreichen Umgangs mit aktuellen und zukünftigen Entwicklungen in der Unternehmenspraxis widmet, liegt eine interdisziplinäre Perspektive zugrunde. Der Interdisziplinarität wird dadurch Rechnung getragen, dass verschiedene Disziplinen innerhalb der Betriebswirtschaftslehre beleuchtet werden (insbesondere Marketing, Innovationsmanagement und Personalmanagement). Darüber hinaus erfährt die Schnittstelle zwischen verschiedenen Facetten der Betriebswirtschaftslehre und der Psychologie (insbesondere Arbeits- und Organisationspsychologie) besondere Bedeutung.

Die in der Reihe „Neue Perspektiven der marktorientierten Unternehmensführung" erscheinenden Arbeiten orientieren sich inhaltlich und konzeptionell an internationalen wissenschaftlichen Standards. Ausgehend von einer stringenten theoretischen Fundierung erfolgt die qualitative bzw. quantitative empirische Untersuchung des jeweiligen Forschungsgegenstands.

Herausgegeben von
Prof. Dr. Ruth Stock-Homburg
Technische Universität Darmstadt

Prof. Dr. Jan Wieseke
Ruhr-Universität Bochum

Sebastian Dreher

Ausgewählte Problemfelder der Marktorientierung

Der Einfluss von Dienstleistungen und Topmanagern auf die Innovativität von Unternehmen

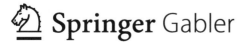

Sebastian Dreher
Darmstadt, Deutschland

Dissertation Technische Universität Darmstadt, 2013

D 17

ISBN 978-3-658-04327-8   ISBN 978-3-658-04328-5 (eBook)
DOI 10.1007/978-3-658-04328-5

Die Deutsche Nationalbibliothek verzeichnet diese Publikation in der Deutschen Nationalbibliografie; detaillierte bibliografische Daten sind im Internet über http://dnb.d-nb.de abrufbar.

Springer Gabler
© Springer Fachmedien Wiesbaden 2014
Das Werk einschließlich aller seiner Teile ist urheberrechtlich geschützt. Jede Verwertung, die nicht ausdrücklich vom Urheberrechtsgesetz zugelassen ist, bedarf der vorherigen Zustimmung des Verlags. Das gilt insbesondere für Vervielfältigungen, Bearbeitungen, Übersetzungen, Mikroverfilmungen und die Einspeicherung und Verarbeitung in elektronischen Systemen.

Die Wiedergabe von Gebrauchsnamen, Handelsnamen, Warenbezeichnungen usw. in diesem Werk berechtigt auch ohne besondere Kennzeichnung nicht zu der Annahme, dass solche Namen im Sinne der Warenzeichen- und Markenschutz-Gesetzgebung als frei zu betrachten wären und daher von jedermann benutzt werden dürften.

Gedruckt auf säurefreiem und chlorfrei gebleichtem Papier

Springer Gabler ist eine Marke von Springer DE. Springer DE ist Teil der Fachverlagsgruppe Springer Science+Business Media.
www.springer-gabler.de

Vorwort der Reihenherausgeber

Aktuelle Entwicklungen wie sich rasant wandelnde Kundenbedürfnisse, verkürzte Produktlebenszyklen, zunehmende Globalisierung und demographischer Wandel in Verbindung mit Fach- und Führungskräftemangel stellen Unternehmen vor völlig neue Herausforderungen. Der erfolgreiche Umgang mit diesen Herausforderungen erfordert die Entwicklung neuer Konzepte der Unternehmensführung. Diese sollten insbesondere an folgenden Punkten ansetzen:

- der Steigerung der Markt- und Innovationsorientierung des Unternehmens (z. B. durch Anpassung von Unternehmensstrukturen bzw. die Förderung der Innovations- bzw. Kundenorientierung der Mitarbeiter),
- der Implementierung neuer Arbeitsformen (z. B. kundenbezogene und virtuelle globale Teams),
- der langfristigen Sicherung der Beschäftigungsfähigkeit von Führungskräften und Mitarbeitern (z. B. durch den Auf- und Ausbau interkultureller Kompetenzen bzw. gezielte Maßnahmen zur Förderung der Work-Life-Balance) bis hin zum
- dem Erhalt und Ausbau humaner Ressourcen (z. B. durch Personalmarketingaktivitäten bzw. gezielte Maßnahmen zur Förderung älterer und weiblicher Mitarbeiter als Unternehmenspotenzial).

Die Vielfalt möglicher Ansatzpunkte macht deutlich: Eine wissenschaftliche Auseinandersetzung allein aus einer einzigen betriebswirtschaftlichen Disziplin heraus wird diesen mannigfaltigen Herausforderungen nur in Ansätzen gerecht. Der Reihe „Neue Perspektiven der marktorientierten Unternehmensführung", die sich Konzepten des erfolgreichen Umgangs mit aktuellen und zukünftigen Entwicklungen in der Unternehmenspraxis widmet, liegt daher eine interdisziplinäre Perspektive zugrunde. Der Interdisziplinarität wird dadurch Rechnung getragen, dass verschiedene Disziplinen innerhalb der Betriebswirtschaftslehre beleuchtet werden (insbesondere Marketing, Innovationsmanagement und Personalmanagement). Darüber hinaus erfährt die Schnittstelle zwischen verschiedenen Facetten der Betriebswirtschaftslehre und der Psychologie (insbesondere Arbeits- und Organisationspsychologie) besondere Bedeutung.

Die in der Reihe „Neue Perspektiven der marktorientierten Unternehmensführung" erscheinenden Arbeiten orientieren sich inhaltlich und konzeptionell an internationalen wissenschaftlichen Standards. Ausgehend von einer stringenten theoretischen Fundierung erfolgt die qualitative bzw. quantitative empirische Untersuchung des jeweiligen Forschungsgegenstands.

Die vorliegenden Titel setzen sich mit zentralen Fragestellungen der marktorientierten Unternehmensführung auseinander. Damit bieten die einzelnen Bände für Wissenschaftler neue Erkenntnisse und Anregungen für Forschungen in den jeweils behandelten Themengebieten. Für die Unternehmenspraxis liefern die verschiedenen Arbeiten Implikationen für den Umgang mit aktuellen und zukünftigen Herausforderungen marktorientierter Unternehmensführung.

Darmstadt und Bochum, im Oktober 2013   Ruth Stock-Homburg und Jan Wieseke

Geleitwort

In den letzten Jahren wird immer stärker in Praxis und Wissenschaft gefordert, die Entwicklung neuer Produkte und Dienstleistungen an den Bedürfnissen von Kunden auszurichten. Trotz zahlreicher empirischer Belege für diesen Zusammenhang stehen Unternehmen vor großen Herausforderungen bei der Umsetzung dieser Maxime. Häufig kommt es zu Fehlinterpretationen von Kundenwünschen, die sich nicht zuletzt im Scheitern neuer Produkte und Dienstleistungen äußern. Die vorliegende Arbeit analysiert ausgewählte Fehlerquellen des Prozesses der Marktorientierung und greift dadurch ein Thema auf, dass für Wissenschaft und Praxis gleichermaßen bedeutend ist.

Der Verfasser beleuchtet die marktorientierte Innovationsgenerierung aus zwei unterschiedlichen Perspektiven: Zum einen wird die Individualisierung von B2B-Dienstleistungen für Unternehmen als wertvoll erachtet, um Informationen über Kundenbedürfnisse zu sammeln. Dieser Blickwinkel wird aufgrund der zunehmenden Dienstleistungsintensität von Industriegütern immer bedeutender. Zum anderen wird untersucht, inwieweit persönliche Merkmale von Topmanagern die Fehlinterpretation von Marktinformationen beeinflussen. Der Verfasser kombiniert damit Aspekte der Topmanagement- und Marketingforschung, womit er eine wenig bearbeitete Schnittstelle zwischen zwei Forschungsgebieten behandelt.

Seine Erkenntnisse zieht Herr Dreher aus zwei großzahligen empirischen Studien. Die erste Untersuchung stützt sich auf Daten von 113 Dienstleistungsanbietern im Business-to-Business-Kontext. Der Verfasser vergleicht die klassische Marktforschung und die Co-Produktion von Dienstleistungen mit Kunden und untersucht, inwieweit diese zur Innovativität des Angebots beitragen. Er zeigt, dass hier signifikant nicht-monotone Effekte gegeben sind. Damit geht der Verfasser über die in der Literatur vielfach postulierten monotonen Effekte, die einer „je mehr ... desto besser"-Logik folgen, hinaus. Während die klassische Markforschung einen U-förmigen Effekt aufweist, zeigt sich ein umgekehrt U-förmiger Effekt hinsichtlich des Einflusses der Co-Produktion auf die Innovativität des Angebots.

Der Einfluss von Topmanagern wird anhand dyadischer und longitudinaler Daten von 229 Topmanagern und über 600 ihrer Mitarbeiter untersucht. Es kann gezeigt werden, dass die

Persönlichkeit von Topmanagern einen erheblichen Einfluss auf die Adäquanz der Einschätzung von Marktgegebenheiten und darüber hinaus auf die Innovativität des Produktprogramms hat. In diesem Zusammenhang führt der Verfasser das Konstrukt der übersehenen Marktgefahren ein. Die empirischen Studien überzeugen durch umfassende Datengrundlagen sowie der Verwendung leistungsfähiger empirischer Methoden.

Anhand der theoretischen und empirischen Ergebnisse werden gleichermaßen bedeutende wie interessante Implikationen für Wissenschaft und Praxis abgeleitet. So ist die Beobachtung von Kunden während der gemeinsamen Dienstleistungserstellung ein wichtiger Ansatzpunkt für Unternehmen, um Ideen für neue Dienstleistungen zu generieren. Klassische Marktforschungsmethoden dagegen sind für B2B-Dienstleister weniger bedeutend. Fehler bei der Interpretation von Marktsituationen sind insbesondere auf die Eigenschaften von Topmanagern zurückzuführen. Daher sollten diese ihre Markteinschätzungen stärker hinterfragen bzw. Feedback aus ihrem beruflichen Umfeld einholen. Insgesamt zeichnet sich die von Herrn Dreher vorgelegte Arbeit durch einen detaillierten Grundlagenteil und umfassende empirische Studien aus. Der Arbeit ist eine weite Verbreitung in Wissenschaft und Praxis zu wünschen.

Boston, im Oktober 2013   Ruth Stock-Homburg

Vorwort

Das zentrale Thema meiner Dissertationsschrift ist die Entwicklung von Innovationen durch ein überlegenes Verständnis von Kunden und deren Bedürfnissen. Der Entwurf der empirischen Studien wurde dabei stark durch meine Erfahrungen in der Unternehmenspraxis beeinflusst. Während meiner Arbeit im Marketing und Vertrieb wurde mir bewusst, welches Potential in der Interaktion von Kunden und Kundenkontaktmitarbeitern steckt. Darüber hinaus erfuhr ich, dass Topmanager einen entscheidenden Einfluss über Erfolg und Misserfolg von Innovationen haben. Mit der vorgelegten Dissertation möchte ich zeigen, dass ein reflektierter Umgang mit Kunden und der Macht von Managern elementar für das erfolgreiche Bestehen von Unternehmen ist.

Die Dissertation hätte ich nicht ohne die Unterstützung zahlreicher Personen fertigstellen können, bei denen ich mich ausdrücklich bedanke. Zuerst möchte ich an dieser Stelle meine akademische Lehrerin, Frau Prof. Ruth Stock-Homburg, nennen, die meine Arbeit in den letzten drei Jahren intensiv betreut hat. Mit ihrer unvergleichlichen Energie förderte und forderte sie mich stets und ermöglichte meine persönliche und fachliche Weiterentwicklung. Ich möchte mich für das von ihr entgegengebrachte Vertrauen und die gewährten Freiheiten in meiner Zeit am Fachgebiet bedanken. Eine weitere Anerkennung gilt meinem Zweitgutachter Herrn Prof. Oliver Hinz für die offenen Gespräche, die mir eine umfassende Reflektion meiner Arbeit ermöglichten.

An zweiter Stelle gilt es meine Kolleginnen und Kollegen hervorzuheben, mit denen ich während meiner Zeit am Fachgebiet zusammenarbeiten durfte. Den Gedankenaustausch in formellem und informellem Rahmen empfand ich als stets bereichernd. Hier sind insbesondere Björn Six, Nicolas Zacharias und Gisela Bieling zu erwähnen, von deren umfangreichen Wissen ich insbesondere zu Beginn meiner Zeit als Doktorand profitieren konnte. Florian Totzauer unterstützte mich in schwierigen Phasen der Dissertationserstellung unermüdlich. Florian Dorozalla und Thomas Krüger ermöglichten mir, auch bei schwierigen Entscheidungen stets die Orientierung zu behalten. Ich hoffe, dass sich die entstandenen Freundschaften auch weiterhin erhalten.

Trotz aller Entbehrungen, welche das Verfassen einer Dissertation mit sich bringt, freue ich mich über die Menschen, die mich immer noch als Freunde begleiten, obwohl regelmäßige Treffen aufgrund der räumlichen Distanz und der beruflichen Einspannung immer seltener geworden sind. Ein besonderer Dank gilt meiner Freundin Solveig, die mir durch ihre positive, fröhliche und verständnisvolle Art immer wieder die nötige Energie gegeben hat. Sie hat es mir ermöglicht, die wichtigen Dinge im Leben niemals aus dem Auge zu verlieren, wofür ich ihr sehr dankbar bin.

Mein mit Abstand größter Dank gilt meiner Familie. Die unerschöpfliche Herzlichkeit und der Fleiß meiner Eltern Monika und Uwe dienen mir immer als Vorbild. Sie ermöglichten mir, ein unabhängiges und sorgenfreies Leben zu führen und gaben mir die Werte mit, die mich heute prägen. Meinen Brüdern Matthias und Dennis bin ich immer in Gedanken verbunden, auch wenn gemeinsame Unternehmenungen in der Promotionszeit selten waren. Insbesondere freue ich mich, dass alle meine Großeltern die Fertigstellung meiner Dissertation erleben konnten. Meiner Familie ist diese Arbeit gewidmet.

Darmstadt, im Oktober 2013   Sebastian Dreher

Inhaltsübersicht

1 Einleitung 1
   1.1   Bedeutung und Problemstellungen der Marktorientierung in der Unternehmenspraxis 1
   1.2   Bedeutung und Problemstellungen der Marktorientierung in der Marketingforschung 3
   1.3   Ableitung der Forschungsthesen dieser Arbeit 6
   1.4   Aufbau der Arbeit 11

2 Grundlagen der Dienstleistungsperspektive 13
   2.1   Die Entwicklung der Dienstleistungsforschung 13
   2.2   Besonderheiten von Dienstleistungen und Dienstleistungsbegriff 19
   2.3   Ausgewählte Dienstleistungsphänomene 26
   2.4   Dienstleistungsinnovationen 41
   2.5   Service-Dominant Logic 50
   2.6   Begriffe zur Erfassung der Interaktion von Kunden und Unternehmen 61
   2.7   Zusammenfassende Betrachtung 78

3 Grundlagen der Topmanagerperspektive 81
   3.1   Begriffsdefinitionen 81
   3.2   „Upper Echelons"-Theorie 84
   3.3   Der Einfluss von Topmanagern auf die Marktorientierung von Unternehmen 92
   3.4   Topmanagerselbstkonzepte 102
   3.5   Zusammenfassende Betrachtung 114

4 Studie 1: Informationsgenerierung durch Co-Production zur Dienstleistungserstellung 115
   4.1   Untersuchungsgegenstand 115
   4.2   Theoretische Grundlagen 119
   4.3   Hypothesenentwicklung 120
   4.4   Datensatz und Messungen 124
   4.5   Überprüfung der Hypothesen 129

| 4.6 | Diskussion der Ergebnisse | 134 |

5 Studie 2: Einfluss der Topmanagerselbstkonzepte auf die Interpretation von Marktinformationen ... 139

5.1	Untersuchungsgegenstand	139
5.2	Theoretische Grundlagen und Bezugsrahmen der Arbeit	143
5.3	Hypothesenentwicklung	146
5.4	Datensatz und Messungen	151
5.5	Überprüfung der Hypothesen	157
5.6	Diskussion der Ergebnisse	161

6 Fazit und Implikationen ... 165

6.1	Implikationen für die Wissenschaft	167
6.2	Implikationen für die Unternehmenspraxis	170
6.3	Limitationen und zukünftige Forschung	172

Literaturverzeichnis ... 177

Anhang ... 223

Inhaltsverzeichnis

Abbildungsverzeichnis XVII
Tabellenverzeichnis XIX
Abkürzungsverzeichnis XXI
Zeitschriftenverzeichnis XXIII

1 Einleitung **1**
1.1 Bedeutung und Problemstellungen der Marktorientierung in der Unternehmenspraxis 1
1.2 Bedeutung und Problemstellungen der Marktorientierung in der Marketingforschung 3
1.3 Ableitung der Forschungsthesen dieser Arbeit 6
1.4 Aufbau der Arbeit 11

2 Grundlagen der Dienstleistungsperspektive **13**
2.1 Die Entwicklung der Dienstleistungsforschung 13
2.2 Besonderheiten von Dienstleistungen und Dienstleistungsbegriff 19
    2.2.1 Begriffsverwendung 19
    2.2.2 IHIP-Kriterien 20
    2.2.3 Dienstleistungsdefinition 23
    2.2.4 Besonderheiten von B2B-Dienstleistungen 24
2.3 Ausgewählte Dienstleistungsphänomene 26
    2.3.1 Self-Service und Self-Service Technologien 26
    2.3.2 Service Infusion bei Sachgüterproduzenten 33
2.4 Dienstleistungsinnovationen 41
    2.4.1 Strömungen der Dienstleistungsinnovationsforschung 41
    2.4.2 Begriffsdefinition 43
    2.4.3 Operationalisierung 45
    2.4.4 Besonderheiten bei der Generation von Dienstleistungsinnovationen 46
    2.4.5 Beitrag für diese Arbeit 49
2.5 Service-Dominant Logic 50

	2.5.1	Grundlegende Annahmen	50
	2.5.2	Die Interaktion zwischen Unternehmen und Kunden	54
	2.5.3	Kritik	58
	2.5.4	Zusammenfassung und Beitrag für diese Arbeit	59
2.6		Begriffe zur Erfassung der Interaktion von Kunden und Unternehmen	61
	2.6.1	Kundeninteraktion zur Dienstleistungserstellung	61
	2.6.2	Kundeninteraktion zur Entwicklung neuer Dienstleistungen	72
2.7		Zusammenfassende Betrachtung	78

3 Grundlagen der Topmanagerperspektive ... 81

3.1		Begriffsdefinitionen	81
	3.1.1	Strategische Führung	81
	3.1.2	Topmanager und Topmanagement	82
3.2		„Upper Echelons"-Theorie	84
	3.2.1	Basisaussagen	85
	3.2.2	Erweiterungen	88
	3.2.3	Kritik	89
	3.2.4	Zusammenfassung und Beitrag für diese Arbeit	91
3.3		Der Einfluss von Topmanagern auf die Marktorientierung von Unternehmen	92
	3.3.1	Topmanager und die Interpretation von Marktinformationen	92
	3.3.2	Die Rolle der Interpretation von Marktinformationen auf Unternehmensebene	94
	3.3.3	Das Konzept des Sensemaking	96
	3.3.4	Die Rolle von Marktgefahren und Marktchancen	98
	3.3.5	Beitrag für diese Arbeit	101
3.4		Topmanagerselbstkonzepte	102
	3.4.1	Definition Selbstkonzept	102
	3.4.2	Hybris	104
	3.4.3	Überschätzung	106
	3.4.4	Narzissmus	109
	3.4.5	Beitrag für diese Arbeit	113
3.5		Zusammenfassende Betrachtung	114

4 Studie 1: Informationsgenerierung durch Co-Production zur Dienstleistungserstellung ... 115

4.1	Untersuchungsgegenstand	115

4.2	Theoretische Grundlagen		119
4.3	Hypothesenentwicklung		120
	4.3.1	Co-Production	120
	4.3.2	Klassische Befragungsmethoden	121
	4.3.3	Moderatoreffekt der Angebotskomplexität	123
4.4	Datensatz und Messungen		124
	4.4.1	Datensatz	124
	4.4.2	Messung der Konstrukte	125
	4.4.3	Test auf Common Method Bias	129
4.5	Überprüfung der Hypothesen		129
	4.5.1	Modellspezifikation	129
	4.5.2	Gütekriterien der Regressionsanalyse	132
	4.5.3	Direkte Effekte	132
	4.5.4	Moderatoreffekte	133
4.6	Diskussion der Ergebnisse		134
	4.6.1	Implikationen für die Wissenschaft	135
	4.6.2	Implikationen für die Unternehmenspraxis	135
	4.6.3	Limitationen und Ausblick	136

5 Studie 2: Einfluss der Topmanagerselbstkonzepte auf die Interpretation von Marktinformationen ... 139

5.1	Untersuchungsgegenstand		139
5.2	Theoretische Grundlagen und Bezugsrahmen der Arbeit		143
	5.2.1	Erweiterung der Marktorientierung um eine Topmanagerperspektive	143
	5.2.2	Bezugsrahmen der Studie	145
5.3	Hypothesenentwicklung		146
	5.3.1	Direkte Effekte	146
	5.3.2	Moderatorhypothese	150
5.4	Datensatz und Messungen		151
	5.4.1	Datensatz	151
	5.4.2	Messung der Konstrukte	151
	5.4.3	Test auf Common Method Bias	156
5.5	Überprüfung der Hypothesen		157
	5.5.1	Testverfahren	157
	5.5.2	Direkte und Kontrolleffekte	159

	5.5.3	Moderatoreffekt	161
5.6		Diskussion der Ergebnisse	161
	5.6.1	Implikationen für die Wissenschaft	162
	5.6.2	Implikationen für die Unternehmenspraxis	163
	5.6.3	Limitationen und zukünftige Forschung	164
6	**Fazit und Implikationen**		**165**
6.1		Implikationen für die Wissenschaft	167
6.2		Implikationen für die Unternehmenspraxis	170
6.3		Limitationen und zukünftige Forschung	172

Literaturverzeichnis **177**

Anhang **223**

Abbildungsverzeichnis

Abbildung 1-1:	Forschungsfragen und Forschungsthesen der Arbeit	10
Abbildung 1-2:	Bezugsrahmen der Arbeit	11
Abbildung 1-3:	Aufbau der Arbeit	12
Abbildung 2-1:	Entwicklung des Dienstleistungsmarketings	18
Abbildung 2-2:	Forschungsschwerpunkte des Dienstleistungsmarketings	19
Abbildung 2-3:	Klassifikation von Dienstleistungen	25
Abbildung 2-4:	Ausgewählte Variablen aus empirischen Studien zu Self-Service Technologien	30
Abbildung 2-5:	Grafische Zusammenfassung der Service-Dominant Logic	53
Abbildung 2-6:	Vergleich Co-Production und Co-Creation	56
Abbildung 2-7:	Abgrenzung des Begriffs Co-Production	68
Abbildung 3-1:	Modell der Informationsfilterung bei strategischen Entscheidungsprozessen	86
Abbildung 3-2:	Einflussvariablen der Managerial Discretion	89
Abbildung 3-3:	Der Einfluss von Sensemaking auf den Unternehmenserfolg	98
Abbildung 4-1:	Visualisierung nicht-linearer Effekte von Co-Production und klassischen Befragungsmethoden	133
Abbildung 4-2:	Visualisierung der Moderation nicht-linearer Effekte durch die Angebotskomplexität	134
Abbildung 5-1:	Bezugsrahmen Studie 2	146
Abbildung 6-1:	Forschungsthesen und Erkenntnisse dieser Arbeit	166

Tabellenverzeichnis

Tabelle 2-1:	Die 15 einflussreichsten Dienstleistungsartikel von 1993-2009	16
Tabelle 2-2:	Überblick über verschiedene Phasen der Dienstleistungsentwicklung	17
Tabelle 2-3:	Aktuelle Diskussion zur Relevanz der IHIP-Kriterien	22
Tabelle 2-4:	Beispiele für Professional Service Unternehmen	24
Tabelle 2-5:	Arten von Self-Service Technologien	28
Tabelle 2-6:	Alternativen zum Begriff Service Infusion und deren Definition	34
Tabelle 2-7:	Relevante konzeptionelle Arbeiten zum Phänomen der Service Infusion	35
Tabelle 2-8:	Praxisbeispiele für Service Infusion bei Sachgüterproduzenten	36
Tabelle 2-9:	Empirische Arbeiten zum Einfluss der Service Infusion auf den Unternehmenserfolg	37
Tabelle 2-10:	Alternativen zum Begriff Lösungen und deren Definitionen	39
Tabelle 2-11:	Arten von Dienstleistungsinnovationen in empirischen Studien	44
Tabelle 2-12:	Messungen der Dienstleistungsinnovativität in empirischen Studien zur Marktorientierung von Unternehmen	45
Tabelle 2-13:	Literaturüberblicke über die Dienstleistungsinnovationsforschung	47
Tabelle 2-14:	Grundannahmen der Service-Dominant Logic und ihre Anpassung	51
Tabelle 2-15:	Zentrale Texte der Service-Dominant Logic	54
Tabelle 2-16:	Vergleich Co-Production und Co-Creation	57
Tabelle 2-17:	Zusammenfassung der Service-Dominant Logic	60
Tabelle 2-18:	Definitionen des Begriffs Customer Participation in empirischen Studien	62
Tabelle 2-19:	Zusammenfassung des Begriffs Customer Participation	64
Tabelle 2-20:	Vergleich von Dienstleistungen mit verschiedenen Intensitäten der Co-Production	65
Tabelle 2-21:	Definitionen des Begriffs Co-Production in empirischen Studien	66
Tabelle 2-22:	Zusammenfassung des Begriffs Co-Production	68
Tabelle 2-23:	Zusammenfassung des Begriffs Customer Involvement	70
Tabelle 2-24:	Zusammenfassung des Begriffs Customer Engagement	71
Tabelle 2-25:	Zusammenfassung des Begriffs Klassische Befragungsmethoden	74

Tabelle 2-26:	Zusammenfassung des Begriffs Co-Development	76
Tabelle 2-27:	Zusammenfassung des Begriffs Co-Development in einzelnen Entwicklungsphasen	77
Tabelle 3-1:	Verschiedene Definitionen des Begriffs Topmanager	83
Tabelle 3-2:	Ausgewählte Hypothesen zum Einfluss demografischer Topmanagereigenschaften	87
Tabelle 3-3:	Ausgewählte Hypothesen zum Einfluss psychologischer Topmanagereigenschaften auf den Informationsfilterprozess	88
Tabelle 3-4:	Zusammenfassung der „Upper Echelons"-Theorie	91
Tabelle 3-5:	Empirische Arbeiten zur Hybris von Topmanagern	106
Tabelle 3-6:	Empirische Arbeiten zur Überschätzung von Topmanagern	108
Tabelle 3-7:	Empirische Arbeiten zum Narzissmus von Topmanagern	112
Tabelle 4-1:	Konstrukte, Quellen und verwendete Indikatoren Studie 1	126
Tabelle 4-2:	Korrelationen, Gütekriterien und deskriptive Statistiken Studie 1	128
Tabelle 4-3:	Ergebnisse der Regressionsanalyse Studie 1	131
Tabelle 5-1:	Konstrukte, Quellen und verwendete Indikatoren Studie 2	152
Tabelle 5-2:	Gütekriterien der Validierungsstudie des Konstrukts übersehene Marktgefahren	155
Tabelle 5-3:	Korrelationen, Gütekriterien und deskriptive Statistiken Studie 2	156
Tabelle 5-4:	Ergebnisse des Strukturgleichungsmodells Studie 2	160

Abkürzungsverzeichnis

ATM	Automated Teller Machine
B2B	Business-to-Business
B2C	Business-to-Consumer
CE	Customer Engagement
CEO	Chief Executive Officer
CFI	Comparative Fit Index
DEV	Durchschnittlich erfasste Varianz
DL	Dienstleistungen
F&E	Forschung und Entwicklung
FP	Foundational Premise
FR	Faktorreliabilität
HRM	Human Resource Management
IHIP	Intangibility, Heterogeneity, Inseparability and Perishability
KIBS	Knowledge Intensive Business Services
NPD	New Product Development
R&D	Research & Development
RMSEA	Root Mean Square Error of Approximation
R_{wg}	Interrater Reliability
SBU	Strategic Business Unit
SDL	Service-Dominant Logic

SMEs	Small and Medium-Sized Enterprises
SRMR	Standardized Root Mean Residual
SSC	Service Supporting the Client's Action
SSP	Service Supporting the Supplier's Product
SST	Self-Service Technologien
SWOT	Strengths, Weaknesses, Opportunities and Threats
TBSS	Technology Based Self-Services
TLI	Tucker-Lewis Index
TMT	Topmanagement Team

Zeitschriftenverzeichnis

EJoM	European Journal of Marketing
IJRM	International Journal of Research in Marketing
JAMS	Journal of the Academy of Marketing Science
JBR	Journal of Business Research
JM	Journal of Marketing
JSM	Journal of Service Management
JSR	Journal of Service Research

1 Einleitung

1.1 Bedeutung und Problemstellungen der Marktorientierung in der Unternehmenspraxis

Der Grundidee der Marktorientierung nach ist es ein Erfolgsfaktor für Unternehmen, Kundenbedürfnisse effektiver als ihre Wettbewerber zu identifizieren und zu befriedigen (Kirca/Jayachandran/Bearden 2005; Narver/Slater/MacLachlan 2004). Eine konsequente Marktorientierung gilt für heutige Unternehmen als unumgänglich. So stellen Liao und Kollegen (2011, S. 307) fest: „MO [market orientation] is now so widely and well accepted, that it has become simply a cost of doing business in many industries".

Die Kosten der Marktorientierung für Unternehmen sind nicht zu unterschätzen. Zum einen müssen Unternehmen stetig *Informationen über Kunden und Wettbewerber einholen* (Jaworski/Kohli 1993). Die amerikanische Bank Wachovia befragt beispielsweise monatlich rund 25.000 Kunden nach ihrer Zufriedenheit (Zeithaml/Bitner/Gremler 2006). Auch den Wettbewerb behalten Unternehmen im Auge: Um keine wichtige Aktion der Konkurrenz zu verpassen, fordert der Vorstandsvorsitzende von Sony einen wöchentlichen Überblick über die Aktivitäten des Hauptwettbewerbers Samsung an (Grimm/Lee/Smith 2006). Für die Befriedigung identifizierter Kundenbedürfnisse und den Umgang mit Wettbewerberaktionen spielt weiterhin die *Entwicklung von Innovationen* eine fundamentale Rolle (Wong/Tong 2011). Nach Angaben der Europäischen Union führten im Zeitraum von 2006 bis 2008 mehr als 75% aller deutschen Unternehmen Produkt- und Prozessinnovationen ein (European Commission 2012). Dies ist zugleich der Höchstwert in Europa. Der Umsatzanteil von Produkten, die in den letzten drei Jahren eingeführt wurden, beträgt branchenabhängig bis zu 42 % (ZEW 2012). Diese Zahlen zeigen, dass die Marktorientierung und die Generierung eines innovativen Unternehmensangebots eine große Bedeutung für Unternehmen hat.

Insbesondere ein *intensiver Wettbewerb* stellt Unternehmen bezüglich ihrer Marktorientierung und der darauf aufbauenden Innovationsentwicklung jedoch vor große Herausforderungen. Tendenzen wie eine zunehmende Globalisierung, eine steigende Vernetzung und neue, internetbasierte Geschäftsmodelle erhöhen die Zahl der Wettbewerber und intensivieren deren Aktivitäten (Celuch/Kasourf/Peruvemba 2002; Grimm/Lee/Smith 2006; Maydeu-Olivares

2003). Darüber hinaus tragen sie dazu bei, dass sich die Kundenbedürfnisse schneller ändern (Aldas-Manzano/Küster/Vila 2005). Dies hat zur Folge, dass Wettbewerbsvorteile nicht lange aufrecht erhalten werden können, und Unternehmen ihr Produktangebot ständig erweitern beziehungsweise erneuern müssen (Kor 2006; Wong/Tong 2011). Dieser Druck spiegelt sich in den Entwicklungszyklen der Automobilbranche wider, die in kürzester Zeit von fünf Jahre auf teilweise unter 18 Monate gesunken sind (Grimm/Lee/Smith 2006). Insgesamt führt der starke Wettbewerb für viele Unternehmen zu sich schnell ändernden Marktbedingungen, der auch mit dem Begriff *Hypercompetition* beschrieben wird (D'Aveni 1994; Nadkarni/Herrmann 2010).

Die vorliegende Arbeit befasst sich mit zwei Problemfeldern der Marktorientierung, für die im Folgenden zentrale Fragestellungen formuliert werden sollen. Ein erstes Problemfeld der Marktorientierung, das sich durch schnelle Wechsel der Marktbedingungen ergibt, betrifft die *Generierung von Informationen* über Kundenbedürfnisse. Ein tiefgreifendes Verständnis von Kundenbedürfnissen betrachten Praktiker und Wissenschaftler zugleich als essentiellen ersten Schritt der Marktorientierung (Hamel/Prahalad 1994; Harmancioglu/Grinstein/Goldman 2010). Mängel in diesem Prozess, die zu einer fehlerhaften Identifikation von Kundenbedürfnissen führen, werden als Hauptgrund für das Scheitern von Innovationen gesehen (Cooper/Kleinschmidt 1995; Kleinschmidt/Cooper 1995).

Klassischerweise werden Informationen über Kunden *durch Befragungen und Interviews gewonnen*, die zum Beispiel Marketing- oder Vertriebsmitarbeiter durchführen (Bolton 2011; Moorman 1995). In einer sich schnell wandelnden Umwelt reicht es jedoch nicht aus, sich auf die von Kunden geäußerten Wünsche zu verlassen. Dies ist darin begründet, dass sich Kunden ihrer Bedürfnisse oft nicht bewusst sind oder diese nicht ausdrücken können (Hamel/Prahalad 1994; Thomke/von Hippel 2002). Ein Zitat, das Henry Ford zugeschrieben wird, unterstreicht diese These: „If I had asked people what they wanted, they would have said a faster horse" (Sharp 2009, S. 113). Für Unternehmen ist daher folgende Fragestellung relevant:

Welche alternativen Ansätze anstelle direkter Kundenbefragungen können Unternehmen nutzen, um innovationsrelevante Informationen über Kundenbedürfnisse zu generieren?

Ein zweites Problemfeld betrifft die *Informationsinterpretation*. Zentrale Voraussetzung für die Einführung von Innovationen ist die Interpretation der Marktsituation, insbesondere durch die Identifikation von Marktgefahren und Marktchancen (Thomas/Clark/Gioia 1993; White/Varadarajan/Dacin 2003). Der beschriebene extreme Wettbewerb erschwert die Einschätzung von Marktentwicklungen, da die Masse an Informationen und deren Komplexität steigt (White/Varadarajan/Dacin 2003). Vor diesem Hintergrund ist anzunehmen, dass Manager oft nur bedingt in der Lage sind, alle verfügbaren Informationen abzuwägen und rein rationale Entscheidungen zu treffen (Hambrick/Mason 1984).

Die Unternehmenspraxis zeigt, dass die *falsche Bewertung von Marktgefahren und Marktchancen fatale Konsequenzen für Unternehmen* haben kann. So unterschätzte beispielsweise das finnische Unternehmen Nokia das Potenzial von Smartphones mit HD-Touchscreen, wie durch folgendes Zitat eines Nokia-Managers belegt wird: „The attitude was that we'd tried touchscreens before, and people didn't like them" (Burrows/Ben-Aaron/Bass 2011, S. 59). Während Nokia noch bis 2010 führender Anbieter mobiler Endgeräte war, verzeichnete es seit der Einführung eines Smartphones mit Touchscreen von Apple einen Kursverlust von circa 70 % des Unternehmenswerts (Burrows/Ben-Aaron/Bass 2011). Die Branche wird mittlerweile mit Samsung und Apple von zwei Unternehmen dominiert, die vor 10 Jahren nicht einmal zu den Top Fünf der Industrie zählten (Grimm/Lee/Smith 2006). Die Aufgabe von Unternehmen sollte es daher sein, die Auswirkungen sowie die Einflussfaktoren der Interpretation von Marktinformationen besser zu verstehen. Aus einer Unternehmensperspektive ist somit folgende Fragestellung relevant:

Welche Faktoren erklären die Fehlinterpretation von Marktinformationen und wie beeinflusst dies die Innovativität von Unternehmen?

1.2 Bedeutung und Problemstellungen der Marktorientierung in der Marketingforschung

Die Marktorientierung von Unternehmen ist *eines der meistuntersuchten Phänomene* des strategischen Marketings (Talke/Salomo/Kock 2011). Die dichte Abdeckung dieses Forschungsfelds wird durch eine Vielzahl von Literaturüberblicken und Metaanalysen belegt (z. B. Baker/Sinkula 2005; Calantone/Harmancioglu/Droge 2010; Epp/Price 2011; Kirca/Jayachandran/Bearden 2005; Liao et al. 2011). Während sich die Ursprünge der Marktorientierungsforschung in die 1950er Jahre zurückverfolgen lassen (Day 1994), ist der starke Zuwachs an empirischen Arbeiten durch die Einführung geeigneter Messinstrumente von Kohli und Jaworski (1990) sowie Narver und Slater (1990) zu erklären (Matear et al. 2002). Diese Messungen dominieren den heutigen Stand der empirischen Forschung.

Nach Kohli und Jaworski (1990) kann Marktorientierung definiert werden als „organizationwide generation of market intelligence [...], dissemination of the intelligence across departments and organizationwide responsiveness to it" (Kohli/Jaworski 1990, S. 3). Entsprechend wird das Konstrukt der Marktorientierung in die drei Elemente Informationsgenerierung, Informationsverbreitung und Reaktionsfähigkeit unterteilt (Jaworski/Kohli 1993; Kohli/Jaworski 1990; Kohli/Jaworski/Kumar 1993).

Eine Vielzahl von Studien untersucht den *Einfluss der Marktorientierung auf die Innovativität* beziehungsweise den Neuprodukterfolg von Unternehmen (siehe Tabellen A-1 bis A-3 im Anhang). Die Basisannahme, dass eine höhere Marktorientierung zu einer besseren Identifikation von Kundenbedürfnissen und somit zu einer Erhöhung der Innovativität führt (Epp/Price 2011), wird in vielen Studien bestätigt (Atuahene-Gima 1995; Baker/Sinkula 2005, 2007; Matsuno/Mentzer/Özsomer 2002; Ngo/O'Cass 2012).

Aufgrund der Vielschichtigkeit der Konstrukte Marktorientierung und Innovativität liegen in der Literatur jedoch zahlreiche *widersprüchliche Ergebnisse* vor (Atuahene-Gima 2005; Gatignon/Xuereb 1997; van Riel/Lemmink/Ouwersloot 2004). Ein hoher Anteil der Studien berichtet nicht signifikante (Atuahene-Gima 1996b; Narver/Slater/MacLachlan 2004; Paladino 2007) beziehungsweise gegenläufige Effekte (Gatignon/Xuereb 1997; Zhou/Yim/Tse 2005) der Marktorientierung auf die Innovativität von Unternehmen. Diese Befunde sind nicht auf einzelne Industrien oder spezielle Fragestellungen beschränkt, sondern über diverse Stichproben verteilt. Insgesamt lassen die unterschiedlichen Ergebnisse vermuten, dass das Wissen über die Auswirkungen einer Marktorientierung auf den Innovationserfolg noch unvollständig ist.

Um die Widersprüche in der Marktorientierungsforschung zu lösen, konzentrieren sich neuere Arbeiten auf eine *getrennte Betrachtung der Dimensionen der Marktorientierung* (Atuahene-Gima 2005; Windahl/Lakemond 2006). Die drei zentralen Dimensionen der Konzeptionalisierung von Kohli und Jaworski (1990) beziehungsweise von Narver und Slater (1990) wurden zuvor meist aggregiert betrachtet (z. B. Baker/Sinkula 2007; Dibrell/Craig/Hansen 2011). Jüngere Studien zeigen allerdings, dass die Effekte der einzelnen Dimensionen sich stark unterscheiden und sogar gegenläufig sein können (Frambach/Prabhu/Verhallen 2003; van Riel/Lemmink/Ouwersloot 2004; Zhou/Yim/Tse 2005).

Im Folgenden sollen relevante wissenschaftliche Fragestellungen durch die Untersuchung einzelner Dimensionen der Marktorientierung abgeleitet werden. Eine fokussierte Betrachtung der Informationsgenerierung scheint besonders vielversprechend (Harmancioglu/Grinstein/Goldman 2010). Schon in frühen Studien wird die *Informationsgenerierung* als essenziellster Schritt der Marktorientierung beschrieben (Harmancioglu/Grinstein/Goldman 2010; Ottum/Moore 1997). Bezüglich der Informationsgenerierung wird konzeptionell kritisiert, dass der Fokus auf geäußerte Kundenwünsche die Identifikation radikaler Innovationen und neuer Geschäftsfelder verhindern kann (Christensen/Bower 1996). Die Fokussierung auf geäußerte Kundenwünsche erfolgt dabei durch die Verwendung klassischer Befragungsmethoden wie Interviews oder Umfragen (Hamel/Prahalad 1994). Diese Techniken sind aufgrund ihrer Einfachheit in der Unternehmenspraxis immer noch weit verbreitet (Moorman 1995). Trotz der Einführung neuer Konzepte, wie der proaktiven Marktorientierung (Atuahene-

Gima/Slater/Olson 2005), finden alternative Methoden zur Informationsgenerierung in der empirischen Forschung nur wenig Berücksichtigung. Aus diesem Grund stellt sich folgende Forschungsfrage:

Wie beeinflussen alternative Methoden der Informationsgenerierung die Innovativität von Unternehmen, insbesondere im Vergleich zu klassischen Befragungsmethoden?

Von besonderem Interesse ist die *Art des Einflusses* der Informationsgenerierung auf die Innovativität von Unternehmen. In den meisten Studien werden positive lineare Effekte postuliert (z. B. Atuahene-Gima 2005; Grinstein 2008). Immer mehr Studien im Bereich der Marktorientierung finden jedoch nicht-lineare Zusammenhänge (Atuahene-Gima/Slater/Olson 2005; Carbonell/Rodríguez-Escudero 2010; Tsai/Chou/Kuo 2008). Diese Arbeiten sind in der Regel auf eine aggregierte Sichtweise der Marktorientierung limitiert; lediglich Carbonell und Rodríguez-Escudero (2010) untersuchen einen nicht-linearen Effekt für eine einzelne Dimension der Marktorientierung. Sie weisen einen J-förmigen Einfluss der Reaktionsfähigkeit von Unternehmen auf die Entwicklungsgeschwindigkeit neuer Produkte nach. Der J-förmige Einfluss ist dadurch zu erklären, dass die Verzögerung der Entwicklungsgeschwindigkeit, die durch die Bearbeitung von Marktinformationen entsteht, durch Lerneffekte bei höheren Intensitäten kompensiert wird. Daher ist zusätzlich von Interesse, ob sich entsprechende Befunde auch für den Effekt der Informationsgenerierung finden lassen. Dies führt zu folgender Fragestellung:

Welche Rolle spielen nicht-lineare Effekte für den Einfluss der Informationsgenerierung auf die Innovativität von Unternehmen?

Während die bestehende Marktorientierungsliteratur die Informationsgenerierung vergleichsweise intensiv betrachtet, wurden andere *Komponenten der Informationsverarbeitung* bislang völlig vernachlässigt. Neben den klassischen Dimensionen der Marktorientierung schlägt Sinkula (1994), in Anlehnung an die Theorie des organisationalen Lernens, die separate Betrachtung der Interpretation von Marktinformationen vor. Diese umfasst „the conversion of information into knowledge and understanding" (White/Conant/Echambadi 2003, S. 64). Trotz der intuitiven Bedeutung der Interpretation von Informationen für die Ableitung strategischer Aktivitäten von Unternehmen, wurde diese in der Konzeptionalisierung der Marktorientierung durch Kohli und Jaworski (1990) nicht explizit betrachtet und dadurch in der empirischen Forschung weitestgehend außen vor gelassen.

Jaworski und Kohli (1996) erkennen selbst an, dass die Interpretation von Marktinformationen einen besonderen Mehrwert liefert: „[...] viewing market orientation as the generation of market intelligence and its dissemination within an organization implicitly suggests that the interpretation of market information is done by the person(s) acquiring the information prior to disseminating it. In contrast, the market information processing literature suggests that the interpretation may also occur after the information is shared with others" (Jaworski und Kohli 1996, S. 122). Auch in anderen Arbeiten wird die Bedeutung der Interpretation von Informationen hervorgehoben (Sinkula/Baker/Noordewier 1997). Aus wissenschaftlicher Sicht ist deshalb folgende Fragestellung relevant:

Welchen Einfluss hat die Interpretation marktbezogener Informationen auf die Innovativität von Unternehmen?

Viele Studien verweisen darauf, dass in einer turbulenten Umwelt Marktinformationen mit einer besonderen Unsicherheit belegt sind, die deren Interpretation erschwert (Day/Nedungadi 1994; Neill/McKee/Rose 2007; van Riel/Lemmink/Ouwersloot 2004). In solchen Situationen ist es oft die Aufgabe des Topmanagements, Informationen abzuwägen und entsprechende Interpretationen vorzunehmen (Thomas/Clark/Gioia 1993; van Riel/Lemmink/Ouwersloot 2004; White/Varadarajan/Dacin 2003). Als Topmanager werden in dieser Arbeit die obersten Führungsebenen des Unternehmens definiert (Finkelstein/Hambrick/Cannella 2009). Da Topmanager insbesondere aufgrund zeitlicher Restriktionen selten in die Generierung entsprechender Marktinformationen involviert sind (Harmancioglu/Grinstein/Goldman 2010), ist anzunehmen, dass ein umfassendes Verständnis der Interpretation von Marktinformationen die Einbeziehung von Topmanagern als Betrachtungsgegenstand erfordert.

Trotz der entscheidenden Rolle von Topmanagern für die Interpretation von Informationen wurde deren Einfluss in der Marktorientierungsliteratur bislang kaum empirisch untersucht. Vereinzelte Studien zeigen, dass die Unterstützung (Jaworski/Kohli 1993), die unternehmerische Neigung (Matsuno/Mentzer/Özsomer 2002) und die Diversität (Talke/Salomo/Kock 2011) des Topmanagement-Teams die Marktorientierung von Unternehmen steigern. In diesen Arbeiten wird allerdings die Marktorientierung auf aggregiertem Niveau betrachtet. Lediglich Sousa, Ruzo und Losada (2010) untersuchen, welchen Einfluss die Werte von Topmanagern auf die Reaktionsfähigkeit als Facette der Marktorientierung von Unternehmen haben. Vor dem Hintergrund der bisherigen Vernachlässigung von Topmanagern in der Marktorientierungsforschung wird folgende Forschungsfrage gestellt:

Welche Rolle spielen topmanagerbezogene Faktoren bei der Interpretation marktbezogener Informationen?

1.3 Ableitung der Forschungsthesen dieser Arbeit

Das Ziel dieser Arbeit ist es, Erkenntnisse zur Marktorientierung durch Perspektiven anderer Forschungsströme zu erweitern. Für die Fragestellungen zur Informationsgenerierung wird hierbei eine Dienstleistungsperspektive herangezogen, während bei der Informationsinterpretation eine Topmanagerperspektive berücksichtigt wird. Im Folgenden sollen durch eine kurze Betrachtung der Dienstleistungs- und Topmanagementforschung die Verbindung zu den aufgezeigten Fragestellungen verdeutlicht und entsprechende Forschungsthesen für diese Arbeit formuliert werden (Abbildung 1-1).

Ein zentraler Aspekt der Dienstleistungsforschung ist die Gestaltung der Kundeninteraktion. Das Ziel ist es, die Bedürfnisse des Kunden zu identifizieren und zu adressieren, um eine höchstmögliche Kundenzufriedenheit zu erreichen (Homburg/Müller/Klarmann 2011). Im Gegensatz zu Sachgütern weisen Dienstleistungen die Besonderheit auf, dass zu ihrer Erbringung der Kunde als externer Faktor integriert werden muss (Lovelock/Gummesson 2004). Während dies in der jüngeren Vergangenheit vor allem als Kostentreiber gesehen wurde, heben neuere Arbeiten die Vorteile dieser Interaktion hervor (Vargo/Lusch 2004a). Insbesondere können Unternehmen durch die Kundeninteraktion wertvolle Informationen über Bedürfnisse der Kunden gewinnen (Etgar 2008).

Dienstleistungen haben insbesondere im Business-to-Business-Bereich (B2B-Bereich) eine neue Wertigkeit erhalten (Ulaga/Reinartz 2011). Industriegüterunternehmen reagieren auf gestiegene Kundenansprüche zunehmend mit dem Angebot individueller Dienstleistungen (Tuli/Kohli/Bharadwaj 2007; Vandermerwe/Rada 1988). Durch diese Individualisierung bieten sich neue Möglichkeiten für die Generierung von Informationen. Unternehmen müssen nicht mehr direkt Kunden um Informationen bitten, zum Beispiel im Rahmen von Umfragen, sondern können den Kunden während der täglichen Leistungserstellung beobachten (Vargo/Lusch 2004a). Dies ist vor allem im B2B-Bereich wichtig, da hier die traditionellen Methoden der Marktforschung limitiert sind (Sinkula 1994).

Anbieter von Dienstleistungen und Dienstleistungsinnovationen stehen vor der besonderen Herausforderung, dass Dienstleistungen im Gegensatz zu Sachgütern intangibel, d. h. schwer greifbar, sind (Homburg/Krohmer 2003). Die Dienstleistungserbringung wird stark von situativen Faktoren beeinflusst (Vargo/Lusch 2004a). Die allgemeine Abfrage von Bedürfnissen und Wünschen, unabhängig von der Dienstleistungssituation, ist daher schwierig (Johne/Storey 1998). Damit ergibt sich, dass Informationen über Kundenbedürfnisse nur bedingt durch klassische Befragungen generierbar sind. Informationen aus realen Dienstleistungssituationen sind wesentlich aufschlussreicher und können zudem vor dem Hintergrund der jeweiligen Dienstleistungssituation gedeutet werden. Aus den Ausführungen ergibt sich die erste Forschungsthese:

Informationen aus der Kundeninteraktion bei der Dienstleistungserstellung sind relevanter für die Dienstleistungsinnovativität als klassische Befragungsmethoden.

Die Einbeziehung von Kunden in Innovationsaktivitäten wird in vielen wissenschaftlichen Arbeiten als vorteilhaft für Unternehmen eingestuft. Zu den Vorteilen zählen ein besseres Verständnis von Kundenbedürfnissen, eine kreativere Ideengenerierung, eine reduzierte Fehlerrate, eine schnellere Markteinführung und ein höherer Erfolg neuer Dienstleistungen (Alam 2006; Alam/Perry 2002; Hoyer et al. 2010). Die Einbeziehung von Kunden bringt allerdings auch einige Nachteile mit sich. Diese betreffen Missverständnisse zwischen Kunden und Mitarbeitern, die Beschränkung auf inkrementelle Innovationen, die Abhängigkeit von individuellen Kundenansichten sowie die Gefahr eines Wissensverlusts (Enkel/Kausch/Gassmann 2005; Gassmann/Kausch/Enkel 2010). Insgesamt scheint es, dass die Interaktion mit Kunden zugleich vor- und nachteilig sein kann.

In Anbetracht der gegensätzlichen Effekte ist zu hinterfragen, ob lineare Zusammenhänge für die Informationsgewinnung von Kunden und deren Nutzung durch das Unternehmen plausibel sind. Im Bereich der Marktorientierung werden beispielsweise nicht-lineare Zusammenhänge zwischen dem Grad der Marktorientierung und dem Erfolg neuer Produkte nachgewiesen (Atuahene-Gima/Slater/Olson 2005). Trotz der positiven Effekte der Marktorientierung führt bei einer reaktiven Marktorientierung der geringe Neuigkeitswert gewonnener Informationen zu einem insgesamt U-förmigen Einfluss. Bei einer proaktiven Marktorientierung wird eine umgekehrt U-förmige Wirkung festgestellt. Ein negativer Effekt ist der Informationsüberfluss auf Unternehmensseite. Mit Verweis auf eine asymmetrische Informationslage zwischen Kunden und Unternehmen belegt Stock (2010), dass die Innovativität von Produkten einen nicht-linearen Einfluss auf die Zufriedenheit von Kunden hat. Dabei unterscheidet sich der Effekt bei Sachgütern (umgekehrt U-förmig) von dem Effekt bei Dienstleistungen (S-förmig). Insgesamt lässt dies vermuten, dass lineare Abhängigkeiten der Komplexität des Informationsaustauschs mit Kunden nicht gerecht werden. Entsprechend lautet die zweite Forschungsthese:

Durch die Berücksichtigung nicht-linearer Effekte kann der Einfluss verschiedener Methoden der Informationsgenerierung auf die Dienstleistungsinnovativität besser erklärt werden.

Der zweite Teil dieser Arbeit betrifft die Auswirkungen der Interpretation marktbezogener Informationen auf die Innovativität von Unternehmen. In der Managementforschung wird die Interpretation von Marktinformationen, insbesondere die Identifikation von Marktchancen und -gefahren, als Voraussetzung für Änderungen in der Strategie und Struktur, dem Eingehen von Risiken (Chandy/Tellis 1998) und somit der Entwicklung innovativer Produkte gesehen (Cooper/Kleinschmidt 1987). Auch die strategische Marketingforschung zeigt, dass die Interpretation von Marktinformationen eine entscheidende Voraussetzung für die Einführung neuer Produkte ist. So stellen White, Varadarajan und Dacin (2003, S. 63) fest: „Marketing managers typically play a lead role [...] through their responsibility to interpret the environment and make the crucial choices of which customers to serve, competitors to challenge, and products and services to offer".

Vor dem Hintergrund dynamischer Umweltveränderungen ist insbesondere die rechtzeitige Identifikation von Marktgefahren und -chancen wichtig (Celuch/Kasouf/Peruvemba 2002; Johne 1999; Lyon/Ferrier 2002). So können in kürzester Zeit neue Marktsegmente entstehen, welche Unternehmen die Möglichkeit zur Entwicklung und zum Absatz neuer Produkte geben (Johne 1999). Aufgrund des extremen Wettbewerbs fordert Johne (1999, S. 204) eine schnelle Reaktion von Unternehmen: „Market opportunities misread or overlooked now might be lost for ever". Zum anderen gibt es Marktgefahren, die eine Reduzierung der Innovativität zur Folge haben können (Slater/Narver 1995). Zu solchen Marktgefahren zählen Konkurrenzprodukte, die neue Standards setzen und somit das bestehende Produktprogramm eines Unternehmens abwerten. Hier ist das bereits erwähnte Beispiel des Unternehmens Nokia zu nennen, das durch den verpassten Smartphone-Boom seine Innovationsführerschaft verlor. Insgesamt zeigt sich, dass die Interpretation von Marktsituationen eng mit der Innovativität von Unternehmen zusammenhängt. Somit ergibt sich folgende These:

Die korrekte Interpretation strategischer Marktinformationen steigert die Innovativität von Unternehmen unmittelbar.

In der Managementforschung wird einzelnen Personen oder Personengruppen ein starker Einfluss auf strategische Entscheidungen zugesprochen. So gilt ein Unternehmen „as a reflection of its top managers" (Hambrick/Mason 1984, S. 193), da Topmanager für richtungsweisende Entscheidungen verantwortlich sind. Aufgrund der Fülle an Informationen können Topmanager Entscheidungen nicht rein rational treffen (Cyert/March 1963). Vielmehr stützen sich diese auf kognitive Filter, um relevante Informationen zu extrahieren. Diese Filter beruhen auf persönlichen Werten, Überzeugungen und Erfahrungen (Day/Nedungadi 1994). Da die Interpretation von Informationen zentraler Bestandteil des Entscheidungsprozesses ist (Hambrick/Mason 1984), lautet die vierte Forschungsthese:

Die Interpretation strategischer Marktinformationen wird in hohem Maße durch persönliche Eigenschaften der Topmanager begründet.

Die Forschungsfragen, die entsprechenden Forschungsthesen sowie deren Zuordnung zu den empirischen Studien dieser Arbeit werden in Abbildung 1-1 zusammengefasst. Forschungsfrage 1 und 2 sind Gegenstand der ersten empirischen Studie, die sich der Dienstleistungsperspektive widmet. Forschungsfrage 3 und 4 finden in der zweiten empirischen Studie Berücksichtigung, die den Einfluss von Topmanagern betrachtet.

Abbildung 1-1: Forschungsfragen und Forschungsthesen der Arbeit

	Forschungsfragen	Forschungsthesen	
1.	Wie beeinflussen alternative Methoden der Informationsgenerierung die Innovativität von Unternehmen, insbesondere im Vergleich zu klassischen Befragungsmethoden?	Informationen aus der Kundeninteraktion bei der Dienstleistungserstellung sind relevanter für die Dienstleistungsinnovativität als klassische Befragungsmethoden.	Studie 1
2.	Welche Rolle spielen nicht-lineare Effekte für den Einfluss der Informationsgenerierung auf die Innovativität von Unternehmen?	Durch die Berücksichtigung nicht-linearer Effekte kann der Einfluss verschiedener Methoden der Informationsgenerierung auf die Dienstleistungsinnovativität besser erklärt werden.	
3.	Welchen Einfluss hat die Interpretation marktbezogener Informationen auf die Innovativität von Unternehmen?	Die korrekte Interpretation strategischer Marktinformationen steigert die Innovativität von Unternehmen unmittelbar.	Studie 2
4.	Welche Rolle spielen topmanagerbezogene Faktoren bei der Interpretation marktbezogener Informationen?	Die Interpretation strategischer Marktinformationen wird in hohem Maße durch persönliche Eigenschaften der Topmanager begründet.	

Die Analyseebene ist in beiden Fällen das Unternehmen beziehungsweise das gesamte Produktangebot eines Unternehmens. Produkte eines Unternehmens können sowohl Sachgüter als auch Dienstleistungen sein. Aufgrund der fundamentalen Bedeutung von Innovationen wird die Produktprogramminnovativität von Unternehmen als abhängige Variable gewählt. Die Produktprogramminnovativität kann dabei definiert werden als die Fähigkeit eines Unternehmens, neuartige und nützliche Produkte in den Markt einzuführen. Während der Fokus der ersten Studie auf der Innovativität von Dienstleistungen im B2B-Bereich liegt, wird in der zweiten Studie die Innovativität von Sachgütern und Dienstleistungen gemeinsam betrachtet.

Aus den Forschungsfragen ergibt sich der Bezugsrahmen dieser Arbeit (Abbildung 1-2). *Studie 1* vergleicht den Einfluss der Kundeninteraktion bei der Dienstleistungserstellung mit klassischen Befragungsmethoden auf die Dienstleistungsinnovativität von B2B-Unternehmen. *Studie 2* untersucht die Auswirkungen der Interpretation von Marktinformationen auf die Innovativität und den wirtschaftlichen Erfolg von Unternehmen. Darüber hinaus wird die Rolle von Topmanagereigenschaften für die Interpretation strategischer Marktinformationen berücksichtigt.

Abbildung 1-2: Bezugsrahmen der Arbeit

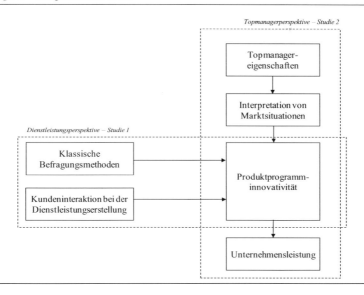

1.4 Aufbau der Arbeit

In Kapitel 2 und 3 werden begriffliche sowie theoretische Grundlagen erarbeitet. Die Dienstleistungsperspektive wird in *Kapitel 2* beleuchtet. Die Topmanagerperspektive ist Gegenstand von *Kapitel 3*. Um ein Verständnis für beide Perspektiven zu schaffen, beginnen die jeweiligen Kapitel mit einem Überblick über das Selbstverständnis der Forschungsströme sowie über grundlegende Definitionen (Abschnitt 2.1 und 2.2 bzw. 3.1). Des Weiteren werden mit der Service-Dominant Logic beziehungsweise der „Upper Echelons"-Theorie die theoretischen Fundierungen der jeweiligen Forschungsströme vorgestellt (Abschnitt 2.5 bzw. 3.2). Für beide Theorien erfolgt eine ausführliche Betrachtung der zeitlichen Entwicklung und Kritikpunkte. Die jeweiligen Grundlagenkapitel enden mit einem Vergleich zentraler Begriffe und Konstrukte, die für den Untersuchungsgegenstand dieser Arbeit relevant sind. Dabei werden die Begriffe und Konstrukte identifiziert, die in der empirischen Untersuchung die Kundeninteraktion bei der Dienstleistungserstellung sowie die Eigenschaften von Topmanagern erfassen (Abschnitt 2.6 und 3.4).

Zusätzlich werden im Grundlagenteil Spezialaspekte der beiden Perspektiven dargelegt, die für diese Arbeit relevant sind. Im Dienstleistungsbereich werden mit Service Infusion und Self-Service Technologien zwei Forschungsbereiche vorgestellt, die sich mit speziellen Entwicklungen bei B2B-Dienstleistungen beschäftigen (Abschnitt 2.3). Darüber hinaus erfolgt die Hervorhebung spezieller Eigenschaften von Dienstleistungen und Dienstleistungsinnovationen (Abschnitt 2.4). In der Topmanagementperspektive wird in einem separaten Abschnitt die Rolle von Topmanagern für die Marktorientierung behandelt (Abschnitt 3.3). Dies erfolgt durch die Berücksichtigung von Arbeiten und Konzepten aus der Marketing- und Managementliteratur.

In Kapitel 4 und 5 werden Hypothesen formuliert sowie die Forschungsfragen empirisch untersucht. *Kapitel 4* befasst sich mit dem Einfluss der Co-Production bei der Dienstleistungserstellung (d. h. der gemeinschaftlichen Erstellung von Dienstleistungen durch Unternehmen und Kunden) sowie klassischer Befragungsmethoden auf die Dienstleistungsinnovativität von Unternehmen. Dies wird im Rahmen einer branchenübergreifenden Studie mit 113 Industriegüterunternehmen untersucht, bei denen sowohl Marketing- als auch F&E-Leiter befragt werden.

Kapitel 5 konzentriert sich auf den Einfluss verschiedener Topmanagerselbstkonzepte auf die Interpretation von Marktinformationen. Die empirische Analyse wird anhand eines Datensatzes mit 229 Topmanagern und 692 ihrer unmittelbaren Mitarbeiter vollzogen. Dieser Datensatz enthält ebenfalls Längsschnittinformationen bezüglich des wirtschaftlichen Erfolgs der betrachteten Unternehmen. *Kapitel 6* zeigt die Limitationen der empirischen Untersuchung auf und leitet Implikationen für Wissenschaft und Praxis ab. Der Aufbau der Arbeit ist Abbildung 1-3 zu entnehmen.

Abbildung 1-3: Aufbau der Arbeit

Kapitel 2: Grundlagen der Dienstleistungsperspektive - Dienstleistungsbegriff - Theorie: Service-Dominant Logic - Zentrale Konstrukte: Erfassung der Kundeninteraktion	Kapitel 4: Studie 1 Informationsgenerierung durch Co-Production bei der Dienstleistungserstellung	
Kapitel 3: Grundlagen der Topmanagerperspektive - Topmanagerbegriff - Theorie: „Upper Echelons" - Zentrale Konstrukte: Topmanagerselbstkonzepte	Kapitel 5: Studie 2 Einfluss der Topmanagerselbstkonzepte auf die Interpretation von Marktinformationen	Kapitel 6: Diskussion - Wissenschaftliche Implikationen - Praktische Implikationen - Limitationen und Ausblick

2 Grundlagen der Dienstleistungsperspektive

Ziel dieses Kapitels ist es, ein grundlegendes Verständnis für die besonderen Merkmale von Dienstleistungen und Dienstleistungsinnovationen zu schaffen. Da diese Besonderheiten die Entstehung der Dienstleistungsforschung geprägt haben, beginnt das Kapitel mit einem Rückblick über die Entwicklung dieses Forschungsgebiets (Abschnitt 2.1). In Abschnitt 2.2 werden die Unterschiede zwischen Dienstleistungen und Sachgütern aufgezeigt und grundlegende Begrifflichkeiten definiert. Da der Fokus in diesem Teil der Arbeit auf B2B-Dienstleistungen liegt, erfolgt ebenfalls ein Vergleich von B2C- und B2B-Dienstleistungen. In Abschnitt 2.3 werden mit Service Infusion und Self-Service Technologien zwei Forschungsgebiete des Dienstleistungsmarketings im Detail vorgestellt, die aktuelle Entwicklungen im Bereich der B2B-Dienstleistungen adressieren.

Die Grundlagen und Besonderheiten von Dienstleistungsinnovationen als spätere abhängige Variable im Untersuchungsmodell werden in Abschnitt 2.4 betrachtet. Theoretische Grundlage der Dienstleistungsperspektive ist die Service-Dominant Logic, die bedingt durch die große Zahl an verfügbaren Arbeiten ausführlich in Abschnitt 2.5 vorgestellt wird. Aufgrund von Inkonsistenzen in der Messung und Benennung schließt das Grundlagenkapitel mit einer Betrachtung der verschiedenen Konzeptionalisierungsmöglichkeiten der Kundeninteraktion zur Dienstleistungserstellung ab (Abschnitt 2.6). Auf Basis dieser Betrachtung erfolgt die Identifikation der unabhängigen Variablen für die spätere Untersuchung.

2.1 Die Entwicklung der Dienstleistungsforschung

Die Entwicklung eines eigenständigen Dienstleistungsmarketings kann *in vier prägende Zeiträume* eingeteilt werden (Brown/Fisk/Bitner 1994, S. 22; Fisk/Brown/Bitner 1993; Kunz/Hogreve 2011):

- 1953 bis 1979 („Crawling Out"),
- 1980 bis 1985 („Scurrying About"),
- 1986 bis 1992 („Walking Erect") und
- 1993 bis 2009.

14 | Grundlagen der Dienstleistungsperspektive

Die Phase vor 1979 beschreiben Brown, Fisk und Bitner (1994) mit dem Begriff Crawling Out. Sie stellen fest, dass Dienstleistungen über einen langen Zeitraum als unproduktiv und somit als Neben- oder Hilfsprodukt von Sachgütern betrachtet wurden (Gallouj/Savona 2009). Entsprechend war es für Forscher in dieser Zeit ein Risiko, Artikel über Dienstleistungen zu verfassen, da dieses Thema von der herrschenden wissenschaftlichen Meinung abgelehnt wurde. Viele der ersten Forscher kamen daher über ihre Dissertationen zu dem Forschungsfeld (z. B. Parker 1960). Die ersten konzeptionellen Arbeiten behandelten vor allem den Unterschied von Dienstleistungen und Sachgütern sowie die Definition von Dienstleistungen (z. B. Judd 1964; Rathmell 1966). Der Beitrag dieser ersten Arbeiten war es, die besonderen Charakteristika von Dienstleistungen aufzuzeigen (dazu ausführlich Abschnitt 2.2.2 dieser Arbeit).

Die Vernachlässigung von Dienstleistungen in der wissenschaftlichen Forschung änderte sich erst durch einen im Journal of Marketing publizierten Artikel von Lynn Shostack (1977). Unter dem Titel „*Breaking Free From Product Marketing*" forderte Shostack eine separate Erforschung von Dienstleistungen und Sachgütern. Der Artikel hatte großen Einfluss, da Shostack keine Forscherin, sondern Vize-Präsidentin der Citibank war. Shostack stellte fest, dass die bisherigen Forschungserkenntnisse keine ausreichenden Handlungsimplikationen für Dienstleistungsunternehmen enthalten. Die Bedeutung dieses Artikels auf die Entwicklung des Dienstleistungsmarketings belegt folgendes Zitat: „This article was to alter the course of our thinking about services marketing, if not general marketing itself" (Philip Kotler in Grönroos 1990, S. xiii). Weitere Publikationen schließen sich der Meinung von Shostack an und fordern ebenfalls eigenständige Konzepte für Dienstleistungen, darunter Lovelock (1979) und Bateson (1977).

Als zweite Phase der Entwicklung des Dienstleistungsmarketings identifizieren Brown, Fisk und Bitner (1994) die *Scurrying About Phase*. Sie betonen, dass die Zeit von 1980-1985 von der Deregulierung vieler staatlich kontrollierter Dienstleistungsindustrien geprägt war, was die Praxisrelevanz von Dienstleistungen weiter verstärkte. Forscher in diesem Zeitraum begannen, sich auf speziell für Dienstleistungsthemen ausgerichteten Konferenzen zu organisieren, um so einen Gegenpol zum klassischen Sachgütermarketing aufzubauen.

Inhaltlich wird diese Phase nach Brown, Fisk und Bitner (1994) durch zwei verschiedene Forschergruppen geprägt. Eine Gruppe untersuchte, wie sich Dienstleistungen von Sachgütern unterscheiden (z. B. Berry 1980; Lovelock 1981). Eine andere Forschergruppe widmete sich dienstleistungsspezifischen Problemstellungen, z. B. der Sicherstellung der Dienstleistungsqualität (Parasuraman/Zeithaml/Berry 1985) oder der Gestaltung des Service Encounter (Solomon et al. 1985). Der Begriff Service Encounter beschreibt den Moment in dem Kunden mit Unternehmen zur Dienstleistungserstellung interagieren (Bitner/Brown/Meuter 2000). Die

Interaktion mit Kunden war entsprechend in dieser Phase ein zentrales Forschungsthema, zumal die dyadische Interaktion zwischen Unternehmen und Kunden eine wichtige Determinante der Kundenzufriedenheit ist (Brown/Fisk/Bitner 1994).

Der Zeitraum von *1986 bis 1992* wird als Walking Erect beschrieben und geht mit einer Explosion der Anzahl wissenschaftlicher Veröffentlichungen einher (Brown/Fisk/Bitner 1994). Während die meisten Texte bisher konzeptioneller Natur waren, so nahmen empirische Forschungsarbeiten in dieser Zeit stark zu. Bezüglich der Inhalte dieser Arbeiten kann festgestellt werden, dass der Unterschied zwischen Dienstleistungen und Sachgütern nach 1986 kaum mehr diskutiert wurde (Brown/Fisk/Bitner 1994). Laut Fisk, Brown und Bitner (1993) lag der Fokus vielmehr auf spezifischen Dienstleistungsproblemen. Das am häufigsten untersuchte Thema ist die Dienstleistungsqualität (z. B. Zeithaml/Berry/Parasuraman 1988). Das zweitwichtigste Themengebiet blieb der Service Encounter (z. B. Bitner/Booms/Tetreault 1990; Surprenant/Solomon 1987). Innerhalb dieses Bereichs war vor allem das Management von Kundeninteraktionen (Solomon et al. 1985), die Einbindung des Kunden („customer involvement", z. B. Goodwin 1988; Kelley/Donnelly/Skinner 1990; Larsson/Bowen 1989) und das Management der tangiblen, physischen Umwelt von Dienstleistungen (z. B. Bitner 1990) relevant. Weitere Forschungsthemen betrafen die Ausgestaltung verschiedener Dienstleistungselemente („service design", z. B. Shostack 1987, 1992) und das Kundenbeziehungsmanagement (z. B. Crosby/Stephens 1987).

Die *letzten zwanzig Jahre* des Dienstleistungsmarketings wurden durch zwei zentrale Entwicklungen in der Unternehmenspraxis geprägt:

- der Etablierung des Internets, die zu einer Technologisierung von Dienstleistungen führte (Meuter et al. 2000) sowie
- der steigenden wirtschaftlichen Relevanz von Dienstleistungen im B2B-Bereich, insbesondere bei Industriegüterherstellern (Eggert et al. 2011; von Nordenflycht 2010).

Aus der Forschungsperspektive identifizieren Kunz und Hogreve (2011) die *einflussreichsten Artikel und Forschungsthemen des Dienstleistungsmarketings von 1993 bis 2009*. Auf Basis einer Zitationsanalyse wird festgestellt, dass die Dienstleistungsqualität der wichtigste Bereich der Dienstleistungsforschung bleibt. Entsprechend behandeln die drei am häufigsten zitierten und somit einflussreichsten Artikel das Konstrukt der Dienstleistungsqualität (Tabelle 2-1). Der Einfluss über die letzten zwei Perioden (eine Periode entspricht zwei Jahren) ist dabei ein Indikator für die aktuelle Bedeutung der Artikel. Da es für ältere Artikel einfacher ist oft zitiert zu werden, sind die Artikel von Vargo und Lusch (2004a) sowie Meuter und Kollegen (2000) hervorzuheben. Trotz ihrer relativ späten Veröffentlichung gehören sie zu den am häufigsten zitierten Artikeln. Während Vargo und Lusch über das Konzept des

Dienstleistungsmarketings schreiben, behandeln Meuter und Kollegen die Technologisierung von Dienstleistungen anhand von Self-Service Technologien. Aufgrund ihrer Bedeutung werden beide Themen in einem separaten Kapitel in dieser Arbeit betrachtet (Abschnitt 2.3 bzw. 2.5). Kunz und Hogreve (2011) halten fest, dass, mit Ausnahme der Arbeit von Vargo und Lusch (2004a), über Definitionen und Konzeptionalisierungen des Dienstleistungsmarketings kaum mehr publiziert wird. Weiterhin identifizieren sie B2B-Dienstleistungen als zentrales Forschungsfeld.

Tabelle 2-1: Die 15 einflussreichsten Dienstleistungsartikel von 1993-2009 (Kunz und Hogreve 2011, S. 237)

Platzierung	Studie	Einfluss (Durchschnitt)	Durchschnittlicher Einfluss über die letzten zwei Perioden
1	Parasuraman/Zeithaml/Berry 1988	1,59	1,56
2	Zeithaml/Berry/Parasuraman 1996	1,55	1,90
3	Parasuraman/Zeithaml/Berry 1985	1,43	1,34
4	Cronin/Taylor 1992	1,25	1,06
5	Bolton 1998	1,22	1,52
6	Bitner 1990	1,19	0,66
7	Boulding et al. 1993	1,13	1,30
8	Bolton/Lemon 1999	1,03	1,16
9	Reichheld/Sasser 1990	0,96	1,14
10	Bitner/Booms/Tetreault 1990	0,95	1,33
11	Tax/Brown/Chandrashekaran 1998	0,90	1,01
12	Vargo/Lusch 2004a	0,88	1,04
13	Meuter et al. 2000	0,87	1,14
14	Gwinner/Gremler/Bitner 1998	0,83	1,26
15	Bolton/Drew 1991	0,79	0,51

Rückblickend kann festgestellt werden, dass *ein Großteil der Entwicklung des Dienstleistungsmarketings nach 1990* stattgefunden hat. Dies lässt sich nicht nur anhand der Anzahl von Publikationen, sondern auch durch die Verbreitung eigenständiger Dienstleistungszeitschriften belegen (einen Überblick über relevante Dienstleistungszeitschriften bieten Kunz und Hogreve 2011). Die Dienstleistungsforschung hat davon profitiert, dass Dienstleistungen gesamtwirtschaftlich gesehen ebenfalls stark an Bedeutung gewonnen haben. Die Entwicklungsphasen des Dienstleistungsmarketings werden in Tabelle 2-2 zusammengefasst.

Tabelle 2-2: Überblick über verschiedene Phasen der Dienstleistungsentwicklung (in Anlehung an Fisk/Brown/Bitner 1993; Kunz/Hogreve 2011)

Zeitraum	Umwelt	Themen in der Wissenschaft	Wichtige Arbeiten
1953 – 1979	Dienstleistungen gelten als unproduktiv	Charakteristika von Dienstleistungen (DL)	Bateson 1977; Lovelock 1979; Shostack 1977
1980 – 1985	Deregulierung staatlicher Industrien	Unterschied Sachgüter und DL // spezifische Problemstellungen (DL-Qualität, Service Encounter)	Berry 1980; Lovelock 1981 // Parasuraman/Zeithaml/Berry 1985; Solomon et al. 1985
1986 – 1992	Steigende wirtschaftliche Bedeutung von Dienstleistungen	Explosion wissenschaftlicher Arbeiten; DL-Qualität, Service Encounter; Ausgestaltung der DL-Elemente; Kundenbeziehung	Bitner/Booms/Tetreault 1990; Kelley/Donnelly/Skinner 1990; Larsson/Bowen 1989; Zeithaml/Berry/Parasuraman 1988
1993 – 2009	Etablierung des Internets; Relevanz von B2B-Dienstleistungen	Self-Service Technologien; Service-Dominant Logic	Meuter et al. 2000; Vargo/Lusch 2004a; Zeithaml/Berry/Parasuraman (1996)

Das Dienstleistungsmarketing wurde durch *verschiedene Denkschulen geprägt*. Von Beginn an haben sowohl amerikanische als auch europäische Sichtweisen Einfluss auf das Dienstleistungsmarketing genommen (Fisk/Brown/Bitner 1993). Im europäischen Raum ist hier in erster Linie der Beitrag skandinavischer Länder hervorzuheben, die zur Entstehung der sogenannten Nordic School geführt haben (Brown/Fisk/Bitner 1994; Grönroos/Ravald 2011). Darüber hinaus ist ein intensiver Austausch mit anderen Forschungsrichtungen festzustellen. So haben vor allem die Managementforschung, speziell das Human Resource Management, Einfluss auf die Dienstleistungsforschung genommen (Brown/Fisk/Bitner 1994).

Inhaltlich unterscheiden Meffert und Bruhn (2009) *drei wesentliche Entwicklungslinien des Dienstleistungsmarketings*:

- die Nordic School, welche einen besonders starken Einfluss auf die Entwicklung des institutionellen Dienstleistungsmanagements hatte,
- die Zufriedenheitsforschung, deren Beitrag vor allem in einer Erweiterung der empirischen Methoden im Dienstleistungsmarketing bestand und
- das Marketing technischer Dienstleistungen, das vor allem im deutschsprachigen Raum verbreitet war und in die Entwicklung einer professionellen Erforschung industrieller Dienstleistungen mündete.

Die Zusammenführung der drei Entwicklungslinien und somit die Entwicklung eines integrierten Dienstleistungsmarketings wird der sogenannten Service-Dominant Logic (Vargo/Lusch 2004a) zugeschrieben (Abbildung 2-1).

Abbildung 2-1: Entwicklung des Dienstleistungsmarketings (Meffert/Bruhn 2009, S. 16)

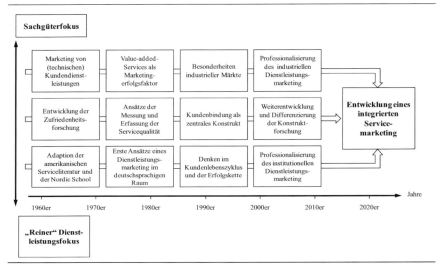

Für ein umfassendes Verständnis des gegenwärtigen Forschungstands ist auch ein Blick auf *zukünftige Forschungsfelder* nötig. Der aktuellste Artikel, der entsprechende Forschungsfelder identifiziert, ist 2010 im Journal of Service Research erschienen (Ostrom et al. 2010). Anstelle einer Literaturrecherche führen die Autoren Tiefeninterviews und onlinegestützte Befragungen von über 200 Akademikern und 95 Managern durch. Auf Basis dieses Vorgehens werden 10 zentrale Forschungsschwerpunkte aufgezeigt. Diese werden jeweils mit Kommentaren von Praktikern und Wissenschaftlern dargestellt und bieten einen sehr guten Überblick über aktuelle Fragestellungen in Wissenschaft und Praxis.

Die *identifizierten Forschungsfelder* belegen die Diversifizierung der Dienstleistungsforschung, da diese in sehr unterschiedlichen Bereichen angesiedelt sind (Abbildung 2-2). Neben der zentralen Rolle der Anwendung neuer Technologien, stehen vor allem weichere Themen, wie das Dienstleistungserlebnis, das Dienstleistungsdesign oder die Dienstleistungskultur, im Fokus. Insgesamt lässt sich festhalten, dass 3 der 10 Forschungsschwerpunkte die Inhalte dieser Arbeit betreffen: die Bedeutung industrieller Dienstleistungen (siehe Abschnitt 2.3.2), die Stimulation von Dienstleistungsinnovationen (siehe Abschnitt 2.4) und die Erweiterung des Dienstleistungserlebnisses durch Co-Creation (siehe Abschnitt 2.6).

Abbildung 2-2: Forschungsschwerpunkte des Dienstleistungsmarketings (Ostrom et al. 2010, S. 6)

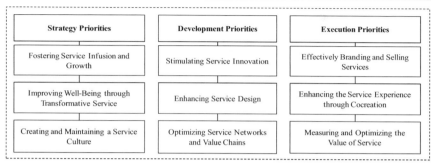

Zusammenfassend ist festzustellen, dass sich das Dienstleistungsmarketing in den letzten Jahren erheblich weiterentwickelt hat und als eigenständiger Forschungsstrom im Marketing aufgefasst werden kann. Von Beginn an stand die Kundeninteraktion im Vordergrund des Interesses. In den letzten zehn Jahren ist zudem die Bedeutung von B2B-Dienstleistungen in den Fokus der Untersuchungen gerückt. Trotz der bereits zu attestierenden Aufmerksamkeit auf diese Themen wird hier ein weiterer Forschungsbedarf ausgewiesen, der insbesondere das Verständnis von Dienstleistungsinnovationen betrifft.

2.2 Besonderheiten von Dienstleistungen und Dienstleistungsbegriff

Um eine Dienstleistungsdefinition für diese Arbeit abzuleiten, erfolgt zuerst ein Überblick über die Verwendung zentraler Begrifflichkeiten (Abschnitt 2.2.1). Die klassische Unterscheidung zwischen Dienstleistungen und Sachgütern wird anhand der sogenannten IHIP-Kriterien vorgenommen und vor dem Hintergrund neuerer Ansichten bewertet (Abschnitt 2.2.2). Auf Basis dieser Grundlagen erfolgt die Definition von Dienstleistungen in Abschnitt 2.2.3. Da sich Dienstleistungen im B2C- und B2B-Bereich erheblich unterscheiden, werden die Besonderheiten von B2B-Dienstleistungen am Ende des Abschnittes gewürdigt (Abschnitt 2.2.4).

2.2.1 Begriffsverwendung

Die Begriffe Sachgut, Produkt und Dienstleistung werden in der Literatur unterschiedlich verwendet. In dieser Arbeit repräsentiert der Begriff *Sachgut* das Gegenteil von Dienstleistungen. Diese Verwendung ist auch in englischsprachigen Arbeiten gebräuchlich, bei denen häufig zwischen „services" und „goods" unterschieden wird (Levitt 1981; Lovelock/Gummesson 2004; Shostack 1977). Alternativ zu „goods" wird auch von „physical products" (de Brentani 1989) gesprochen. Trotz der notwendigen sprachlichen Unterscheidung der beiden Begriffe, weisen viele Forscher darauf hin, dass in der Praxis die Unterscheidung von Sachgütern und Dienstleistungen schwierig ist (Homburg/Garbe 1999; Levitt 1981; Shostack 1977). Diese Thematik wird ausführlich in Abschnitt 2.3.2 dieser Arbeit behandelt.

Missverständnisse bestehen häufig bezüglich der Verwendung des Begriffs *Produkt*. Dieser soll in der vorliegenden Arbeit nicht als Antagonismus zu einer Dienstleistung verstanden werden (ähnlich Lovelock/Gummesson 2004; gegenteilig Atuahene-Gima 1996b; de Brentani 1989). Vielmehr beschreibt der Begriff eine konkrete Dienstleistung, die von einem Unternehmen angeboten wird und von anderen Dienstleistungsprodukten unterschieden werden kann (Cooper/de Brentani 1991). So ist es gerade in der Finanzbranche üblich, von Finanzprodukten zu sprechen, die im eigentlichen Kern Dienstleistungen sind (Akamavi 2005; Cooper/de Brentani 1991). Der Begriff Produkt kann entsprechend sowohl Dienstleistungen als auch Sachgüter umfassen.

Der deutsche Begriff *Dienstleistung* soll im Folgenden Synonym mit dem englischen Begriff Service verwendet werden. Auch wenn eine Vermeidung der Durchmischung deutscher und englischer Begriffe wünschenswert wäre, so würde eine stringente deutsche Begriffsverwendung etablierte Begriffe stark entfremden (zum Beispiel Self-Service Technologien oder Service-Dominant Logic). Da der Begriff Service auch im deutschen Sprachgebrauch verwendet wird (zum Beispiel Kundenservice), sollte dies eine akzeptable Vereinfachung darstellen.

2.2.2 IHIP-Kriterien

In der Literatur werden zumeist vier Eigenschaften von Dienstleistungen aufgeführt, die Dienstleistungen von Sachgütern unterscheiden (Edvardsson/Gustafsson/Roos 2005; Lovelock/Gummesson 2004; Moeller 2010). Diese Eigenschaften werden auch als konstituierende Merkmale bezeichnet (Homburg/Krohmer 2003). Zu den am häufigsten genannten Eigenschaften, die in der englischsprachigen Literatur als IHIP-Kriterien bezeichnet werden (Lovelock/Gummesson 2004; Moeller 2010; Zeithaml/Parasuraman/Berry 1985), zählen

- Intangibilität,
- Heterogenität,
- Untrennbarkeit von Produktion und Verbrauch und
- Verderblichkeit.

Die *Intangibilität* beschreibt, dass die Dienstleistungserstellung keinen physischen Gegenstand als Resultat hat, der angefasst oder mit anderen Sinnen wahrgenommen werden kann (Homburg/Krohmer 2003). Somit ist Intangibilität mit Immaterialität gleichzusetzen

(Lovelock/Gummesson 2004). Die Intangibilität führt zu einem wahrgenommenen Kaufrisiko durch den Kunden (Homburg/Krohmer 2003), da die Qualität einer Dienstleistung schwer vor dem Kauf oder der Inanspruchnahme überprüft werden kann. Exemplarisch ist die Dienstleistung durch einen Arzt oder einen Rechtsanwalt zu nennen.

Die *Heterogenität* von Dienstleistungen beschreibt die Ansicht, dass die Dienstleistungserstellung kaum zu standardisieren ist (Lovelock/Gummesson 2004). Insbesondere Umwelteinflüsse sowie Schwankungen der Inputfaktoren auf Unternehmens- und Kundenseite führen zu starken Variationen der Dienstleistungssituationen. Ein klassisches Beispiel hierfür ist der Besuch eines Frisörsalons, bei dem die Dienstleistung von kundenbezogenen Faktoren (z. B. der aktuellen Frisur, Zustand der Haare) sowie der aktuellen Verfassung der Servicekraft beeinflusst wird. Aus Marketingsicht wird daher versucht, die Inputfaktoren möglichst konstant zu halten. Dies kann unter anderem durch genaue Prozessvorgaben an das Dienstleistungspersonal geschehen, wie es im Rahmen des sogenannten Service Blueprinting der Fall ist (Bitner/Ostrom/Morgan 2008; Shostack 1992).

Die *Untrennbarkeit zwischen Dienstleistungserstellung und –verbrauch* bedeutet, dass die Dienstleistungserstellung nie ohne Interaktion zwischen Unternehmen und Kunden möglich ist (Vargo/Lusch 2004a). So muss in den meisten Fällen ein Kundenkontaktmitarbeiter des Dienstleistungsanbieters physisch während des Erstellungsprozesses anwesend sein (z. B. Frisör). Durch den Einsatz neuer Technologien, wie internetbasierten Lösungen oder Automaten, müssen nicht bei allen Arten von Dienstleistungen notwendigerweise Mitarbeiter involviert sein (z. B. Carsharing, Self-Service Check-In am Flughafen).

Verderblichkeit bezieht sich auf die mangelhafte Lagerbarkeit von Dienstleistungen (Moeller 2010). Kann ein Dienstleistungsanbieter bei akuter Nachfrage nicht entsprechende Kapazitäten bieten, so erlischt für ihn in der Regel die Absatzmöglichkeit. Dies ist vor allem bei saisonalen Schwankungen im Hotel- und Gaststättengewerbe der Fall.

Über die genaue *Anzahl der Eigenschaften* sowie deren Benennung besteht Uneinigkeit in der wissenschaftlichen Literatur. Zeithaml, Parasuraman und Berry (1985) geben einen Überblick über 26 wissenschaftliche Arbeiten, die sich explizit mit den Eigenschaften von Dienstleistungen beschäftigen. Dabei stellen sie fest, dass die Intangibilität von Dienstleistungen als einzige Eigenschaft von allen Arbeiten herangezogen wird. Die Intangbilität wird deshalb auch als die wichtigste Eigenschaft von Dienstleistungen angesehen, die alle anderen Charakteristika bedingt (Edvardsson/Gustafsson/Roos 2005).

In der deutschen Literatur werden zudem vereinzelt zwischen *fünf anstatt vier Eigenschaften unterschieden* (Homburg/Krohmer 2003). Hierbei wird zusätzlich der Punkt wahrgenommenes Kaufrisiko aufgeführt, der als eine Detailbetrachtung der Intangibilität angesehen werden kann (Moeller 2010; Shostack 1977). Auch in der aktuellen englischsprachigen Literatur gibt es verschiedene Auffassungen. Hier wird abweichend entweder von drei oder fünf zentralen Merkmalen gesprochen, wobei der Aspekt Inseparability in „service co-production" und „simultaneous consumption" unterschieden werden kann (Trott 2008).

Neben der Uneinigkeit über die Anzahl und Benennung der einzelnen Faktoren, werden zwei weitere grundlegende *Kritikpunkte* an den IHIP-Kriterien angeführt. Häufig wird kritisiert, dass die angesprochenen Eigenschaften von Dienstleistungen als Nachteile oder Schwächen von Dienstleistungen gegenüber Sachgütern aufgefasst werden. Selbst im Artikel von Zeithaml, Parasuraman und Berry (1985), die zu den ersten Dienstleistungsforschern gezählt werden können, werden die vier IHIP-Merkmale mit Marketingherausforderungen verknüpft. Mittlerweile sind viele Wissenschaftler der Meinung, dass die besonderen Eigenschaften von Dienstleistungen keine Herausforderung, sondern eine Chance für Unternehmen darstellen (Edvardsson/Gustafsson/Roos 2005; Lovelock/Gummesson 2004; Vargo/Lusch 2004b).

Die Kritik geht soweit, dass die vier Dienstleistungscharakteristika als *Mythen* beschrieben werden (Vargo/Lusch 2004b, siehe Tabelle 2-3). Somit stellen diese nicht mehr ein Problem oder Hindernis für ein erfolgreiches Marketing dar, sondern sind vielmehr als wesentliche Vorteile gegenüber klassischen Sachgütern zu betrachten (Moeller 2010, Vargo/Lusch 2004b). Vor dem Hintergrund gestiegener Kundenansprüche besteht ein Vorteil von Dienstleistungen darin, dass sie in der Regel einen direkten Kontakt zu Kunden sowie eine Anpassung des Angebotes an individuelle Kundenbedürfnisse ermöglichen.

Tabelle 2-3: Aktuelle Diskussion zur Relevanz der IHIP-Kriterien (Vargo/Lusch 2004b, S. 327)

Characteristic	Myth	Dispelling the Myth
Intangibility	Services lack the tactile quality of goods	Services often have tangible results / Tangible goods are often purchased for intangible benefits / Tangibility can be a limiting factor in distribution
Heterogeneity	Unlike goods, services cannot be standardized	Tangible goods are often heterogeneous / Many services are relatively standardized
Inseparability	Unlike goods, services are simultaneously produced and consumed	The consumer is always involved in the "production" of the value
Perishability	Service cannot be produced ahead of time and inventoried	Both tangible and intangible capabilities can be inventoried / Many services result in long lasting benefits / Tangible goods are perishable / Inventory represents an additional marketing cost

Des Weiteren lässt sich feststellen, dass die *generelle Relevanz der IHIP-Kriterien* umstritten ist (Lovelock/Gummesson 2004; Moeller 2010; Vargo/Lusch 2004b). So sind laut Moeller (2010) die IHIP-Kriterien für Dienstleistungen entwickelt worden, die heute nur noch von untergeordneter Relevanz sind. Die Eigenschaften ließen sich nicht mehr auf heutige Dienstleistungen beziehen, die durch einen zunehmenden Grad an Technologisierung und Wissensintensität gekennzeichnet sind.

Trotz der weit verbreiteten Kritik der klassischen IHIP-Kriterien, lassen sich aus ihnen *Implikationen für die vorliegende Arbeit* ableiten. Wie bereits bei dieser einfachen Betrachtung zu sehen ist, spielt die Zusammenarbeit mit Kunden eine wichtige Rolle, da Dienstleistungen ohne Kunden weder produziert noch konsumiert werden können. Darüber hinaus kann die Zusammenarbeit mit Kunden, die traditionell noch als Nachteil gesehen wurde, auch als Vorteil begriffen werden. So ermöglicht diese die Individualisierung von Dienstleistungen (Vargo/Lusch 2004a, 2004b). Schließlich verdeutlichen die aufgezeigten Kontroversen zu den Eigenschaften von Dienstleistungen, dass ein Umdenken in der Marketingforschung stattgefunden hat.

2.2.3 Dienstleistungsdefinition

Da die Erbringung von Dienstleistungen im Gegensatz zur Herstellung von Sachgütern lange Zeit als unproduktiv angesehen wurde (Gallouj/Savona 2009), werden Dienstleistungen oft nur im Rahmen von sogenannten *negativ Definitionen* beschrieben (Corsten 1990; Homburg/Krohmer 2003; Meffert/Bruhn 2009). Diese Definitionen führen dabei Eigenschaften auf, die Dienstleistungen im Gegensatz zu Sachgütern nicht haben. Ähnlich verfahren *enumerative Ansätze*, bei denen die Definition von Dienstleistungen lediglich über eine Aufzählung von Beispielen erfolgt (Corsten 1990; Homburg/Krohmer 2003; Meffert/Bruhn 2009). Beide Arten der Definitionen sind als mangelhaft zu bewerten, da sie zu keiner allgemeingültigen Definition von Dienstleistungen führen.

In der Dienstleistungsforschung hat sich mittlerweile eine *eigenständige Definition* etabliert (Zeithaml/Bitner/Gremler 2006). Dabei stehen der Prozesscharakter von Dienstleistungen und der Einsatz spezifischen Wissens im Vordergrund (Vargo/Lusch 2004a). Zentraler Aspekt von Dienstleistungen ist zudem ein Fokus auf den Kundennutzen. Die Definition ermöglicht es dabei, neue Dienstleistungsphänomene wie Self-Services oder Dienstleistungen von Kunden für Kunden (Blazevic/Lievens 2008) zu berücksichtigen. Entsprechend wird in dieser Arbeit eine Dienstleistung definiert als

„the application of specialized competences (knowledge and skills) through deeds, processes, and performances for the benefit of another entity or the entity itself" (Vargo/Lusch 2004a, S. 2).

2.2.4 Besonderheiten von B2B-Dienstleistungen

Aufgrund des Prozesscharakters von Dienstleistungen sowie deren Abhängigkeit von äußeren Einflüssen, sind Dienstleistungen als sehr heterogen anzusehen. Ein wesentlicher Unterschied besteht speziell *zwischen B2C- und B2B-Dienstleistungen*. B2C-Dienstleistungen (auch als Consumer Services bezeichnet) werden an Individuen beziehungsweise eine Gruppe von Individuen erbracht, während B2B-Dienstleistungen (auch als Business Services bezeichnet) Unternehmen als Zielgruppe haben (Homburg/Garbe 1999). Durch den Fokus der Dienstleistungsforschung auf B2C-Dienstleistungen, gelten B2B-Dienstleistungen als eine zentrale Forschungslücke im Dienstleistungsmarketing (Kunz/Hogreve 2011; Ostrom et al. 2010).

Business Services lassen sich wiederum in verschiedene Arten von Dienstleistungen unterscheiden. Wesentliche Kriterien sind dabei, ob ein Dienstleistungs- oder Industriegüterunternehmen die Dienstleistung anbietet und in welchem Zusammenhang diese mit dem Verkauf von Sachgütern stehen. Ist die Dienstleistungserbringung die Haupteinnahmequelle von Unternehmen, so spricht man von *Professional Services* (Homburg/Garbe 1999). In einer Analyse von 30 wissenschaftlichen Artikeln zeigt von Nordenflycht (2010), dass am häufigsten Wirtschaftsprüfungs-, Rechts-, und Beratungsunternehmen als Professional Services in der wissenschaftlichen Literatur bezeichnet werden. Einen Überblick über weitere Professional Services liefert Tabelle 2-4.

Tabelle 2-4: Beispiele für Professional Service Unternehmen (von Nordenflycht 2010, S. 156)

Industry	Count (out of 30)	Industry	Count (out of 30)
Accounting	26	Actuarial services	3
Law	26	Executive recruiting	3
Management consulting	25	Media production	3
Engineering consulting/design	16	Research firms/R&D labs	2
Advertising	15	Education/teaching	2
Architecture	13	Financial advising	2
Investment banking	11	Investment management	2
Marketing/public relations	7	Talent agencies	2
Physician practice/medicine	5	Universities	2
Real estate agencies	5	Fashion design	1
Insurance brokerage	4	Graphic design	1
Software development	4	Other	6

Im Gegensatz zu Professional Services werden *Dienstleistungen von Industriegüterunternehmen* (engl.: industrial services), also Unternehmen, die primär Sachgüter, wie Maschinen oder Anlagen, anbieten, als industrielle Dienstleistungen bezeichnet. Je nach Ansatzpunkt der Dienstleistung im Verkaufsprozess sind Pre-Purchase, At-Purchase und After-Sales Dienstleistungen zu unterscheiden. Klassische Pre-Purchase Dienstleistungen sind solche, bei denen die Anpassung von Produkten auf individuelle Kundenwünsche erfolgt. At-Purchase Dienstleistungen werden mit dem Verkauf von Sachgütern angeboten und können zum Beispiel das Training von Kundenmitarbeitern enthalten. After-Sales Dienstleistungen, die nach dem Kauf eines Sachguts angeboten werden, umfassen häufig Wartungsleistungen sowie das Management von Ersatzteilen. Die verschiedenen Begrifflichkeiten sowie Beispiele sind in Abbildung 2-3 zusammengefasst.

Abbildung 2-3: Klassifikation von Dienstleistungen (Homburg/Garbe 1999, S. 43)

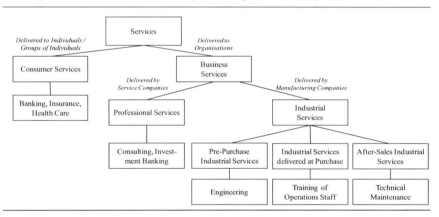

Zwischen B2C- und B2B-Dienstleistungen bestehen fundamentale Unterschiede (Homburg/Krohmer 2003; Molinari/Abratt/Dion 2008; Oliveira/Roth 2012). Da *B2B-Dienstleistungen* an Unternehmen erbracht werden, sind diese in der Regel sehr komplex und wissensintensiv (Bhappu/Schultze 2006). Sie werden daher häufig als Knowledge Intensive Business Services (KIBS) beschrieben (Bettencourt et al. 2002; von Nordenflycht 2010). Kundenbeziehungen im B2B-Bereich sind zudem als enger und langfristiger einzuschätzen (Homburg/Klarmann/Schmitt 2010; Homburg/Krohmer 2003). Dabei können einzelne Kunden einen großen Einfluss auf Anbieterunternehmen ausüben (Jaworski/Kohli 2006), wie es beispielsweise in der Automobilindustrie zu beobachten ist.

Im *B2B-Bereich* verfügen Kunden oft über umfangreiches Fachwissen, das für die Dienstleistungserbringung relevant sein kann (Zeng/Wen/Yen 2003). Daher ist bei B2B-Dienstleistungen häufig ein direkter und intensiver Kundenkontakt erforderlich (Homburg/Krohmer 2003), um dieses Wissen aufzunehmen und in die Dienstleistungserbringung einfließen zu lassen (Bhappu/Schultze 2006). Beispielhaft ist das Angebot von Beratungsdienstleistungen zu nennen. Des Weiteren haben B2B-Kunden häufig spezielle Wünsche und Bedürfnisse, welche die Individualisierung von Dienstleistungen notwendig machen (Bhappu/Schultze 2006; Zeng/Wen/Yen 2003).

Im *B2C-Bereich* hingegen ist die Übernahme einfacher Tätigkeiten, vor allem durch Self-Service Aktivitäten, ein häufiges Phänomen. Exemplarisch hierfür ist die Übernahme des Tankvorgangs an Tankstellen anzuführen (ausführlich Abschnitt 2.3.1). Weiterhin werden B2C-Dienstleistungen in der Regel vom Empfänger gekauft, während sich Käufer und Empfänger im B2B-Bereich unterscheiden (Oliveira/Roth 2012) und ganze Teams am Kaufprozess beteiligt sein können (Homburg/Krohmer 2003; Stock 2006).

Die Ausführungen zu den Besonderheiten von B2B-Dienstleistungen haben zwei zentrale *Implikationen für diese Arbeit*. Zum einen wird belegt, dass sich B2C- und B2B-Dienstleistungen stark unterscheiden. Hervorzuheben ist insbesondere die Bedeutung eines persönlichen Kontakts sowie die hohe Wissensintensität im B2B-Bereich. Daraus lässt sich die Notwendigkeit ableiten, B2B-Dienstleistungen separat zu betrachten. Zum anderen liefert dieser Abschnitt ein wichtiges Verständnis, welche Dienstleistungen Unternehmen im B2B-Bereich anbieten können. Für reine Dienstleistungsfirmen sind dies häufig Beratungsdienstleistungen. Beispiele bei Industriegüterherstellern sind die Wartung von Maschinen oder das Angebot individualisierter Maschinenkonzepte. Weitere Beispiele werden in Abschnitt 2.3.2 aufgeführt.

2.3 Ausgewählte Dienstleistungsphänomene

Self-Services und das Angebot von Dienstleistungen durch Industriegüterhersteller verändern den Dienstleistungscharakter im B2B-Bereich grundlegend. Dies hat zur Ausbildung separater Forschungsströme in den letzten Jahren geführt. In Abschnitt 2.3.1 wird die Forschung zu Self-Services und Self-Service Technologien zusammengefasst. Eine Betrachtung der sogenannten Service Infusion von Sachgüterproduzenten und das damit verbundene Angebot integrierter Lösungen wird in Abschnitt 2.3.2 betrachtet.

2.3.1 Self-Service und Self-Service Technologien

Phänomen. Um die Kosten des Dienstleistungsprozesses zu senken, setzen immer mehr Firmen auf die Verlagerung von Aktivitäten an den Kunden (Bateson 1985; Lovelock/Young 1979). Von Self-Service wird gesprochen, wenn ein Kunde Aktivitäten ohne die Anwesenheit eines Mitarbeiters des Anbieterunternehmens ausführt (Globerson/Maggard 1991). Der Self-Service Anteil einer Dienstleistung kann dabei variieren. Bei niedrigen Self-Service Anteilen übernimmt der Kunde einzelne Arbeitsschritte, zum Beispiel beim Zurückbringen eines Tabletts in einem Fast-Food Restaurant. Bei höheren Intensitäten entfällt die Interaktion mit Kundenkontaktmitarbeitern gänzlich, beispielsweise bei einem Self-Service Check-In am Flughafen. Insgesamt kann festgestellt werden, dass der Kunde bei Self-Service Dienstleistungen von einem passiven zu einem aktiven Teilnehmer am Dienstleistungsprozess wird (Bendapudi/Leone 2003), weswegen der Kunde auch als „co-producer" (Bettencourt et al. 2002) oder „partial employee" (Kelley/Donnelly/Skinner 1990) bezeichnet wird.

Die zunehmende Einbindung von Kunden und die Ausbreitung von Informations- und Kommunikationstechnologien (Meuter et al. 2000) haben zur Entwicklung einer eigenständigen Art von Self-Services geführt. Diese werden als *Self-Service Technologien* (Bhappu/Schultze 2006) oder Technology-Based Self-Services (Dabholkar 1996; Reinders/Dabholkar/Frambach 2008; van Beuningen et al. 2009) bezeichnet. Self-Service Technologien werden definiert als

„technological interfaces that enable customers to produce a service independent of direct service employee involvement" (Meuter et al. 2000, S. 50).

Je nach verwendeter Technologie sowie des Einsatzzwecks für Unternehmen lassen sich *verschiedene Arten von Self-Service Technologien* unterscheiden (Meuter et al. 2000). *Verwendete Technologien* umfassen das Telefon, Internet, Automaten oder Datenträger. Der *Einsatzzweck* kann den Kundenservice, die Durchführung von Transaktionen sowie die Möglichkeit der Selbsthilfe betreffen. Der *Kundenservice* umfasst in der Regel die Durchführung einfacher Aufgaben, die nicht den Kern der jeweiligen Dienstleistung beinhalten. Dies kann das Einholen von Informationen für einen Flug (telefonisch oder im Internet) oder die Bargeldabhebung an einem Geldautomaten (automatenbasiert) betreffen. *Transaktionen* umfassen Bestellaktivitäten sowie das Kaufen und Austauschen von Ressourcen mit Unternehmen. Automatengestützte Beispiele sind das Tanken und Bezahlen direkt an der Zapfsäule oder die Möglichkeit von Self-Service Checkouts über den Fernseher in Hotels. Weiterhin können Self-Service Technologien Kunden zur *Selbsthilfe* befähigen. Dies kann zum Beispiel durch das Angebot von Informationen im Internet oder durch die Bereitstellung von Anleitungen, Schulungsvideos oder spezieller Software auf Datenträgern erfolgen. Tabelle 2-5 bietet einen Überblick über verschiedene Arten von Self-Service Technologien.

Tabelle 2-5: Arten von Self-Service Technologien (Meuter et al. 2000, S. 52)

Purpose/ Interface	Telephone/Interactive Voice Response	Online/Internet	Interactive Kiosks	Video/CD
Customer Service	- Telephone banking - Flight information - Order status	- Package tracking - Account information	- ATMs - Hotel checkout	
Transactions	- Telephone banking - Prescription refills	- Retail purchasing - Financial transactions	- Pay at the pump - Hotel checkout - Car rental	
Self-Help	- Information telephone lines	- Internet information search - Distance learning	- Blood pressure machines - Tourist information	- Tax preparation software - Television/CD-based training

Forschungsschwerpunkte. Die empirische Marketingforschung konzentriert sich insbesondere auf die Fragestellung, welche Faktoren Kunden zur Nutzung von Self-Service Technologien bewegen können (für eine Auswahl relevanter empirischer Arbeiten siehe Tabelle A-7 im Anhang). Dabei erscheint es zweckmäßig, die Faktoren in kunden- und designbezogene Faktoren zu unterteilen (Meuter et al. 2000; van Beuningen et al. 2009).

Schon frühe Arbeiten im Bereich der Self-Services beschäftigen sich mit der Frage, welche *kundenbezogene Faktoren* deren Intention zur Nutzung von Self-Services erklären (Bateson 1985; Langeard et al. 1981). So wird zum Beispiel vermutet, dass die Tendenz zur Übernahme von Aufgaben im Dienstleistungsprozess kunden- anstatt situationsbedingt ist (Bateson 1985). Bei diesen Arbeiten ist jedoch zu kritisieren, dass diese nicht zwischen technologischen und arbeitsintensiven Self-Services unterscheiden (Simon/Usunier 2007). Daher sind die Erkenntnisse aus diesen Arbeiten nur begrenzt aussagekräftig.

Mittlerweile haben sich einige Arbeiten explizit mit der *Erforschung von Self-Service Technologien* (im Folgenden SST) beschäftigt (Dabholkar 1996; Lee/Allaway 2002; Meuter et al. 2003). So wird zum Beispiel befunden, dass die Angst vor neuen Technologien einen besseren Erklärungsbeitrag zur Nutzung von SST leistet als demografische Variablen (Meuter et al. 2003). Weiterhin wurde in dieser Studie herausgefunden, dass das Einkommen der Kunden keine Rolle für die Nutzung von SST spielt. Bezüglich der Bedeutung des Geschlechts liegen unterschiedliche Ergebnisse vor; während Männer SST häufiger auf Reisen nutzen (z. B. Hotel Check-out), setzen Frauen diese vor allem im täglichen Gebrauch ein (z. B. Bankautomat, Telefonbanking).

Ein eigener Literaturstrom beschäftigt sich mit der Anwendung des sogenannten *Technology Acceptance Model* (Davis/Bagozzi/Warshaw 1989). Hier werden die psychologische Faktoren

„perceived usefulness" und „perceived ease of use" als zentrale Einflussvariablen der Adoption von SST gesehen (Davis 1989; Schepers/Wetzels/de Ruyter 2005). Viele empirische Arbeiten beziehen sich auf dieses Modell, um Untersuchungsvariablen zu identifizieren und Hypothesen abzuleiten (Bhappu/Schultze 2006; Curran/Meuter/Surprenant 2003). In diesem Zusammenhang ist die Entwicklung des *Technology Readyness Index* (Colby/Parasuraman 2003) hervorzuheben. Dieser wird als „as an overall state of mind resulting from a gestalt of mental enablers and inhibitors that collectively determine a person's predisposition to use new technologies" (Parasuraman 2000, S. 308) beschrieben.

Neben kundenbezogenen Faktoren, die zur Erklärung der SST-Nutzung herangezogen werden, liegt ein besonderes Augenmerk auf *designbezogenen Faktoren* der SST. Zentrale Stellschrauben sind die Gestaltung der Schnittstelle (Wang/Harris/Patterson 2012) und die Auswahl der Informationen, die der Kunde zur Verfügung gestellt bekommen soll (van Beuningen et al. 2009). Zielsetzung muss es sein, Zuverlässigkeit, Spaß und die vom Kunden empfundene Kontrolle zu erhöhen (Bateson 1985; Wang/Harris/Patterson 2012; Weijters et al. 2007).

Aufgrund der Kostenvorteile sind einige Unternehmen dazu übergegangen, Kunden zur *Anwendung von Self-Service Technologien zu zwingen*. Dabei wird herausgefunden, dass eine gezwungene Nutzung nicht nur in einer negativen Einstellung gegenüber der Nutzung der SST resultiert, sondern auch zu einer negativen Einstellung gegenüber dem Unternehmen führt (Reinders/Dabholkar/Frambach 2008). Die negativen Effekte werden abgeschwächt, wenn die Interaktion mit einem Mitarbeiter als Ausweichmöglichkeit angeboten wird. Darüber hinaus fallen die negativen Effekte geringer aus, wenn der Kunde schon anderweitig Erfahrungen mit SST gesammelt hat.

Neben der Erforschung kunden- und designbezogener Einflüsse auf die Nutzung von SST, sind *kundenbezogene Folgen* der Dienstleistungserbringung ein zweiter Forschungsschwerpunkt. Zentrales Konstrukt ist hierbei die Kundenzufriedenheit (Collier/Sherrell 2010; Curran/Meuter/Surprenant 2003; Meuter et al. 2000). Weitere wichtige Folgen betreffen die positive Mundpropaganda (Reinders/Dabholkar/Frambach 2008) sowie die durch den Kunden empfundene Fairness (Mattila/Cho/Ro 2011). So finden Mattila, Cho und Ro (2011), dass negative Konsequenzen einer fehlerhaften Dienstleistungserbringung durch persönliche Interaktionen vermieden werden können. Bei persönlichen Interaktionen ist der Einsatz finanzieller Ausgleiche effektiver. Abbildung 2-4 zeigt eine Zusammenfassung untersuchter Konstrukte und entsprechender kausaler Zusammenhänge. Der Ursprung der Konstrukte kann Tabelle A-7 im Anhang entnommen werden.

Abbildung 2-4: Ausgewählte Variablen aus empirischen Studien zu Self-Service Technologien

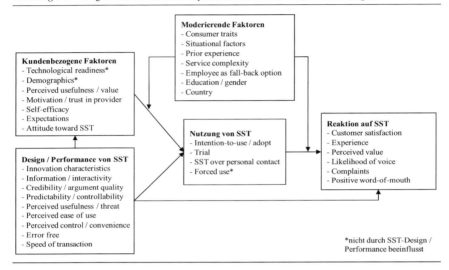

Vorteile. Der Einsatz von Self-Service Technologien wird mit einer Reihe von Vorteilen für Unternehmen antizipiert, welche die schnelle Verbreitung von SST in der Unternehmenspraxis erklären. Bitner, Ostrom und Meuter (2002) führen drei Hauptgründe auf, warum Unternehmen SST einsetzen. Diese betreffen

- die Reduktion von Kosten,
- die Steigerung der Kundenzufriedenheit sowie
- das Erreichen neuer Kundensegmente.

Das Hauptargument für den Einsatz von SST sind zumeist *erhoffte Kosteneinsparungen*, die insbesondere durch den Entfall des Dienstleistungspersonals realisiert werden sollen (Curran/Meuter/Surprenant 2003; Oghazi et al. 2012). Zudem wird mit dem Wegfall des Dienstleistungspersonals auch eine Standardisierung der Dienstleistungserbringung ermöglicht (Curran/Meuter/Surprenant 2003), was mit einer erhöhten Produktivität einhergeht (Weijters et al. 2007). Durch den Einsatz von SST können ebenfalls Nachfrageschwankungen besser bewältigt werden, da SST in der Regel leicht skalierbar sind (Weijters et al. 2007).

Die *Steigerung der Kundenzufriedenheit* soll durch einen qualitativ besseren Service erreicht werden (Bhappu/Schultze 2006; Oghazi et al. 2012). SST ermöglichen eine höhere Geschwindigkeit der Dienstleistungserbringung, reduzierte Wartezeiten (Bhappu/Schultze 2006), höhere Präzision und eine leistungsfähigere Service Recovery (Bitner/Brown/Meuter 2000).

Unter dem Begriff Service Recovery wird dabei die Nutzung von SST verstanden, um Probleme zu melden oder Lösungen zu einer fehlerhaften Dienstleistung zu identifizieren (Mattila/Cho/Ro 2011).

Ein weiterer wesentlicher Punkt, der in vielen Arbeiten zu SST gesondert hervorgehoben wird, ist die Möglichkeit Dienstleistungen an *individuelle Bedürfnisse der Kunden anzupassen* (Bhappu/Schultze 2006; van Beuningen et al. 2009). So können Kunden im Internet viele Produkte und Dienstleistungen durch die Auswahl und Kombination verschiedener Merkmale individuell gestalten (Prahalad/Ramaswamy 2004a, 2004b). Ein weiterer Aspekt der Individualisierung ist dabei, dass Kunden die Geschwindigkeit der Dienstleistungserstellung entsprechend ihrer Bedürfnisse steuern und das Ausmaß der Interaktion frei wählen können (Collier/Sherrell 2010).

Unternehmen besitzen durch den Einsatz von SST die Möglichkeit, *neue Kundensegmente* durch eine Ausweitung des geographischen sowie zeitlichen Angebots einer Dienstleistung zu erschließen. SST erlauben es, Dienstleistungen unabhängig von der Tageszeit auch in abgelegenen Gebieten zu erbringen (Colby/Parasuraman 2003; Curran/Meuter/Surprenant 2003; Lee/Allaway 2002). Darüber hinaus können neue Kundensegmente durch innovative Lösungen gewonnen werden, die inhaltlich neue Dienstleistungen ermöglichen (Lee/Allaway 2002).

Nachteile. Zu Nachteilen des Einsatzes von Self-Service Technologien zählen die

- hohen Investitionskosten,
- Abhängigkeit von technischen Lösungen,
- mangelnde Adoption und
- Erhöhung von Fehlern in der Dienstleistungserstellung.

Insbesondere bei den letzten beiden Punkten besteht die Gefahr eines umgehenden Kundenverlustes. Die *mangelnde Adoption* beschreibt das Phänomen, dass nach wie vor viele Kunden vor einer Nutzung von SST zurückschrecken und einen persönlichen Kontakt bevorzugen (Dabholkar 1996). Hierbei können paradoxerweise die potenziellen Vorteile von SST, nämlich der große Einfluss der Kunden auf den Dienstleistungsprozess, als Nachteil in der Adoption der SST geraten (Collier/Sherrell 2010). Darüber hinaus bestehen bei den Kunden Vorbehalte gegenüber der Weitergabe vertraulicher Daten (Bitner/Brown/Meuter 2000).

Durch die Übernahme von Aufgaben durch Kunden entstehen zusätzlich *höhere kognitive Kosten für Kunden*, die vor allem aus der Unsicherheit im Umgang mit der Technologie resultieren (Bhappu/Schultze 2006). So adoptieren Kunden SST in der Regel nur, wenn sie sich davon einen *Mehrwert im Vergleich zu persönlich erbrachten Dienstleistungen* versprechen (Bitner/Ostrom/Meuter 2002; Curran/Meuter/Surprenant 2003). Schaffen es Unternehmen nicht, diesen Mehrwert zu kommunizieren, kann dies die Adoption von SST durch den Kunden verhindern. Hat der Kunde sogar das Gefühl, dass er an Kosteneinsparungen durch SST nicht partizipiert, kann dies zum Widerstand der Kunden in der Adoption der SST führen (Oghazi et al. 2012).

Der zweite zentrale Nachteil ist die *Erhöhung von Fehlern in der Dienstleistungserstellung* (van Beuningen et al. 2009). Fehler werden vor allem durch *technische Probleme* ausgelöst, zum Beispiel wenn ein Automat nicht funktioniert oder eine Website nicht erreichbar ist (Bitner/Ostrom/Meuter 2002). Grundlegende Fehler in technischen Systemen sind in der Regel nur schwer individuell zu korrigieren (Bitner/Ostrom/Meuter 2002). Die *Fehlbedienung durch Kunden* ist eine weitere Fehlerquelle (Bitner/Ostrom/Meuter 2002), die zu sehr emotionalen Kundenreaktionen führen kann.

Ein weiterer Nachteil, der nicht kurzfristig, sondern eher langfristig wirkt, ist der *Verlust des sozialen Kontakts zu Kunden* (Beatson/Coote/Rudd 2006; Bhappu/Schultze 2006). Dies verringert zum einem die Kundenbindung über emotionale Aspekte (Beatson/Coote/Rudd 2006; Curran/Meuter/Surprenant 2003). Insbesondere das Cross-Selling von anderen Produkten und Dienstleistungen wird erschwert, da Unternehmen entsprechende Potenziale schlechter identifizieren können (Bitner/Ostrom/Meuter 2002). Zum anderen verliert das Unternehmen Wissen über den Kunden, was insbesondere die Anpassung bestehender Produkte sowie die Entwicklung neuer Produkte erschwert.

Bewertung im Sinne dieser Arbeit. Marketingforscher sind sich einig, dass eine Dienstleistungserbringung durch Self-Service Technologien unabhängig von der persönlichen Dienstleistungserstellung erforscht werden muss (Bhappu/Schultze 2006; Meuter et al. 2000). Dies lässt sich insbesondere durch den Technologieeinsatz begründen: „The infusion of technology is dramatically changing service encounters" (Bitner/Brown/Meuter 2000, S. 146).

Der wesentlichste Unterschied besteht im Verlust von Informationen über Kunden durch den Wegfall des Kundenkontaktmitarbeiters. Auch wenn die Generierung kundenbezogener Informationen bei der Nutzung von SST grundsätzlich möglich ist, so verändern sich die Art und der Umfang gesammelter Informationen. Außerdem lassen sich Unterschiede im Kundenverhalten bei der Anwendung von SST vermuten.

Diese Veränderungen sind insbesondere bei B2B-Dienstleistungen zu erwarten, „which are characterized by repeated personal interactions between specific customers and providers" (Bhappu/Schultze 2006, S. 373). Vor dem Hintergrund des Mangels an menschlicher Interaktion, werden Self-Service Technologien daher im weiteren Verlauf dieser Arbeit nicht berücksichtigt.

2.3.2 Service Infusion bei Sachgüterproduzenten

Phänomen Service Infusion. Die gesamtwirtschaftliche Bedeutung von Dienstleistungen hat in den letzten Jahren stark zugenommen (Fischer/Oertel 2009). Dies gilt vor allem für industrielle Dienstleistungen, also Dienstleistungen, die von Industriegüterherstellern angeboten werden (Homburg/Garbe 1999). Ausschlaggebende Vorteile von Dienstleistungen sind

- höhere Margen im Vergleich zu Produkten (Baines et al. 2009; Eggert et al. 2011; Gebauer/Fleisch/Friedli 2005),
- der Aufbau enger Kundenbeziehungen (Vandermerwe/Rada 1988),
- eine bessere Adressierung von Kundenbedürfnissen durch die Individualisierung von Angeboten (Baines et al. 2009; Mathieu 2001b; Vandermerwe/Rada 1988) und
- das Sichern von Wettbewerbsvorteilen durch eine Angebotsdifferenzierung (Baines et al. 2009; Mathieu 2001b; Vandermerwe/Rada 1988).

Definition. In der wissenschaftlichen Literatur existiert eine Vielzahl von Begriffen, die auf die steigende Bedeutung von Dienstleistungen bei Sachgüterunternehmen verweisen. Zu diesen zählen insbesondere „servitization", „service infusion in manufacturing firms", „transition from products to services", „product service systems", „service differentiation" und „service orientation" (Gebauer 2009; Gebauer/Gustafsson/Witell 2011; Gustafsson/Brax/Witell 2010). Keiner der Begriffe hat sich über verschiedene Forschungsgebiete hinweg durchgesetzt. Aus einer Dienstleistungsperspektive ist jedoch der Begriff „service infusion in manufacturing firms" (Brax 2005; Nilsson/Johnson/Gustafsson 2001; Ostrom et al. 2010) am gebräuchlichsten (Gustafsson/Brax/Witell 2010). Vereinfachend soll daher der Begriff Service Infusion in dieser Arbeit verwendet werden.

Die Definitionen der unterschiedlichen Begriffe zeigen, dass Service Infusion Auswirkungen auf verschiedene Untersuchungsebenen hat (Tabelle 2-6). Auf der *Produktebene* erfolgt Service Infusion durch die Integration von Dienstleistungen in das Kernangebot des Unternehmens (Oliva/Kallenberg 2003). Auf *strategischer Ebene* ist zu klären, wie prägend eine Dienstleistungsorientierung für das Unternehmen und deren Kunden sein soll (Gebauer/Gustafsson/Witell 2011). Auf *Prozessebene* geht die Infusion von Services mit einer Reihe organisationaler Änderungen einher (Baines et al. 2009). Allgemein betrachtet kann Service Infusion als ein Transformationsprozess aufgefasst werden, der zu einer grundlegenden Veränderung des Produktprogramms, der Kundenbeziehung, der Strategie, der Kultur und der Struktur von Sachgüterproduzenten führt.

Tabelle 2-6: Alternativen zum Begriff Service Infusion und deren Definition

Verwendeter Begriff	Definition / Beschreibung	Ebene	Zentrale Artikel
Service Infusion [in manufacturing firms]	„[…] moving from transactional, commoditized product sales to relational service and solution provision" (Kowalkowski et al. 2012, S. 765)	Kundenbeziehung	Brax 2005; Eggert et al. 2011; Kowalkowski et al. 2012; Nilsson/Johnson/ Gustafsson 2001; Ostrom et al. 2010
Service Differentiation	„[…] is the extent to which a company focuses on service as its core offering and the extent to which customers regard the organization as a service provider" (Gebauer/Gustafsson/Witell 2011, S. 1273)	Strategie	Gebauer/Gustafsson/ Witell 2011
Service Orientation	„[…] we conceptualize service orientation of strategy of an industrial marketing company in terms of the two dimensions the number of services offered and how strongly these services are emphasized to customers" (Homburg/Fassnacht/ Günther 2003, S. 27)	Strategie	Gebauer 2009; Gebauer et al. 2010; Homburg/ Fassnacht/Günther 2003
Servitization	„[…] is the innovation of an organisations capabilities and processes to better create mutual value through a shift from selling product to selling PSS [product-service systems]" (Baines et al. 2009, S. 555)	Prozess/ Kultur	Baines et al. 2009; Neely 2008; Vandermerwe/Rada 1988
Transition from products into services	„[…] integrate services into their core product offering" (Oliva/Kallenberg 2003, S. 160)	Produkt-programm	Oliva/Kallenberg 2003

Forschung. Der Aspekt der Service Infusion kann als relativ unerforscht eingestuft werden. Einen aktuellen Literaturüberblick liefern Baines und Kollegen (2009). Da das Unternehmensangebot durch die Infusion von Dienstleistungen einen neuen Charakter enthält, widmen sich konzeptionelle Arbeiten vor allem der Spezifizierung des Phänomens sowie der Einführung neuer Konzepte zur Beschreibung des Unternehmensangebots (Tabelle 2-7).

Tabelle 2-7: Relevante konzeptionelle Arbeiten zum Phänomen der Service Infusion

Jahr	Autor(en)	Beitrag
1988	Vandermerwe/Rada	Erste Beschreibung des Phänomens unter dem Begriff Servitization
1989	Bowen/Siehl/Schneider	Unterscheidung von Dienstleistungsunternehmen mit einer Sachgüterorientierung und Industriegüterunternehmen mit einer Dienstleistungsorientierung
1989	Vandermerwe/Matthews/Rada	Beispiele und Herausforderungen
1995	Anderson/Narus	Richtlinien zur Umsetzung
1999	Wise/Baumgartner	Einführung des Konzepts Integrated Solutions
2001a	Mathieu	Einführung der Unterscheidung zwischen „services supporting client's actions" (SSC) und „services supporting the product" (SSP)
2001b	Mathieu	Unterscheidung verschiedener Unternehmensstrategien
2002	Galbraith	Einführung des Konzepts der Integrated Solution Providers
2003	Oliva/Kallenberg	Unterscheidung verschiedener Unternehmensstrategien
2004	Sawhney/Balasubramanian/Krishnan	Betrachtung der Customer-Activity Chain und Service Opportunity Matrix
2005	Neu/Brown	Unterscheidung verschiedener Unternehmensstrategien

Als *Pionierarbeit* kann der Artikel von Vandermerwe und Rada (1988) angesehen werden. Sie beschreiben als Erste systematisch das Phänomen der Bündelung von Sachgütern und Dienstleistungen zu kundenzentrierten Angeboten. Die Schilderung zahlreicher Unternehmensbeispiele und Managerinterviews erzeugt dabei ein grundlegendes Verständnis für die Vorteile einer Dienstleistungsorientierung von Sachgüterherstellern. Als klassisches Beispiel für Service Infusion wird ein Autohersteller angeführt, der nicht nur Finanzierungs- und Versicherungsdienstleistungen, sondern auch einen Pannendienst für Kunden anbietet. In einem anderen Fall wird beschrieben, wie ein taiwanesischer Computerhersteller Dienstleistungen für spezielle Kundengruppen, beispielsweise Behörden, nutzt, um die Absatzzahlen neuer Produkte in den entsprechenden Märkten zu erhöhen. Weitere Beispiele können Tabelle 2-8 entnommen werden.

Tabelle 2-8: Praxisbeispiele für Service Infusion bei Sachgüterproduzenten (Baines et al. 2009, S. 560)

Organisation	Description	Source
Alstom	Maintenance, upgrade and operation of trains and signaling systems	Davies (2004)
ABB	Turnkey solutions in power generation	Miller et al. (2002)
Ericsson	Turnkey solutions to design, build and operate mobile phone networks	Davies (2004)
Nokia	Nokia's network-infrastructure solutions, providing network equipment and service to carriers	Wise/Baumgartner (1999)
Thales	Pilot training and simulator-building management	Davies (2004)
Rolls-Royce	"Power by the Hour" guaranteed flying hours for aero engines	Howells (2000)
WS Atkins	System integration services and outsourcing solutions	Davies (2004)
Xerox International	Document management services, guaranteed fixed price per copy	Mont (2001)

Im Anschluss an den Artikel von Vandermerwe und Rada widmeten sich verschiedene Arbeiten der *konzeptionellen Weiterentwicklung* der Service Infusion. Neue Begrifflichkeiten versuchen insbesondere Veränderungen im Produktprogramm zu adressieren, die durch eine Anreicherung von Produkten durch Dienstleistungen entstehen. So führen Wise und Baumgartner (1999) den Begriff der integrierten Lösungen ein, die als „seamless offering that addresses a pressing customer need" (Wise/Baumgartner 1999, S. 138) beschrieben werden. Mathieu (2001a) unterscheidet zwischen den Kunden unterstützenden und produktzentrierten Dienstleistungen. Diese grundlegende Kategorisierung wird häufig in empirischen Studien eingesetzt (z. B. Eggert et al. 2011). Andere Artikel erarbeiten Richtlinien, die bei der Umsetzung der Service Infusion zu beachten sind (Anderson/Narus 1995) und klassifizieren entsprechende Strategien für Unternehmen (Mathieu 2001b; Neu/Brown 2005; Oliva/Kallenberg 2003).

Zentrale Fragestellung in der empirischen Forschung ist der *Effekt der Service Infusion auf den Unternehmenserfolg.* Da Service Infusion in der Praxis vor allem angewendet wird, um die hohen Margen von Dienstleistungen abzuschöpfen und Wettbewerbsvorteile zu generieren (Baines et al. 2009; Eggert et al. 2011), kann ein positiver Effekt der Service Infusion auf den Unternehmenserfolg erwartet werden. Jedoch wird festgestellt, dass Service Infusion Unternehmen vor große Herausforderungen stellt. Laut Vandermerwe, Matthews und Rada (1989) betreffen diese insbesondere die

- Veränderung von Kundenbeziehungen,
- Gewinnung geeigneter Mitarbeiter sowie
- Schaffung einer dienstleistungsorientierten Kultur.

In Anbetracht dieser Herausforderungen ist ein positiver Effekt der Service Infusion auf den Unternehmenserfolg fraglich (Sawhney/Balasubramanian/Krishnan 2004).

Die *empirischen Ergebnisse* bezüglich der Auswirkung von Service Infusion auf den Unternehmenserfolg sind entsprechend gemischt (Tabelle 2-9). Gebauer (2009) findet einen positiven Zusammenhang der Service Infusion und der Unternehmensprofitabilität. Im Gegensatz dazu stellen Fang, Palmatier und Steenkamp (2008) fest, dass der Anteil von Dienstleistungen am Gesamtangebot erst einen kritischen Schwellenwert von 20-30 % überschreiten muss, um einen positiven Effekt auf den Unternehmenswert zu haben. Neely (2008) berichtet, dass eine höhere Service Infusion zu geringeren Umsätzen führt, wobei der Effekt positiv durch die Unternehmensgröße moderiert wird.

Tabelle 2-9: Empirische Arbeiten zum Einfluss der Service Infusion auf den Unternehmenserfolg

Studie	Benennung // Messung Service Infusion	Abhängige Variable	Erkenntnis
Eggert et al. 2011	Service infusion // number of different SSC / SSP	Profit level / profit growth	For high product innovativeness, SSP has direct effect on long term profitability; for low product innovativeness, SSC has direct effect on profitability
Fang/ Palmatier/ Steenkamp 2008	Transition to services // service revenue to total revenue	Firm value (tobin's q)	Firm's transition to services on firm value remains relatively flat or slightly negative until the firm reaches a critical mass of service sales (20%–30%), after which point they have an increasingly positive effect
Gebauer 2009	Service orientation // number of services, how many customers these services are offered to, how strongly services are emphasized	Overall profitability	Service orientation positively affects profitability
Gebauer/ Fleisch/ Friedli 2005	Transition from products to services // share of service revenue to total revenue	Revenue / operating margin	Service paradox; extended service business leads to increased service offerings and higher costs, but not to correspondingly higher returns
Gebauer/ Gustafsson/ Witell 2011	Service differentiation // differentiation of total offering and customer choice (3-item scale)	Business performance	Service differentiation moderates positive effect of customer centricity on business performance; direct effect of service differentiation on innovativeness
Homburg/ Fasstnacht/ Günther 2003	Service-oriented strategy // number of services offered / emphasis to customers	Overall profitability	Service-oriented culture and HRM mediate link between service-oriented strategy and organizational performance; number of services has no effect; no effect of direct service profitability
Neely 2008	Servitization // number of services offered	Net profit as % of sales	Servitization higher in large firms; degree of servitization generates lower profits; moderated by firm size

Gebauer, Fleisch und Friedli (2005) konzentrieren ihre Untersuchung auf Unternehmen mit einem hohen Grad an Service Infusion. Dabei stellen sie fest, dass es in diesem Bereich sowohl extrem erfolgreiche als auch extrem erfolglose Unternehmen gibt. Diese Disparität bezeichnen sie mit dem Begriff *Service Paradox*. Ausbleibende Gewinne können nach ihren Ergebnissen vor allem dadurch erklärt werden, dass Manager nicht von einem Erfolg der Dienstleistungen überzeugt sind und deshalb eine Dienstleistungsorientierung nicht konsequent genug verfolgen. Weitere Probleme betreffen die Umstellung der Organisationsstruktur sowie das Management des damit verbundenen Veränderungsprozesses.

Gebauer, Gustafsson und Witell (2011) untersuchen in ihrer Arbeit Service Infusion als Moderator des Einflusses der Variablen Kundenorientierung und Innovativität auf den Unternehmenserfolg. Der Grad der Service Infusion verstärkt den positiven Effekt der Kundenorientierung auf den Unternehmenserfolg. Der Effekt der Innovativität wird nicht moderiert. Service Infusion hat jedoch einen direkten positiven Einfluss auf die Innovativität.

Messung. Aufgrund der unklaren Begriffsdefinition des Phänomens Service Infusion, soll an dieser Stelle ein besonderes Augenmerk auf dessen Messung gelegt werden. Ein Überblick über entsprechende empirische Studien ist Tabelle 2-9 zu entnehmen. Am verbreitesten sind *objektive Messungen* der Service Infusion. Dies kann zum Beispiel anhand der Erfassung des Umsatzanteils von Dienstleistungen am Gesamtumsatz des Unternehmens erfolgen (Fang/Palmatier/Steenkamp 2008). Die Popularität dieser Messung lässt sich in der einfachen Erhebung erklären, die sogar anhand von Datenbanken erfolgen kann. Die Erfassung der Anzahl angebotener Dienstleistungen (Homburg/Fasstnacht/Günther 2003) wird ebenfalls häufig angewendet. Die Bestimmung der Anzahl von Dienstleistungen ist relativ komplex, da hier vor der Erhebung eine Liste unterschiedlicher Dienstleistungen generiert werden muss, was gegebenenfalls branchenspezifisch zu geschehen hat. Die Erfassung dieser Skalen erfordert in der Regel die Befragung eines Unternehmensvertreters (Eggert et al. 2011).

Weiterhin können zur Erfassung der Service Infusion *subjektive Maße* eingesetzt werden. Beispielhaft ist die Service-Orientierung der Strategie zu nennen, welche in der Regel durch Fragebogenstudien erhoben wird (z. B. Homburg/Fasstnacht/Günther 2003). Hierbei wird gemessen, wie stark ein Unternehmen seine Dienstleistungen Kunden gegenüber bewirbt beziehungsweise wie intensiv Kunden diese wahrnehmen oder nutzen.

Zukünftige Forschung. In ihrem Übersichtsartikel über Forschungslücken im Dienstleistungsbereich identifizieren Ostrom und Kollegen (2010) Service Infusion als eine zentrale Priorität in der strategischen Dienstleistungsforschung. Hervorgehoben wird hierbei (Ostrom et al. 2010, S. 7)

1. die Identifikation von Geschäftsmodellen für ein dienstleistungsbasiertes Wachstum,

2. die Weiterentwicklung sachgüterbasierter Organisationen in dienstleistungsorientierte Unternehmen,
3. die Integration und Ausrichtung der Sachgüter-, Dienstleistungs-, und Lösungsstrategien sowie
4. die Entwicklung und das Management des Sachgüter- und Dienstleistungsportfolios.

Lösungen. Wie durch Wise und Baumgartner (1999) sowie Galbraith (2002) beschrieben, verändert die Individualisierung von Angeboten sowie die Bündelung von Produkten und Dienstleistungen die Natur des Unternehmensangebots. Insbesondere B2B-Unternehmen bieten zunehmend sogenannte Lösungen (engl.: solutions) an (Galbraith 2002; Wise/ Baumgartner 1999). Die Forschung im Bereich der Service Infusion ist daher eng mit der Erforschung von Lösungen verbunden.

Lösungen werden als „provision of products and services together [...] that address a customer's needs" (Davies 2004, S. 732) definiert. Zum Begriff „Lösungen" existieren mehrere *alternative Bezeichnungen* (Tabelle 2-10). Dazu zählen insbesondere „product-service systems", „hybrid offerings" oder „integrated solutions" (Evanschitzky/Wangenheim/Woisetschläger 2011; Nordin/Kowalkowski 2010). Die unterschiedlichen Definitionen zeigen, dass die Individualisierung von Angeboten ein prägendes Merkmal neben der Integration von Produkten und Dienstleistungen ist (Evanschitzky/Wangenheim/Woisetschläger 2011). Dieser Aspekt wird durch den Begriff „solution selling" gesondert hervorgehoben, der im Vergleich zu den anderen Begriffen und Definitionen als einziger einen Prozesscharakter aufweist.

Tabelle 2-10: Alternativen zum Begriff Lösungen und deren Definitionen

Begriff	Definition	Wichtige Studien
Product-Service Systems // Bundles	„[...] integrated combination of products and services that deliver value in use" (Baines et al. 2009, S. 554)	Tukker/Tischner 2006
Hybride Produkte/ Solutions; Hybrid Offering	„[...] products and services combined into innovative offerings" (Shankar/Berry/Dotzel 2009, S. 95)	Ulaga/Reinartz 2011
Integrated Solutions	„[...] provision of products and services together [...] that address a customer's needs" (Davies 2004, S. 732)	Windahl/ Lakemond 2006
Solutions	„[...] individualized offers for complex customer problems that are interactively designed and whose components offer an integrative added value by combining products and/or services so that the value is more than the sum of the components" (Evanschitzky/Wangenheim/Woisetschläger 2011, S. 657)	Epp/Price 2011; Salonen 2011; Tuli/Kohli/ Bharadwaj 2007
Solution Selling	„[...] a relational process comprising the definition of the customer requirements, customization and integration of goods and services, their deployment, and post-deployment customer support" (Evanschitzky/Wangenheim/Woisetschläger 2011, S. 657)	Fang/Palmatier/ Steenkamp 2008

Erforschung. Die Erforschung von Lösungen beschränkt sich auf wenige Artikel. In einer Sonderausgabe der Zeitschrift Industrial Marketing Management stellen Evanschitzky, Wangenheim und Woisetschläger (2011) fest, dass das Angebot von Lösungen in den führenden Marketingzeitschriften bisher nur wenig Beachtung gefunden hat. So konnten in den Top Fünf Marketingzeitschriften im Zeitraum von 2006-2010 lediglich fünf Artikel identifiziert werden, die sich mit Lösungen oder dem Verkauf von Lösungen beschäftigen. Verbreiteter ist die Fragestellung in Zeitschriften, die sich auf High-Tech und Industriegüterunternehmen spezialisiert haben (z. B. Industrial Marketing Management). Entsprechend sind viele Arbeiten konzeptioneller beziehungsweise qualitativer Natur.

Als zentrale Forschungsströme identifizieren Evanschitzky, Wangenheim und Woisetschläger (2011)

- die Individualisierung (Ghosh/Dutta/Stremersch 2006),
- das Bündeln (Stremersch/Tellis 2002) und
- die Koproduktion (Fang/Palmatier/Evans 2008)

von Lösungen. Als Forschungslücke kann die gezielte Entwicklung neuer Lösungen angesehen werden (Evanschitzky/Wangenheim/Woisetschläger 2011). Da für Sachgüter- und Dienstleistungsinnovationen unterschiedliche Erfolgsfaktoren gelten (Abschnitt 2.4.4), ist anzunehmen, dass dies auch für die Entwicklung neuer Lösungen zutrifft.

Bewertung im Sinne dieser Arbeit. Der Überblick über die wissenschaftliche Literatur zum Thema Service Infusion und dem Angebot von Lösungen bekräftigt, dass Dienstleistungen im B2B-Bereich mittlerweile von zentraler Bedeutung für Wissenschaft und Praxis sind. Gleichzeitig wird festgestellt, dass ein umfangreicher Forschungsbedarf besteht, insbesondere da diese Themen in den wichtigsten wissenschaftlichen Marketingzeitschriften kaum Berücksichtigung finden. Angesichts unterschiedlicher Begrifflichkeiten sowie der besonderen Eigenschaften von Lösungen, erscheint es jedoch auch in diesem Bereich notwendig, ein separates Untersuchungsdesign anzuwenden. Aus diesem Grund wird Service Infusion und das Angebot von Lösungen im weiteren Verlauf dieser Arbeit ebenfalls nicht weiter betrachtet.

Trotzdem haben die konzeptionellen Überlegungen *Implikationen für den Fortgang dieser Arbeit.* Zum einem zeigt das Phänomen der Service Infusion, dass die Intensität der Interaktion mit Kunden bei der Dienstleistungserstellung von Unternehmen gesteuert werden kann. Der Grad der Kundeninteraktion hängt also nicht nur von vorgegebenen Dienstleistungsfaktoren ab, sondern kann von Unternehmen gezielt beeinflusst werden. Zum anderen ist die Individualisierung ein wichtiger Aspekt bei B2B-Dienstleistungen, der bisher von bestehenden Messungen der Service Infusion nicht erfasst wird.

2.4 Dienstleistungsinnovationen

In den letzten Jahren hat sich ein separater Forschungsstrom etabliert, der sich speziell mit Dienstleistungsinnovationen auseinandersetzt. Verschiedene Denkrichtungen dieses Forschungsstroms werden in Abschnitt 2.4.1 vorgestellt. Das Konstrukt der Dienstleistungsinnovativität ist die abhängige Variable in der empirischen Untersuchung. Eine Begriffsdefinition wird in Abschnitt 0 behandelt, während eine Auflistung unterschiedlicher Messungen der Dienstleistungsinnovativität in Abschnitt 2.4.3 erfolgt. Besondere Erfolgsfaktoren von Dienstleistungsinnovationen werden in Abschnitt 2.4.4 aufgezeigt. Der Beitrag der Betrachtungen für diese Arbeit wird in Abschnitt 2.4.5 abgeleitet.

2.4.1 Strömungen der Dienstleistungsinnovationsforschung

Seit der grundlegenden Sensibilisierung für die Bedeutung von Dienstleistungsinnovationen, haben sich *mehrere Denkrichtungen* für deren Erforschung herausgebildet (Bryson/Monnoyer 2004; Dreher/Stock-Homburg/Zacharias 2011; Drejer 2004; Droege/Hildebrand/Forcada 2009; Gallouj/Savona 2009; Nijssen et al. 2006). Die Denkrichtungen unterscheiden sich vor allem hinsichtlich der Übertragbarkeit von Forschungserkenntnissen sowie der Gestaltung von Untersuchungsdesigns. Im Folgenden werden die drei vorherrschenden Ansätze

- Assimilation,
- Demarkation und
- Synthese

mit den jeweils verbundenen Überzeugungen vorgestellt (ähnlich Dreher/Stock-Homburg/ Zacharias 2011). Vertreter des *Assimilationsansatzes* sind der Überzeugung, dass Erkenntnisse und Untersuchungskonzepte für Sachgüterinnovationen auch für Dienstleistungsinnovationen anwendbar sind (Droege/Hildebrand/Forcada 2009). Dies wird vor allem durch die weite Verbreitung von IT-Lösungen im Dienstleistungsbereich begründet (Bitner/Brown/Meuter 2000; Menor/Tatikonda/Sampson 2002). Entsprechend dieser Logik, wird die dominante Erklärung für die Entstehung von Dienstleistungsinnovationen in der Adoption technologischer Neuerungen gesehen (Barras 1986; Drejer 2004). Andere Arten der Dienstleistungsinnovationen werden als marginal bewertet.

Basierend auf den Grundgedanken des Assimilationsansatzes sind separate *Untersuchungsdesigns* für Sachgüter- und Dienstleistungsinnovationen nicht notwendig. Dienstleistungsinnovationen werden in Umfragen zwar berücksichtigt, jedoch mit Skalen gemessen, die für den Sachgüterbereich entwickelt wurden (Amara/Landry/Doloreux 2009; Bryson/Monnoyer 2004; Drejer 2004). Insgesamt lässt sich festhalten, dass die meisten existierenden Forschungsarbeiten im Innovationsbereich diesem Gedankengut folgen (Gallouj/Savona 2009; Ordanini/ Parasuraman 2011).

Anhänger des *Demarkationsansatzes* betonen die Besonderheiten von Dienstleistungsinnovationen. Aufbauend auf der Argumentation, dass Dienstleistungen und Sachgüter sich in ihren Eigenschaften stark unterscheiden, können auch Forschungskonzepte und Erkenntnisse zu Sachgüterinnovationen nicht einfach auf Dienstleistungsinnovationen übertragen werden (de Brentani/Cooper 1992; Drejer 2004; Edvardsson/Gustafsson/Enquist 2007; Tether 2005). Insbesondere wird die Beschränkung von Dienstleistungsinnovationen auf die Adaption technologischer Neuerungen abgelehnt. Dem Demarkationsansatz nach innovieren Dienstleistungsanbieter eigenständig und in einer anderen Art und Weise als Sachgüterhersteller (Hipp/ Grupp 2005; Tether 2005).

Entsprechende Forschungskonzepte müssen *spezielle Arten von Innovationen* erfassen, die lediglich für Dienstleistungsunternehmen relevant sind (einen Überblick bieten Droege/ Hildebrand/Forcada 2009). Zu diesen Arten zählen beispielsweise organisationale und Ad-Hoc Innovationen (Djellal/Gallouj 2001; Droege/Hildebrand/Forcada 2009; Gallouj/Savona 2009). *Organisationale Innovationen* beziehen sich auf Änderungen in der Struktur von Dienstleistungsunternehmen. Aufgrund des Prozesscharakters von Dienstleistungen ist die Prozessorganisation entscheidend für die Erstellung des Dienstleistungsangebots (de Jong/Vermeulen 2003; Djellal/Gallouj 2001; Sundbo 2007; Tether 2005). *Ad-Hoc Innovationen* sind einfache Änderungen im Design von Dienstleistungen, die nicht das Ergebnis eines zielgerichteten Innovationsprozesses sind, sondern einzigartige Lösungen für kundenspezifische Probleme darstellen (Droege/Hildebrand/Forcada 2009; Gallouj/Savona 2009). Aufgrund des intangiblen Charakters von Dienstleistungen, können solche Änderungen relativ einfach und ohne langen Vorlauf vorgenommen werden.

Anhänger einer *integrativen Perspektive* konzentrieren sich darauf, Potenziale durch die Berücksichtigung beider Perspektiven zu realisieren (Amara/Landry/Doloreux 2009). Dies ist zum Beispiel durch die Übertragung von Erkenntnissen über Dienstleistungsinnovationen auf Sachgüterinnovationen möglich (Droege/Hildebrand/Forcada 2009; Ordanini/Parasuraman 2011). Das Ziel dieser Perspektive ist es, einen grundlegenden Bezugsrahmen für die Entwicklung und Messung von Innovationen zu entwickeln, der dienstleistungsspezifische Charakteristika berücksichtigt und somit sowohl im Sachgüter- als auch im Dienstleistungsbereich eingesetzt werden kann. Die bereits angesprochene Service-Dominant Logic (Vargo/ Lusch 2004a) kann als eine solche integrative Sichtweise angesehen werden (Ordanini/ Parasuraman 2011).

2.4.2 Begriffsdefinition

Schwierigkeiten hinsichtlich der Definition von Dienstleistungen, insbesondere bedingt durch deren Intangibilität und Prozesscharakter, haben auch Auswirkungen auf die Definition von Dienstleistungsinnovationen. Bryson und Monnoyer (2004, S. 209) konstatieren diesbezüglich: „There are as many problems associated with the definition of 'innovation' as there are with the definitions of 'service'".

Wie in der allgemeinen Innovationsliteratur, lassen sich Dienstleistungsinnovationen grundsätzlich aus einer Prozessperspektive und einer Ergebnisperspektive betrachten (Six 2011). Die *Prozessperspektive* hat den zielgerichteten Prozess der Entwicklung von Dienstleistungsangeboten von der Ideengeneration bis zur Produkteinführung zum Gegenstand (Goldstein et al. 2002, S. 122). Dieser Prozess und der entsprechende Forschungsstrom werden in der englischsprachigen Literatur auch als New Service Development bezeichnet (Menor/Tatikonda/ Sampson 2002).

Die *Ergebnisperspektive* betrachtet neue Dienstleistungen als Resultat des Entwicklungsprozesses. Hierbei gilt grundlegend zu klären, wann eine Dienstleistung als neu anzusehen ist (Menor/Tatikonda/Sampson 2002). Üblicherweise wird angenommen, dass Kunden eines Unternehmens diese Einschätzung vornehmen (Menor/Tatikonda/Sampson 2002). Neben der Entwicklung neuer Dienstleistungsprodukte ist insbesondere die Änderung bestehender Dienstleistungen eine häufige Quelle für Innovationen (de Jong/Vermeulen 2003; Johne/ Storey 1998; Trott 2008). In Anlehnung an Menor, Tatikonda und Sampson (2002, S. 138) sollen Dienstleistungsinnovationen in dieser Arbeit daher wie folgt definiert werden:

Dienstleistungsinnovationen sind bisher noch nicht verfügbare Dienstleistungen oder Veränderungen im Design einer bestehenden Dienstleistung, die durch den Kunden eines Unternehmens als neu wahrgenommen werden.

Im Gegensatz zum Sachgüterbereich werden eine Vielzahl *verschiedener Arten von Dienstleistungsinnovationen* unterschieden und kontrovers diskutiert (für einen Überblick Droege/ Hildebrand/Forcada 2009; Flikkema/Jansen/van der Sluis 2007). Dies ist insbesondere durch den Prozesscharakter von Dienstleistungen und der notwendigen Kundeninteraktion zu deren Erstellung bedingt. Während neue Produktionsverfahren bei Sachgüterherstellern durch den Kunden in der Regel nicht wahrgenommen werden, können Veränderungen im Erstellungsprozess von Dienstleistungen den Kunden direkt betreffen und entsprechend als Innovation wahrgenommen werden. Bezüglich des Erstellungsprozesses werden beispielsweise technologische und administrative Prozessinnovationen unterschieden (Damanpour/Walker/ Avellaneda 2009). Die Interaktion mit Kunden betreffend differenziert de Vries (2006) nach der Veränderung der eingesetzten Technologie, den Kompetenzen des Anbieters oder den Kompetenzen des Kunden. Eine Auswahl verschiedener Arten von Dienstleistungsinnovationen veranschaulicht Tabelle 2-11.

Tabelle 2-11: Arten von Dienstleistungsinnovationen in empirischen Studien (in Anlehnung an Dreher/Stock-Homburg/Zacharias 2011)

Studie	Arten von Dienstleistungsinnovationen	Industrien
Amara/Landry/ Doloreux 2009	6 types of innovation in KIBS: product, process, delivery, strategic, managerial and marketing	Knowledge-intensive business services
Corrocher/Cusmano/ Morrison 2009	4 types: technology adoption, organizational change, service production, external cooperation	Knowledge-intensive business services
Damanpour/Walker/ Avellaneda 2009	Service, technological process, organizational process	Public service organizations
de Vries 2006	Service outcome characteristics, service provider competencies, service provider technology, client competencies and client technology	Insurance, social security, administration agencies, information technology service providers, providers of public and in-company educational services
Sundbo 2007	Product innovation, process innovation, market innovation, organizational innovation, technological innovation and widened service	Hotels, restaurants, travel agencies, attractions, transport, etc.

Der Begriff der Dienstleistungsinnovation lässt sich des Weiteren vom Begriff der *Dienstleistungsinnovativität* abgrenzen. Während die Bezeichnung eines Dienstleistungsprodukts als Dienstleistungsinnovation die Frage beantwortet, *ob* ein Dienstleistungsprodukt eine Innovation darstellt, klärt der Begriff der Dienstleistungsinnovativität, *wie* innovativ dieses Dienstleistungsprodukt ist. In Anlehnung an die Innovationsforschung hat sich im Allgemeinen die Betrachtung der beiden Dimensionen Neuartigkeit und Nutzen von Innovationen etabliert (Stock/Six/Zacharias 2013; Stock/Zacharias 2011, 2013; Szymanski/Kroff/Troy 2007). Dienstleistungen mit einer hohen Innovativität weisen entsprechend einen hohen Neuigkeitsgrad und einen hohen Nutzen auf. Trotz ihres engen Zusammenhangs, sind Neuartigkeit und Nutzen als unabhängige Dimensionen zu betrachten (hierzu ausführlich Stock/Zacharias 2013).

Neben der Betrachtung auf der Produktebene, kann auf der Unternehmensebene das gesamte Produktprogramm bezüglich seiner Innovativität bewertet werden. Dieses Verständnis wird unter dem Begriff Dienstleistungsprogramminnovativität zusammengefasst (ähnlich Six 2011). Zusätzlich zu den Dimensionen Neuartigkeit und Nutzen von Dienstleistungsinnovationen ist es üblich, die Häufigkeit von Dienstleistungsinnovationen als eigene Dimension aufzunehmen (Stock/Dreher 2012; Stock/Six/Zacharias 2013; Stock/Zacharias 2011). Die Dienstleistungsprogramminnovativität kann daher wie folgt definiert werden:

Die Dienstleistungsprogramminnovativität ist die Fähigkeit eines Unternehmens, neue und nutzenstiftende Dienstleistungen auf einer regelmäßigen Basis in den Markt einzuführen.

2.4.3 Operationalisierung

In diesem Abschnitt erfolgt ein Überblick über empirische Studien aus dem Bereich der Marktorientierung, die Innovativität als abhängige Variable beinhalten. Dabei sollen nur Arbeiten berücksichtigt werden, bei denen aus der Messung sowie der Beschreibung der Stichprobe die Untersuchung von Dienstleistungsunternehmen beziehungsweise Dienstleistungsprodukten hervorgeht. Auf dieser Basis werden neun Studien vorgestellt, deren Vergleich im Folgenden anhand der Aspekte Untersuchungsebene, Dienstleistungsverständnis und Innovationsart erfolgt. Von besonderem Interesse ist dabei, wie bisherige Studien die Produktprogramminnovativität erfasst haben. Eine Zusammenfassung liefert Tabelle 2-12.

Tabelle 2-12: Messungen der Dienstleistungsinnovativität in empirischen Studien zur Marktorientierung von Unternehmen

Studie	Untersuchungsebene	Dienstleistungsverständnis	Gemessene Innovationsart (& in einem Konstrukt; / separat)
Dibrell/Craig/Hansen 2011	Programm	Assimilation	Häufigkeit & Neuartigkeit
Han/Kim/Srivastava 1998	Programm	Demarkation	Häufigkeit (objektiv)
Jiménez-Jimenez/Valle/ Hernandez-Espallardo 2008	Programm	Assimilation	Administrativ/Produkt/Prozess (Second Order)
Lado/Maydeu-Olivares 2001	Programm	Demarkation	Häufigkeit & Neuartigkeit
Mavondo/Chimhanzi/ Stewart 2005	Programm	Assimilation	Administrativ/Produkt/Prozess
Maydeu-Olivares 2003	Programm	Demarkation	Häufigkeit & Neuartigkeit
Nasution et al. 2011	Programm	Demarkation	Administrativ/Produkt/Prozess
Ngo/O'Cass 2012	Programm	Assimilation	Häufigkeit & Qualität & Einzigartigkeit & Anzahl neuer Märkte
van Riel/Lemmink/ Ouwersloot 2004	Produkt	Demarkation	Neuprodukterfolg

Die Dienstleistungsinnovativität kann auf verschiedenen *Untersuchungsebenen* bewertet werden. Eher selten steht die Innovativität einzelner Produkte im Vordergrund (z. B. van Riel/Lemmink/Ouwersloot 2004). Unternehmen müssen hierzu Produkte aus ihrem Unternehmensangebot auswählen und bewerten. In den meisten Fällen erfolgt die Erfassung auf der Programmebene (z. B. Dibrell/Craig/Hansen 2011; Han/Kim/Srivastava 1998).

Das *Dienstleistungsverständnis* betreffend lässt sich unterscheiden, ob Arbeiten dem Prinzip der Demarkation oder Assimilation folgen. Assimilationsarbeiten erfassen sowohl Sachgüter- als auch Dienstleistungsinnovationen. Zu diesem Verständnis zählen insgesamt vier der neun identifizierten Studien (z. B. Dibrell/Craig/Hansen 2011). Die restlichen Arbeiten untersuchen ausschließlich Dienstleistungen und können somit als Demarkationsarbeiten gewertet werden (z. B. Han/Kim/Srivastava 1998). Im Gesamtkontext aller im Rahmen der vorliegenden Arbeit identifizierten Studien, die den Zusammenhang der Marktorientierung und Innovativität untersuchen, ist festzuhalten, dass die meisten Arbeiten Dienstleistungen nicht explizit berücksichtigen (siehe Tabellen A-1 bis A-4 im Anhang).

Des Weiteren ist festzustellen, dass in den Studien unterschiedliche *Innovationsarten* Verwendung finden. Im vorherigen Abschnitt wurde abgeleitet, dass für eine umfassende Messung der Produktprogramminnovativität die Dimensionen Häufigkeit von Innovationen, Neuartigkeit und Nutzen zu unterscheiden sind. Der Literaturüberblick zeigt, dass diese Unterteilung bisher nur wenig Berücksichtigung in der Messung der Dienstleistungsinnovativität erhalten hat. Eine erste Gruppe von Studien wendet ein sehr weites Innovativitätsverständnis an, indem sowohl Produktinnovationen, Prozessinnovationen als auch administrative Innovationen Berücksichtigung finden (Jiménez-Jimenez/Valle/Hernandez-Espallardo 2008; Mavondo/Chimhanzi/Stewart 2005; Nasution et al. 2011). Negativ ist hierbei anzumerken, dass die Erfassung der Produktinnovativität oft durch wenige Items erfolgt und zudem mehrere Aspekte der Produktprogramminnovativität vermischt werden.

Eine zweite Gruppe von Studien untersucht lediglich einen Teil der drei genannten Dimensionen Häufigkeit, Neuartigkeit und Nutzen. Während Han, Kim und Srivastava (1998) die Häufigkeit von Innovationen betrachten, konzentrieren sich die restlichen Arbeiten dieser Gruppe auf eine kombinierte Erfassung der Häufigkeit neuer Produkteinführungen und deren Neuartigkeit (z. B. Dibrell/Craig/Hansen 2011; Lado/Maydeu-Olivares 2001; Maydeu-Olivares 2003). Lediglich Ngo und O'Cass (2012) untersuchen mehrere Dimensionen auf der Produktprogrammebene. Bei diesen Arbeiten ist jedoch zu kritisieren, dass die Dimensionen jeweils nur mit einem Item gemessen werden. Insgesamt lässt sich feststellen, dass die bestehenden Messungen die Produktprogramminnovativität bei Dienstleistungen nicht umfassend berücksichtigen.

2.4.4 Besonderheiten bei der Generation von Dienstleistungsinnovationen

Zahlreiche Arbeiten fassen *besondere Erfordernisse* der Generierung von Dienstleistungsinnovationen zusammen (Tabelle 2-13). Dabei ist festzustellen, dass die Charakteristika von Dienstleistungen ebenso die Organisation und Erfolgsfaktoren des Dienstleistungsinnovationsprozesses beeinflussen (Dreher/Stock-Homburg/Zacharias 2011; Johne/Storey 1998; Nijssen et al. 2006). Ausgewählte Eigenheiten und Erfolgsfaktoren der Erstellung von Dienstleistungsinnovationen werden im Folgenden anhand der in Abschnitt 2.2.2 vorgestellten Charakteristika Intangibilität, Heterogenität, Untrennbarkeit von Erstellung und Konsum sowie Verderblichkeit von Dienstleistungen aufgezeigt (ähnlich Nijssen et al. 2006).

Tabelle 2-13: Literaturüberblicke über die Dienstleistungsinnovationsforschung

Jahr	Autor(en)	Titel	Zeitschrift
2009	Droege/Hildebrand/ Forcada	Innovation in services: present findings and future pathways	Journal of Service Management
2009	Gallouj/Savona	Innovation in services: a review of the debate and a research agenda	Journal of Evolutionary Economics
2007	Djellal/Gallouj	Innovation and employment effects in services: a review of the literature and an agenda for research	Service Industries Journal
2007	Edvardsson/ Gustafsson/Enquist	Success factors in new service development and value creation through services	Advances in Services Innovations (Herausgeberband)
2007	Richter/Thiele	Was unterscheidet innovative von nicht innovativen Dienstleistungsunternehmen? – Ein Überblick zum aktuellen Stand der Forschung	Innovationsmanagement in der Serviceindustrie (Herausgeberband)
2005	Akamavi	A research agenda for investigation of product innovation in the financial services sector	Journal of Services Marketing
2004	Bryson/Monnoyer	Understanding the relationship between services and innovation: The RESER review of the European service literature on innovation, 2002	Service Industries Journal
2004	Drejer	Identifying innovation in surveys of services: a Schumpeterian perspective	Research Policy
2003	de Jong/Vermeulen	Organizing successful new service development: a literature review	Management Decision
2002	Menor/Tatikonda/ Sampson	New service development: areas for exploitation and exploration	Journal of Operations Management
1998	Johne/Storey	New service development: a review of the literature and annotated bibliography	European Journal of Marketing

Aus der *Intangibilität* von Dienstleistungen folgt eine erschwerte Testbarkeit neuer Dienstleistungskonzepte (Trott 2008). Im Vergleich zu Sachgütern können zum Beispiel nur bedingt Prototypen neuer Dienstleistungen erstellt werden (Johne/Storey 1998; gegensätzlich Reichwald 2008). Vorteilhaft für die Entwicklung von Dienstleistungsinnovationen ist die Tatsache, dass das Dienstleistungsdesign relativ einfach zu verändern ist (Trott 2008). Aufgrund der leichten Veränderbarkeit sind diese jedoch nur schwer mit Patenten zu schützen (Amara/ Landry/Traoré 2008; Mendonça/Pereira/Godinho 2004). Darüber hinaus besteht die Gefahr, dass viele Innovationen nur inkrementeller Natur sind (Hipp/Grupp 2005).

Aus der *Heterogenität* von Dienstleistungen folgt eine unzureichende Planbarkeit des Innovationsprozesses, die insbesondere durch das Phänomen der Ad-Hoc Innovationen belegt wird (Drejer 2004; Droege/Hildebrand/Forcada 2009; Flikkema/Jansen/van der Sluis 2007, siehe Abschnitt 0). Eine weitere Gefahr betrifft die mangelnde Allgemeingültigkeit von Innovationen. Der Erfolg von Innovationen kann zum Beispiel von Region zu Region unterschiedlich sein. Im Gegensatz zur Bedeutung unstrukturierter Innovationsprozesse existieren verschiedene Arbeiten, die auch im Dienstleistungsbereich einen strukturierten Dienstleistungsprozess für vorteilhaft erachten (de Brentani 1989; Nijssen et al. 2006). So belegen Nijssen und Kollegen (2006), dass die F&E-Stärke eines Unternehmens wichtiger für die Entwicklung von Dienstleistungsinnovationen als für Sachgüterinnovationen ist (Nijssen et al. 2006). Der Dienstleistungsinnovationsprozess weist jedoch deutliche Unterschiede zum Sachgüterinnovationsprozess auf, insbesondere da er als komplexer und iterativer anzusehen ist (Akamavi 2005; Dreher/Stock-Homburg/Zacharias 2011; Johne/Storey 1998).

Der größte Unterschied zwischen Sachgüter- und Dienstleistungsinnovationen lässt sich aus der *Untrennbarkeit von Erstellung und Konsum* sowie der *Verderblichkeit von Dienstleistungen* ableiten. Da der Kunde unmittelbar in die Dienstleistungserbringung eingebunden ist, gilt ein tiefes Verständnis über Kundenbedürfnisse und Fähigkeiten als zentrale Erfolgsvariable für die Entwicklung von Dienstleistungsinnovationen (Droege/Hildebrand/Forcada 2009; Martin/Horne 1995). Die Bedeutung dieser Kundenorientierung wird von verschiedenen Autoren höher als bei Sachgüterinnovationen eingeschätzt (Alam 2002; de Jong/Vermeulen 2003; Edvardsson/Gustafsson/Enquist 2007). Darüber hinaus ist bei Dienstleistungen die Entwicklung neuer Dienstleistungen schwerer von der Dienstleistungserstellung an sich zu trennen (Nijssen et al. 2006).

Eine entsprechende Kundenorientierung kann entweder durch die Einbindung von Kundenkontaktmitarbeitern oder Kunden in den Innovationsprozess erreicht werden. *Kundenkontaktmitarbeiter* erlangen durch den dienstleistungsimmanenten Austausch mit Kunden wertvolle Informationen über deren Bedürfnisse, mit denen sie Ideen für neue Dienstleistungen oder Produkte initiieren können (de Jong/Vermeulen 2003; Johne/Storey 1998; Joshi 2010; Melancon et al. 2010; Melton/Hartline 2010; Umashankar/Srinivasan/Hindman 2011). Neben der Initiierung können sie durch ihr Feedback zu einem erfolgreichen Entwicklungsprozess beitragen, insbesondere bezüglich der Ausgestaltung der Kundenschnittstelle (Akamavi 2005; Edvardsson/Gustafsson/Enquist 2007; Melton/Hartline 2010). Des Weiteren hängt der Erfolg von Dienstleistungsinnovationen wesentlich von der Implementierung der Änderungen durch den Kundenkontaktmitarbeiter ab. Insgesamt kann festgestellt werden, dass durch die große Bedeutung der Kundenkontaktmitarbeiter des Unternehmens dem Management von Humanfaktoren eine besondere Rolle im Dienstleistungsentwicklungsprozess zukommt (de Jong/Vermeulen 2003; Richter/Thiele 2007). Ein weiterer Erfolgsfaktor ist die *Einbeziehung von Kunden in den Dienstleistungsentwicklungsprozess* (Alam 2002; de Jong/Vermeulen 2003; Edvardsson/Gustafsson/Enquist 2007; Ordanini/Parasuraman 2011). Dies ist unter anderem dadurch begründet, dass sich bei neuen Dienstleistungen häufig die Rolle der Kunden bei der Dienstleistungserstellung ändert (ausführlich Abschnitt 2.6.2.2 dieser Arbeit).

2.4.5 Beitrag für diese Arbeit

Die vorherigen Abschnitte haben gezeigt, dass *zwischen Sachgüter- und Dienstleistungsinnovationen grundlegende Unterschiede* bestehen. Für jeden Untersuchungsgegenstand ist sorgfältig abzuwägen, ob eine gemeinsame oder getrennte Betrachtung von Sachgüter- und Dienstleistungsinnovationen sinnvoll ist. Insbesondere wurde gezeigt, dass aufgrund der Untrennbarkeit von Dienstleistungserstellung und –konsum die Erfassung von Kundenbedürfnissen eine besondere Bedeutung für die Erstellung von Dienstleistungsinnovationen hat. Daher sind unterschiedliche Effekte der Informationsgenerierung auf die Innovativität von Sachgütern und Dienstleistungen zu erwarten. In diesem Teil der Arbeit werden Sachgüter- und Dienstleistungsinnovationen somit nicht gemeinsam betrachtet sondern der Schwerpunkt auf die Innovativität von Dienstleistungen gelegt.

Weiterhin sind Arten und Messung von Dienstleistungsinnovationen umstritten. Neben der in der Innovationsforschung gängigen Betrachtung von Produktinnovationen, werden in der Dienstleistungsforschung *eigenständige Innovationsarten* diskutiert. Dabei wird beispielsweise unterschieden, ob neue Dienstleistungen durch die Veränderung organisationaler Prozesse oder dem Einsatz neuer Technologien entstehen. Diese Innovationsarten sind insbesondere bei ökonomischen Betrachtungen nützlich. Eine Betrachtung dienstleistungsspezifischer Innovationsarten scheint in dieser Arbeit jedoch nicht sinnvoll. Durch den Fokus auf die Rolle der Kunden ist es ausschlaggebend, ob der Kunde ein verändertes Dienstleistungsangebot als *neuartig* und *nützlich* wahrnimmt, und nicht *wie* diese Innovation generiert wird.

Die *Messung der Dienstleistungsinnovativität* kann grundlegend auf der Projekt-, Produkt- oder Programmebene vorgenommen werden. Der Überblick über verwendete Messungen hat gezeigt, dass die Dienstleistungsinnovativität in empirischen Studien bisher nur eingeschränkt erfasst wurde. Um das komplette Angebot von Dienstleistungen eines Unternehmens zu erfassen, soll in dieser Arbeit die Messung auf der Programmebene erfolgen. Dies erlaubt Rückschlüsse für die gesamte Kundenbasis und nicht nur für einzelne Dienstleistungsprodukte. Die Produktprogramminnovativität wird dabei allgemein definiert als die Fähigkeit eines Unternehmens, ein innovatives Angebot zu generieren. Sie wird durch die Aggregation der Dimensionen Häufigkeit, Nutzen sowie Neuartigkeit von Dienstleistungsinnovationen gemessen.

2.5 Service-Dominant Logic

Die Service-Dominant Logic (SDL) wird als zentrale theoretische Fundierung für die Hypothesen in dieser Arbeit herangezogen. Da sie aufgrund ihres abstrakten Charakters einer ständigen Entwicklung unterzogen ist, behandelt Abschnitt 2.5.1 die zentralen Inhalte, deren zeitliche Entwicklung sowie die wichtigsten Artikel der SDL. Von besonderem Interesse sind die Aussagen der Service-Dominant Logic bezüglich der Interaktion von Kunden und Unternehmen, deren Betrachtung in Abschnitt 2.5.2 erfolgt. Der Schwerpunkt liegt auf der Gegenüberstellung der Konzepte Co-Production von Unternehmensaktivitäten und Co-Creation des Kundennutzens. In Abschnitt 2.5.3 werden zentrale Kritikpunkte an der SDL diskutiert und bewertet, bevor die Ausführungen zusammengefasst und der Beitrag für diese Arbeit abgeleitet wird (Abschnitt 2.5.4).

2.5.1 Grundlegende Annahmen

Die Service-Dominant Logic ist ein *paradigmenähnlicher Ansatz*, der ein neues Verständnis des Marketings propagiert (Vargo/Lusch 2006). Nach der Grundüberzeugung der SDL sind Dienstleistungen die Basis jeden Austauschs (Vargo/Lusch 2008b). Dies hat Implikationen für die Rolle der Kunden, Unternehmen, Wirtschaft und Gesellschaft. Die Entwicklung der SDL erfolgt in einem Artikel von Vargo und Lusch (2004a) anhand von acht Grundannahmen (engl.: foundational premise, in Folge FP abgekürzt). Diese werden in weiteren Publikationen inhaltlich überarbeitet und um zwei Grundannahmen erweitert (Vargo/Lusch 2006, 2008b). Tabelle 2-14 bietet einen Überblick über die aktuellen Formulierungen und zeigt auf, wie sich diese im Vergleich zu den ersten Versionen geändert haben.

Aufgrund enger inhaltlicher Zusammenhänge kann der Kern der SDL auf die nachfolgend vorgestellten vier fundamentalen Grundannahmen reduziert werden (Vargo/Lusch 2011a, 2013). *Die erste fundamentale Grundannahme* fasst die Kernaussage der SDL zusammen: „Service is the fundamental basis of exchange" (Vargo/Lusch 2008b, S. 7). Demnach steht bei jedem Unternehmensangebot im Vordergrund welche Dienstleistung ein Kunde erhält. Auf einer übergeordneten Ebene kann der gesamte ökonomische Austausch auf Märkten als Austausch von Dienstleistungen betrachtet werden (FP5). Entsprechend fasst Rust (2004, S. 23) die SDL mit dem Ausspruch „everything is service" zusammen.

Tabelle 2-14: Grundannahmen der Service-Dominant Logic und ihre Anpassung (Vargo/Lusch 2008b, S. 7)

FP	Original foundational premise	Modified/new foundational premise	Comment/explanation
FP 1	The application of specialized skills and knowledge is the fundamental unit of exchange	Service is the fundamental basis of exchange	The application of operant resources (knowledge and skills), "service", as defined in S-D logic, is the basis for all exchange. Service is exchanged for service
FP 2	Indirect exchange masks the fundamental unit of exchange	Indirect exchange masks the fundamental basis of exchange	Because service is provided through complex combinations of goods, money, and institutions, the service basis of exchange is not always apparent
FP 3	Goods are distribution mechanisms for service provision	Goods are a distribution mechanism for service provision	Goods (both durable and non-durable) derive their value through use – the service they provide
FP 4	Knowledge is the fundamental source of competitive advantage	Operant resources are the fundamental source of competitive advantage	The comparative ability to cause desired change drives competition
FP 5	All economies are services economies	All economies are service economies	Service (singular) is only now becoming more apparent with increased specialization and outsourcing
FP 6	The customer is always a co-producer	The customer is always a co-creator of value	Implies value creation is interactional
FP 7	The enterprise can only make value propositions	The enterprise cannot deliver value, but only offer value propositions	Enterprises can offer their applied resources for value creation and collaboratively (interactively) create value following acceptance of value propositions, but can not create and/or deliver value independently
FP 8	A service-centered view is customer oriented and relational	A service-centered view is inherently customer oriented and relational	Because service is defined in terms of customer-determined benefit and co-created it is inherently customer oriented and relational
FP 9	Organizations exist to integrate and transform microspecialized competences into complex services that are demanded in the marketplace	All social and economic actors are resource integrators	Implies the context of value creation is networks of networks (resource integrators)
FP 10		Value is always uniquely and phenomenologically determined by the beneficiary	Value is idiosyncratic, experiential, contextual, and meaning laden

Die SDL lehnt eine Unterscheidung zwischen Sachgütern und Dienstleistungen als gleichwertiges Gegensatzpaar ab. Sachgüter haben lediglich die Funktion als Übermittler einer Dienstleistung zu wirken (FP2). Weiterhin wird aufgeführt, dass der eigentliche Zweck von Dienstleistungen durch Sachgüter, Geld, Marken oder Organisationen verschleiert wird (FP3). Aufgrund dessen ist es schwierig, den eigentlichen Kern einer Dienstleistung zu identifizieren.

Die übergeordnete Bedeutung von Dienstleistungen in der SDL wird anhand folgenden Beispiels veranschaulicht (Achrol/Kotler 2006, S. 320):

"Consumers do not buy soap because of the carbolic fatty acids from which it is made, nor is it the aloe vera or perfume that they need. Consumers buy soap because soap provides cleanliness, skin conditioning, and a fresh feeling, and sometimes because the bottle looks so pretty in the powder room! In other words, consumers do not buy products for their intrinsic physical properties but for the services they provide".

Nach der SDL erfordert die Dienstleistungserbringung „the application of specialized competences (knowledge and skills)" (Vargo/Lusch 2004a, S. 2). Da Dienstleistungen die Grundlage jeden Austauschs sind, ist spezialisiertes Wissen Voraussetzung für die Generierung von Wettbewerbsvorteilen für Unternehmen (FP4). Fähigkeiten und Wissen (z. B. technologiebezogenes Wissen) werden dabei unter dem Begriff der „operant resources" zusammengefasst und bilden den Gegensatz zu „operand resources" (z. B. Maschinen).

Die *zweite fundamentale Grundannahme* der SDL lautet: „The customer is always a cocreator of value" (Vargo/Lusch 2008b, S. 7). Die Generierung eines Nutzens erfordert demnach zwingend die Interaktion von Kunden und Unternehmen. Diese Annahme impliziert, dass der Nutzen einer Dienstleistung nicht durch das Unternehmen allein festgelegt werden kann. Vielmehr formuliert ein Unternehmen nur eine „value proposition". Nimmt der Kunde diese in Anspruch, erhält er einen „value-in-use" (FP7). Da der Nutzen nur im Zusammenspiel mit Kunden generiert werden kann, sind eine Kundenorientierung und der Aufbau einer engen Kundenbeziehung von zentraler Bedeutung für Unternehmen (FP 8).

In der *dritten fundamentalen Grundannahme* der SDL spezifizieren Vargo und Lusch (2008b, S. 7) die Rolle von Ressourcen bei der Generierung von Nutzen: „All social and economic actors are resource integrators". Sowohl Anbieter als auch Nutzer von Dienstleistungen müssen mehrere Arten von Ressourcen kombinieren, um einen Nutzen zu generieren. Aufgrund der gestiegenen Komplexität von Angeboten kann eine Person oder ein Unternehmen nicht über alle zur Nutzengenerierung benötigten Ressourcen verfügen. Aufgabe der Unternehmen ist es, spezialisierte Fähigkeiten und Wissen zu integrieren. Dies geschieht in Unternehmen durch die Beschäftigung von Arbeitskräften, die über die notwendigen Fähigkeiten verfügen. Das Konzept der Ressourcenintegration lässt sich nicht nur auf Unternehmen, sondern auf alle Arten von Akteuren übertragen, z. B. auf private Haushalte (Vargo/Lusch 2008b).

Um den Inhalt dieser Aussage zu veranschaulichen, wird häufig das Beispiel einer Computermaus verwendet. Keine einzelne Person wäre heute in der Lage eine Computermaus alleine herzustellen (Vargo/Lusch 2011a). Vielmehr werden dafür die speziellen Fähigkeiten verschiedener Akteure und die Integration unterschiedlichster Ressourcen benötigt. Im Fall der

Computermaus betrifft dies das Raffinerieren von Ölen für die Herstellung von Plastik oder die Programmierung einer Software zur Sicherstellung der Funktionalität der Maus. Auch der Anwender muss verschiedene Ressourcen in Form von entsprechender Hard- und Software integrieren, um für sich einen Nutzen zu erhalten.

Die *vierte fundamentale Grundannahme* der SDL betrachtet den Begriff des Nutzens: „Value is always uniquely and phenomenologically determined by the beneficiary" (Vargo/Lusch 2008b, S. 7). Diese Aussage wurde als letzte in die Service-Dominant Logic aufgenommen und damit begründet, dass das Konzept des Nutzens in der SDL bisher nicht ausreichend gewürdigt wurde (Vargo/Lusch 2008b). FP10 beschreibt, dass der Nutzen für jeden Empfänger einer Dienstleistung einzigartig ist und zudem stark vom Kontext der jeweiligen Dienstleistungserbringung abhängt. Somit wird das Konzept des „value-in-use" gestärkt, das zu einem der wichtigsten Konzepte der SDL zählt.

Die vier fundamentalen Grundannahmen der SDL sind in Abbildung 2-5 zusammengefasst. Im Mittelpunkt steht der Austausch eines Services zwischen Anbieter und Nutzer (FP1). Dieser Austausch erfolgt kooperativ (FP6). Zur kooperativen Wertschöpfung müssen beide Parteien Ressourcen verschiedenster Art integrieren (FP9). Der Nutzen, der aus einer Dienstleistung gezogen werden kann, ist dabei für jeden Nutzer einzigartig (FP10).

Abbildung 2-5: Grafische Zusammenfassung der Service-Dominant Logic (Vargo 2008, S. 214)

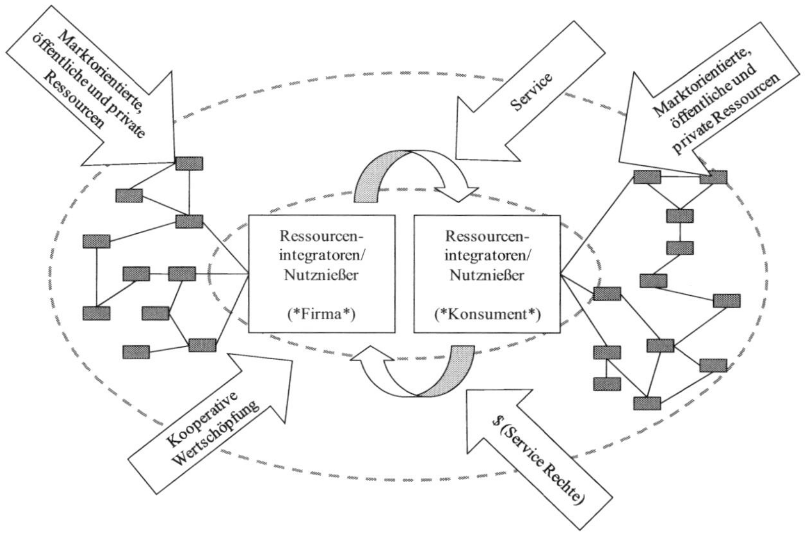

Neben den Hauptartikeln von Vargo und Lusch (Tabelle 2-15) sind *weitere wichtige Arbeiten* an der Entwicklung der SDL beteiligt. Hierzu zählen die Kommentare mehrerer Marketingexperten, die den Ursprungsartikel zur SDL im Journal of Marketing begleitet haben (Bolton et al. 2004). Den größten gesammelten Beitrag zur SDL stellt der Herausgeberband „The Service Dominant Logic of Marketing" aus dem Jahr 2006 dar, der unterstützende und kritische Artikel von circa 50 Wissenschaftlern enthält (Lusch/Vargo 2006a). Weiterhin thematisieren mehrere Sonderausgaben von Zeitschriften die Entwicklung der Service-Dominant Logic. Hervorzuheben sind die Sonderausgaben der Zeitschriften Marketing Theory (2006, 2008), Journal of the Academy of Marketing Science (2008) und Industrial Marketing Management (2011). Eine Aufzählung von Arbeiten zur SDL sind einem aktuellen Literaturüberblick zu entnehmen. Dieser identifiziert circa 1.300 Veröffentlichungen, die im Zeitraum von 2004 bis 2011 auf die Service-Dominant Logic verweisen (Ehrenthal 2012).

Tabelle 2-15: Zentrale Texte der Service-Dominant Logic

Jahr	Autoren	Rolle für Service-Dominant Logic	Titel	Zeitschrift
2004a	Vargo/ Lusch	Erster Artikel; 8 Grundannahmen	Evolving to a New Dominant Logic for Marketing	Journal of Marketing
2006	Vargo/ Lusch	Erweiterung; 9 Grundannahmen	Service-Dominant Logic: What It Is, What It Is Not, What It Might Be	*Buch: The Service-Dominant Logic of Marketing*
2008b	Vargo/ Lusch	Erweiterung; 10 Grundannahmen	Service-Dominant Logic: Continuing the Evolution	Journal of the Academy of Marketing Science

2.5.2 Die Interaktion zwischen Unternehmen und Kunden

Durch ihren allgemeinen Charakter sind die Aussagen der Service-Dominant Logic auf *verschiedenen Analyseebenen* anwendbar. Vargo und Lusch unterscheiden bei der Analyse des Dienstleistungsaustauschs generell zwischen der Mikro-, Meso- und Makro-Ebene (Vargo/Lusch 2011a, 2013). Die Mikro-Ebene betrachtet dyadische Interaktionen zwischen Kunden und Unternehmen, während der Fokus der Meso-Ebene auf triadischen Beziehungen liegt. Gegenstand der Makro-Ebene sind Netzwerke. Um die Marketingforschung zu erweitern, fordern Vargo und Lusch (2011a) verschiedene Ebenen zu kombinieren. Dies kann zum Beispiel durch die Betrachtung der Mikro-Ebene aus einer Makroperspektive geschehen.

In dieser Arbeit werden *dyadische Interaktionen zwischen Kunden und Unternehmen* zur Dienstleistungserstellung untersucht. Zentraler Beitrag der Service-Dominant Logic auf dieser Ebene ist die Betrachtung der Kunden als gleichwertige Partner von Unternehmen (Vargo/ Lusch 2006). Die Service-Dominant Logic ist zugleich unternehmens- und kundenzentriert.

Dies wird durch die sechste Grundannahme der SDL verdeutlicht, nach der ein Kunde immer „co-creator of value" (Vargo/Lusch 2008b, S. 7) ist.

Die Interaktion zwischen Unternehmen und Kunden wird in der SDL durch die beiden Konzepte der *Co-Production* und *Co-Creation* thematisiert. Seit der Veröffentlichung der SDL im Jahr 2004 kann ein starker Anstieg der Nutzung des Begriffs Co-Creation in konzeptionellen und empirischen Arbeiten festgestellt werden (z. B. Gustafsson/Kristensson/Witell 2012; Hoyer et al. 2010; O'Hern/Rindfleisch 2010; Perks/Gruber/Edvardsson 2012; Witell et al. 2011). Wenige Arbeiten gehen allerdings auf die Unterscheidung der Begriffe ein. Insbesondere ist zu hinterfragen, ob es sich bei den beschriebenen Phänomenen um Co-Production oder Co-Creation im Sinne der SDL handelt.

Unklarheiten bezüglich dieser Konzepte sind unter anderem auf eine *veränderte Begriffsverwendung* innerhalb der SDL zurückzuführen. Ursprünglich wurde folgende Formulierung der sechsten Grundannahme verwendet: „the customer is always a co-producer" (Vargo/Lusch 2004a, S. 3). Die aktuelle Sprachregelung lautet: „the customer is always a co-creator of value" (Vargo/Lusch 2008b, S. 7). Dabei lassen sich zwei zentrale Änderungen erkennen. Erstens wird nun explizit der Begriff „value" verwendet. Dies soll verdeutlichen, dass die Interaktion über die reine Dienstleistungserstellung hinausgeht (Vargo/Lusch 2008b). Zweitens ersetzt der Begriff Co-Production den Begriff Co-Creation. Dies wird dadurch begründet, dass der Ausdruck Production zu sehr an eine Goods-Dominant Logic angelehnt ist, welche die Service-Dominant Logic gezielt konterkarieren möchte. Die Verwendung des Wortes Production könnte daher falsche Assoziationen hervorrufen (Vargo/Lusch 2008a).

In diesem Zusammenhang ist festzuhalten, dass trotz dieser Änderungen der Begriff Co-Production nicht komplett durch den Begriff Co-Creation ersetzt wurde. Es handelt sich vielmehr um zwei separate Konzepte, die in der SDL bewusst unterschieden werden (Vargo/Lusch 2008b, S. 8):

„However, we believe that co-production, though distinct from (but nested within) co-creation of value, has a place in S-D logic. Thus, we further emphasized the change to FP6 and the distinction in Lusch and Vargo (2006b). In short, we argue that co-production is a component of co-creation of value and captures 'participation in the development of the core offering itself' (S. 284), especially when goods are used in the value-creation process".

Diese Ausführungen verdeutlichen, dass das Konzept Co-Creation weiter gefasst ist als das Konzept der Co-Production. Bei der Co-Production unterstützt der Kunde Firmenprozesse. Dementsprechend liegt der Fokus auf Unternehmen. Bei der Co-Creation liefert der Hersteller einen Input für die „value-creation activities" (Etgar 2006, S. 128) des Kunden. Hier wird somit die Kundensicht hervorgehoben. Auf den Kontext dieser Arbeit übertragen bedeutet dies, dass sich Co-Production auf die Gestaltung des Dienstleistungserstellungsprozesses durch das Unternehmen bezieht (Jaworski/Kohli 2006; Vargo 2008), während Co-Creation den Gesamtnutzen betrachtet, der einem Kunden durch die Inanspruchnahme der Dienstleistung entsteht.

Da insbesondere das Konzept der Co-Creation sehr abstrakt ist, sollen Co-Production und Co-Creation anhand des *Beispiels eines Möbelherstellers* verdeutlicht werden (Vargo/Lusch 2011a). Die individuelle Zusammenstellung einer Küche und der Aufbau von Möbeln durch den Kunden sind Beispiele für Co-Production der Dienstleistungserstellung. Die Dienstleistungserstellung, die klassischerweise Aufgabe des Unternehmens ist, wird teilweise vom Kunden übernommen. Nach dem Kauf wird der Kunde das Möbelstück als Ergebnis des Dienstleistungsprozesses in sein tägliches Leben einbeziehen und idealerweise seinen Wohnkomfort steigern. Hierbei spricht man von Co-Creation des Kundennutzens. Die Erbringung der Dienstleistung und die Integration des Dienstleistungsergebnisses mit Kundenressourcen (z. B. der Wohnung) führen zu einem „value-in-use" beziehungsweise „value-in-context". Der value-in-use kann nur durch den Kunden festgelegt werden und ist stark von persönlichen Vorlieben und der Integration privater und öffentlicher Ressourcen abhängig. Die unterschiedlichen Rollen von Unternehmen und Kunden bezüglich der Co-Production und Co-Creation werden in Abbildung 2-6 verdeutlicht.

Abbildung 2-6: Vergleich Co-Production und Co-Creation (Vargo 2009, S. 25)

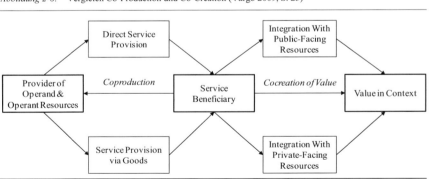

Zentraler *Unterschied* von Co-Production und Co-Creation ist, dass Co-Production als optional betrachtet wird (Jaworski/Kohli 2006; Kalaignanam/Varadarajan 2006; Vargo/Lusch 2008b). Der Grad der Co-Production kann von Unternehmen und Kunden bewusst variiert werden (Jaworski/Kohli 2006). Beispielhaft hierfür ist die mögliche Individualisierung von Dienstleistungen oder Sachgütern zu nennen. Da der Kunde letztendlich über den Wert einer Dienstleistung bestimmt, hat er laut Vargo und Lusch im Gegensatz dazu keine Wahl, ob er an der Wertgenerierung beteiligt werden möchte. Co-Creation des Kundennutzens entwickelt sich über die Zeit und lässt sich nicht auf einen bestimmten Zeitpunkt festlegen (Lusch/Vargo 2006b).

Co-Production und Co-Creation weisen auch *Gemeinsamkeiten* auf. Beide beruhen auf dem Prinzip, dass Unternehmen und Kunden gemeinschaftlich interagieren. Somit verkörpern sowohl Co-Production als auch Co-Creation die Überzeugungen der Service-Dominant Logic. Aufgrund der Gemeinsamkeiten betonen Vargo und Lusch, dass Co-Creation und Co-Production insgesamt ähnliche Folgen haben (Lusch/Vargo 2006b). Unterschiede und Gemeinsamkeiten werden in Tabelle 2-16 zusammengefasst.

Tabelle 2-16: Vergleich Co-Production und Co-Creation (in Anlehnung an Lusch/Vargo 2006b)

	Co-Production	Co-Creation
Zielgröße	Unternehmensaktivitäten	value-in-use
Untersuchungsebene	Unternehmen	Kunde
Beispiele	Co-Design / Gemeinsame Innovationsentwicklung	Freude am Fahren / Integration Möbelstück in Wohnung
Gegenseitige Beziehung	Untergeordnet	Übergeordnet
Intensität	Optional	Nicht optional
Individualisierung	Abhängig vom Grad der Co-Production	Immer
Konzept der Goods-Dominant Logic	Nein	Nein

Neben der abstrakten Beschreibung der Interaktion von Kunden und Unternehmen, enthält der Ursprungsartikel der SDL zahlreiche Implikationen für das Marketing von Unternehmen. Ein Wettbewerbsvorteil für Unternehmen besteht insbesondere durch

- die Individualisierung von Angeboten,
- die Identifikation von Kundenbedürfnissen und
- den Aufbau kundenbezogenen Wissens.

Eine wichtige Implikation für Unternehmen betrifft die *Individualisierung von Angeboten.* Laut der SDL hängt der Unternehmenserfolg entscheidend davon ab, ob Unternehmen ihren Kunden den Bezug individualisierter Dienstleistungen ermöglichen können (Vargo/Lusch 2004a). Die Individualisierung von Dienstleistungen erfolgt durch die Einbindung der Kunden in den „value-creation process" (Vargo/Lusch 2004a, S. 13). Die Forderung der Individualisierung von Dienstleistungen in der SDL wird durch folgendes Zitat verdeutlicht: „It implies that the goal is to customize offerings, to recognize that the consumer is always a coproducer, and to strive to maximize consumer involvement" (Vargo/Lusch 2004a, S. 12).

Ein weiterer Aspekt umfasst die *Identifikation von Kundenbedürfnissen*, die insbesondere für die Entwicklung von Innovationen relevant ist. Nach der SDL kann die Identifikation von Kundenbedürfnissen durch die Interaktion mit Kunden im Rahmen der Co-Creation und Co-Production geschehen. So beschreiben Payne, Storbacka und Frow (2008, S. 84): „[Co-creation] can assist firms in highlighting the customer's or consumer's point of view and in improving the front-end process of identifying customers' needs and wants". Co-Creation ist durch wiederkehrende, gemeinschaftliche Zusammenarbeit gekennzeichnet (Payne/Storbacka/Frow 2008). Co-Creation kann zudem als nicht-linearer Prozess beschrieben werden, der oft unbewusst abläuft (Payne/Storbacka/Frow 2008). Durch den wiederholten Kontakt kann ein tiefes Verständnis für den Kunden aufgebaut werden.

Weiterhin muss es das Ziel von Unternehmen sein, ein hohes *Wissen über den Kunden* und dessen Bedürfnisse zu entwickeln. Dieses Wissen sollte von Unternehmen entsprechend eingesetzt werden, um Angebote an veränderte Kundenwünsche anzupassen (Vargo/Lusch 2004a).

2.5.3 Kritik

Trotz der Popularität der SDL, werden deren Annahmen und Beitrag in vielen Artikeln angezweifelt. Kritikpunkte betreffen vor allem

- einen mangelnden Neuigkeitswert,
- die Ungenauigkeit zentraler Konzepte sowie
- eine eingeschränkte Praxisrelevanz.

Häufig wird festgestellt, dass die zentralen Aussagen der Service-Dominant Logic *einen mangelnden Neuigkeitswert* haben, da sie nicht über die Inhalte bestehender Konzepte hinausgehen (Achrol/Kotler 2006; Day 2004). Die SDL stelle lediglich eine Umformulierung bestehender Konzepte dar (Achrol/Kotler 2006). Aus diesem Grund kann die SDL ihren Anspruch nicht erfüllen, eine neue Fundierung des Marketings einzuleiten.

Die wohl fundamentalste Kritik bezieht sich auf die *Ungenauigkeit zentraler Konzepte* (Achrol/Kotler 2006; Heinonen et al. 2010). Die Begründetheit des Einwands lässt sich an mehreren Artikeln von Vargo und Lusch ableiten, in denen falsche Interpretationen der SDL durch andere Wissenschaftler thematisiert werden (Lusch/Vargo 2011; Vargo 2008; Vargo/Lusch 2006, 2011b). Die Ungenauigkeit von Konzepten und Begriffsverwendungen führte weiterhin dazu, dass Vargo und Lusch ihren Basisartikel mehrfach überarbeiteten. Die Kritikpunkte verdeutlichen, dass trotz einer schnellen Diffusion der SDL in der wissenschaftlichen Literatur, der Beitrag der SDL für viele Marketingforscher noch unklar ist (Meffert/Bruhn 2009).

Der dritte Kritikpunkt betrifft eine *mangelnde Praxisrelevanz* der SDL (Heinonen et al. 2010). Den Ausführungen von Levy (2006) zufolge wird der Erfolg neuer Konzepte und Theorien immer durch ihre Diffusion in der Unternehmenspraxis begleitet. Levy (2006) bemängelt eine fehlende Klarheit und Stringenz bei der Service-Dominant Logic, die für eine entsprechende Diffusion notwendig ist. Day (2004) bezweifelt, dass sich Firmen der Aspekte bewusst sind, die Vargo und Lusch zur Fundierung der SDL heranziehen. Darüber hinaus sind die von Firmen geforderten Verhaltensweisen, wie der Aufbau enger Kundenbeziehungen und dem Angebot individualisierter Lösungen, nur schwer in die Praxis umzusetzen.

Gerade die ersten beiden Kritikpunkte werden von Vargo und Lusch in ihren Veröffentlichungen explizit angesprochen. Es wird anerkannt, dass die Ideen der SDL isoliert betrachtet nicht neu sind, sondern lediglich eine Verdichtung zentraler Trends darstellen. Sie sehen diesen Aspekt jedoch nicht als negativ an, sondern sprechen aktiv von der „*Evolution* to a New Dominant Logic" (Vargo/Lusch 2004a, Kursivstellung hinzugefügt) anstelle einer *Revolution*. Sie sehen den Beitrag der SDL darin, verschiedene Ideen in ein übergeordnetes Rahmenwerk zu integrieren. Dies wird durch folgendes Zitat unterstrichen (Gummesson 2004, S. 20):

„There is little integrative marketing theory on a higher level of abstraction and generalization, but there is no shortage of fragmented 'textbook theory' that piles ideas, concepts, models, survey data, cases, and hypotheses on top of one another".

Vargo und Lusch betonen weiterhin, dass sie die Entwicklung der Service-Dominant Logic als offenen Prozess empfinden und verweisen auf existierende Schwächen der Konzepte und Begrifflichkeiten. So wurden immer wieder Missverständnisse, die insbesondere aus der Unklarheit verwendeter Begriffe entstehen, in wissenschaftlichen Veröffentlichungen adressiert und aufgelöst (Lusch/Vargo 2011; Vargo/Lusch 2006, 2011b).

Hunt (2004) verweist darauf, dass es schwierig ist, einen grundlegenden Ansatz wie die SDL innerhalb eines Zeitschriftenartikels zu veröffentlichen. Durch die limitierte Länge können viele Aspekte nicht ausreichend beleuchtet werden. Daraus folgert sie: „[SDL] deserves a careful read and thoughtful evaluation, not a quick skim and hasty judgment" (Hunt 2004, S. 22).

2.5.4 Zusammenfassung und Beitrag für diese Arbeit

Das Ziel der SDL ist es, eine neue Perspektive auf das Marketing und die Rolle der beteiligten Akteure zu werfen. Aus diesem Grund wird die Abkehr einer Goods-Dominant Logic und der Austausch von Dienstleistungen in den Mittelpunkt der Betrachtung gestellt. Die Inhalte der SDL lassen sich durch vier zentrale Aussagen zusammenfassen. Für diese Arbeit ist insbesondere relevant, dass Kundennutzen nur durch die Interaktion von Kunden und Unternehmen entstehen kann und für jeden Kunden einzigartig ist. Die Interaktion von Unternehmen und Kunden wird anhand der Konzepte Co-Production und Co-Creation verdeutlicht.

Die SDL wird aufgrund einer abstrakten Betrachtungsweise und Änderungen in verwendeten Begrifflichkeiten oft falsch gedeutet. Angesichts der bestehenden Kritikpunkte lässt sich feststellen, dass die SDL an sich noch keine geschlossene Logik darstellt, sondern sich in einer offenen Entwicklung befindet. Die wesentlichen Aspekte, Inhalte sowie relevante Quellen zur SDL sind in Tabelle 2-17 zusammengefasst.

Tabelle 2-17: Zusammenfassung der Service-Dominant Logic

Name	Service-Dominant Logic
Herkunft	Marketing
Untersuchungsebene	Interaktion Kunde – Unternehmen auf mehreren Ebenen: Mikro (dyadische Beziehungen), Meso (triadische Beziehungen) und Makro (Netzwerke)
Hauptarbeiten	Bolton et al. 2004; Ehrenthal 2012; Lusch/Vargo 2006a, 2006b; Vargo/Lusch 2004a, 2006, 2008b
Grundannahmen	1. Dienstleistungen sind Basis jeden Austauschs. 2. Kundennutzen wird immer mit dem Kunden ko-kreiert. 3. Alle ökonomischen Einheiten sind Ressourcenintegratoren. 4. Nutzen ist immer einzigartig und kontextabhängig.
Zentrale Konzepte	Co-Creation von Kundennutzen; Co-Production von Unternehmensaktivitäten; value-in-use
Implikationen für Unternehmen	1. Die Individualisierung von Angeboten muss maximiert werden. 2. Basis des Wettbewerbsvorteils ist das Wissen über Kundenbedürfnisse. 3. Der Aufbau enger Kundenbeziehungen ist anzustreben.
Kritik	Geringer Neuigkeitswert; unklare Konzepte; geringe Praxisrelevanz

Der *Beitrag der Service-Dominant Logic für diese Arbeit* besteht insbesondere in der Beschreibung des Konzepts der Co-Production von Unternehmensaktivitäten. Dieses Konzept entspricht der in der Einleitung beschriebenen Kundeninteraktion zur Dienstleistungserstellung, auf der der Fokus der empirischen Untersuchung liegt. Durch ihre Ausführungen schafft die SDL ein Verständnis für die Natur des Konzepts sowie dessen Zusammenhang mit anderen Phänomenen. Die Co-Production von Unternehmensaktivitäten

- führt zur Individualisierung von Unternehmensangeboten,
- ist ein wiederholter, dynamischer, nicht-linearer und teilweise unbewusster Prozess und
- ermöglicht die Identifikation von Kundenbedürfnissen.

Diese Beiträge werden in der Hypothesenentwicklung in Abschnitt 4.3 aufgegriffen.

2.6 Begriffe zur Erfassung der Interaktion von Kunden und Unternehmen

Dieser Abschnitt stellt unterschiedliche Begrifflichkeiten zur Interaktion von Kunden und Unternehmen bei der Dienstleistungserstellung vor (Abschnitt 2.6.1). Aufgrund inhaltlicher Überschneidungen werden zusätzlich zwei Begriffe zur Entwicklung neuer Dienstleistungen berücksichtigt (Abschnitt 2.6.2).

Der Schwerpunkt der Ausführungen liegt auf der

- Definition,
- Verwendung und
- vergleichenden Betrachtung

der Begriffe. Die vergleichende Betrachtung ist notwendig, da eine inkonsistente Verwendung in der Literatur die Identifikation zentraler Begriffe erschwert. So werden dieselben Begriffe häufig für die Kennzeichnung unterschiedlicher Praxisphänomene eingesetzt. Gründe hierfür sind im langjährigen Fehlen eines Referenzjournals für das Dienstleistungsmarketing sowie in mangelnden theoretischen Fundierungen zu vermuten.

2.6.1 Kundeninteraktion zur Dienstleistungserstellung

Aufgrund ihrer Verbreitung in der empirischen Dienstleistungsforschung beinhaltet der folgende Abschnitt die Begriffe Customer Participation (2.6.1.1), Co-Production (2.6.1.2), Customer Involvement (2.6.1.3) und Customer Engagement (2.6.1.4). Um die Vergleichbarkeit der Begriffe zu erleichtern, beginnt jeder Abschnitt mit der Erläuterung des unterliegenden Praxisphänomens und einer Übersicht von Definitionen aus empirischen Arbeiten. Zusätzlich wird aufgezeigt, welche alternativen Verwendungen des Begriffs in der Literatur existieren und wie sich dieser von anderen unterscheidet. Eine Gesamtbewertung wird in Abschnitt 2.6.1.5 vorgenommen.

2.6.1.1 Customer Participation

Das Phänomen der Customer Participation beschreibt, dass Kunden durch ihr Verhalten die Erbringung einer Dienstleistung erleichtern oder erschweren. Ein wichtiger Faktor ist die Einhaltung von Regeln oder das Befolgen von Anweisungen des Dienstleistungspersonals. Der Kunde kann sich auch über die erforderlichen Maße hinaus kooperativ verhalten, zum Beispiel indem er Verbesserungsvorschläge äußert oder die Dienstleistungserbringung für andere Kunden ermöglicht. In Negativszenarien werden Anbieterunternehmen durch Kunden regelrecht sabotiert.

In der wissenschaftlichen Literatur wird Customer Participation definiert als „how the service customer as participants behaved towards employees during service provision" (Wu 2011, S. 868). Eine ähnliche Definition verwenden Cermak und File (1994, S. 91): „Participation refers to the customer behaviors related to specification and delivery of a service". Die Definitionen beschreiben Customer Participation somit konsistent als Verhalten der Kunden (übereinstimmend Chan/Yim/Lam 2010; Rishe-Rodie/Kleine 2000). Einen Überblick über weitere Definitionen in empirischen Arbeiten zur Customer Participation bietet Tabelle 2-18.

Tabelle 2-18: Definitionen des Begriffs Customer Participation in empirischen Studien

Studie	Datensatz	Definition
Auh et al. 2007	1197 customers of a financial service firm (B2C)	„We define co-production as constructive customer participation in the service creation and delivery process and clarify that it requires meaningful, cooperative contributions to the service process" (S. 361)
Bettencourt 1997	215 customers of grocery shopping stores (B2C)	Participation „refers to customer behaviors indicating active and responsible involvement in the governance and development of the organization" (S. 386) // Cooperation „refers to discretionary customer behaviors indicating respect for the provision of quality service delivery" (S. 386)
Büttgen/ Schumann/ Ates 2012	2679 participants of health-related strength training services (B2C)	„Customer coproduction thus represents a specific form of customer participation, which we define, in line with Lusch and Vargo (2006b, p. 284), as customers' 'participation in the creation of the core offering itself.'" (S. 167)
Cermak/File 1994	1989 individuals who established charitable trusts (B2C)	„Participation refers to the customer behaviors related to specification and delivery of a service" (S. 91)
Claycomb/ Lengnick-Hall/Inks 2001	127 customers of 3 YMCAs in one city (B2C)	Three levels of participation: attendance, information provision, and co-production
Chan/Yim/ Lam 2010	349 pairs of customers and bank employees (B2C)	„We adopt a behavioral approach to capture customers' level of participation in the service process. We measure the extent to which a customer invests time and effort in sharing information, making suggestions, and being involved in the decision-making process" (S. 54)
Hsieh/Yen/ Chin 2004	313 customer-contact employees (B2C)	„Customer participation was defined as the extent to which customers provide resources in the form of time and/or effort, information provision, and co-production during the service production and delivery process" (S. 190)
Wu 2011	304 customers of theme parks (B2C)	Customer participation is „how the service customer as participants behaved towards employees during service provision, providing indicators such as 'cooperative behavior' and 'attentive to communication'" (S. 868)

Üblicherweise werden *drei Dimensionen* der Customer Participation unterschieden (Claycomb/Lengnick-Hall/Inks 2001): „attendance", „information provision" und „co-production". Die erste Dimension beschreibt die Notwendigkeit zur *Anwesenheit der Kunden* als minimale Voraussetzung der Leistungserbringung. Darüber hinaus kann der Kunde dem Dienstleistungsanbieter *Informationen zur Verfügung stellen*, insbesondere bezüglich seiner

Bedürfnisse sowie allgemeiner Verbesserungsvorschläge. *Die gemeinsame Produktion* (im Folgenden Co-Production genannt) bezieht sich auf die Beteiligung der Kunden an der Dienstleistungserstellung durch die Übernahme verschiedener Aufgaben. Da Co-Production die anderen Dimensionen Anwesenheit und die Bereitstellung von Informationen voraussetzt, kann es als das intensivste und daher relevanteste Maß von Customer Participation angesehen werden (Claycomb/Lengnick-Hall/Inks 2001).

Eine *inhaltliche Abgrenzung* von Customer Participation muss vor allem von den Begriffen Cooperation und Co-Production erfolgen. Der Begriff *Cooperation* kann synonym genutzt werden. Da Customer Participation das unterstützende Verhalten von Kunden betrifft, liegt inhaltlich der Begriff der Cooperation des Kunden nahe (Auh et al. 2007; Bettencourt 1997). Dies wird vor allem dadurch bestärkt, dass viele Messungen von Customer Participation ein Verhalten der Kunden erfassen, das nicht nur die eigene Dienstleistungserstellung sondern auch deren Erbringung für andere Kunden beinhaltet (Claycomb/Lengnick-Hall/Inks 2001; Hsieh/Yen/Chin 2004). Insgesamt ist festzustellen, dass dieser Begriff die intuitivere Bezeichnung für das in diesem Abschnitt beschriebene Phänomen wäre. Der Begriff Cooperation wird jedoch nur selten in der Literatur verwendet (z. B. Bettencourt 1997; Boström 1995).

Inkonsistenzen in der Bezeichnung bestehen bezüglich der Begriffe Customer Participation und *Co-Production* (Tabelle 2-18). Co-Production ist grundlegend als eine Dimension von Customer Participation anzusehen (Claycomb/Lengnick-Hall/Inks 2001). Vereinzelte Arbeiten vernachlässigen andere Dimensionen der Customer Participation und messen nur Co-Production (Auh et al. 2007; Büttgen/Schumann/Ates 2012). Entsprechend verwenden diese Arbeiten den Begriff Co-Production anstelle von Customer Participation. Da Co-Production als eigenständiger Begriff jedoch eine andere Bedeutung hat (siehe Abschnitt 2.6.1.2), werden beide Artikel in dieser Arbeit unter dem Begriff Customer Participation gefasst. Eine dezidierte Betrachtung der Unterschiede zwischen Customer Participation und Co-Production erfolgt in Abschnitt 2.6.1.2. Eine Vermischung der Begriffe ist auch im häufig zitierten Artikel von Bendapudi und Leone (2003) festzustellen. Bendapudi und Leone (2003, S. 14) sprechen in ihrer Arbeit von „Customer Participation in Co-Production". Obwohl die Autoren den Begriff Customer Participation verwenden, wird der Artikel in dieser Arbeit inhaltlich der Co-Production zugeordnet.

Eine *andere Bedeutung* hat Customer Participation in der Innovationsliteratur. Hier wird der Begriff vereinzelt unter dem Verständnis verwendet, dass Kunden am Entwicklungsprozess von Unternehmen teilnehmen (Fang 2008; Fang/Palmatier/Evans 2008). Diese Bezeichnung ist als Ausnahme zu bewerten. In dieser Arbeit werden entsprechende Studien dem Begriff Co-Development zugeschrieben (2.6.2.2).

Zusammenfassend lässt sich festhalten, dass Customer Participation das unterstützende Verhalten der Kunden während der Dienstleistungserstellung beschreibt. Somit handelt es sich um ein freiwilliges Maß, das auf der Kundenebene betrachtet wird. Tabelle 2-19 fasst die zentralen Aspekte zusammen.

Tabelle 2-19: Zusammenfassung des Begriffs Customer Participation

	Customer Participation
Beschreibung	Unterstützendes Verhalten der Kunden, um die Dienstleistungserbringung für sich und andere Kunden zu fördern
Definition	Customer participation is „how the service customer as participants behaved towards employees during service provision" (Wu 2011, S. 868)
Verwandte Konstrukte	Co-Production; Customer Involvement
Alternative Bezeichnungen in der Literatur	Co-Production; Cooperation
Untersuchungsebene	Kunden
Konzeptionelle Studien im Servicekontext	Kelley/Donnelly/Skinner (1990)
Empirische Studien im Dienstleistungskontext	Bettencourt 1997; Büttgen/Schumann/Ates 2012; Chan/Yim/Lam 2010; Claycomb/Lengnick-Hall/Inks 2001; Hsieh/Yen/Chin 2004; Wu 2011
Forschungsgebiete	Dienstleistungsmarketing

2.6.1.2 Co-Production

Co-Production beschreibt die erforderliche Mitwirkung der Kunden zur Dienstleistungserstellung, die sich durch das Design von Dienstleistungen ergibt. Bei einfachen Dienstleistungen reicht die Anwesenheit der Kunden beziehungsweise die Bereitstellung eines externen Faktors zur Dienstleistungserstellung aus, beispielsweise bei der Reinigung von Hemden oder Gebäuden. Andere Dienstleistungen erfordern die aktive Teilnahme der Kunden, insbesondere durch die Bereitstellung von Informationen und der Übernahme von Aufgaben. Beispiele im B2C-Bereich sind Dienstleistungen von Hochzeitsplanern oder Architekten. Im B2B-Bereich können Beratungsdienstleistungen oder die Individualisierung von Maschinen genannt werden. Weitere Beispiele und ein ausführlicher Vergleich von Dienstleistungen mit unterschiedlichen Graden der Co-Production sind Tabelle 2-20 zu entnehmen.

Tabelle 2-20: Vergleich von Dienstleistungen mit verschiedenen Intensitäten der Co-Production (Bitner et al. 1997, S. 194)

	Low Co-Production	Moderate Co-Production	High Co-Production
Description	Customer presence required during service delivery	Customer inputs required for service creation	Customer co-creates the service product
Degree of Customization	Products are standardized	Client inputs customize a standard service	Active client participation guides the customized service
Necessity of Purchase	Service is provided regardless of any individual purchase	Provision of service requires customer purchase	Service cannot be created apart from the customer's purchase active participation
Type of Customer Inputs	Payment may be the only required customer input	Customer inputs (information, materials) are necessary for an adequate outcome, but the service firm provides the service	Customer inputs are mandatory and co-create the outcome
Examples Consumer	Airline travel; motel stay; fast-food restaurant	Hair cut; Annual physical exam; Full service restaurant	Marriage counseling; personal training; weight-reduction program
Examples Business Customer	Uniform cleaning service; pest control; interior greenery maintenance service	Agency-created advertising campaign; payroll service; independent freight transportation	Management consulting; executive management seminar; Install wide area network (WAN)

Die *Definition von Co-Production* in wissenschaftlichen Arbeiten erfasst die Übertragung von Arbeitsschritten von Unternehmen auf den Kunden (Bolton/Saxena-Iyer 2009). Im Gegensatz zu Customer Participation liegt der Fokus auf Unternehmen (Vargo 2008, S. 211), da Co-Production „the joint activities of the firm and the customer in the *creation of firm output*" (Kursivstellung hinzugefügt) betrachtet.

In Abhängigkeit der Definition des Outputs einer Firma lassen sich verschiedene Verständnisse unterscheiden. Einem *engen Verständnis* nach ist die gemeinsame Erstellung des Kernangebots von Unternehmen Gegenstand der Co-Production: „[Co-Production] involves the participation in the creation of the core offering itself" (Lusch/Vargo 2006b, S. 284). Dies kann durch „shared inventiveness, co-design, or shared production of related goods" (Lusch/Vargo 2006b, S. 284) geschehen. Da dies den elementaren Schritten der Dienstleistungserstellung entspricht (Wikström 1996), liegt der Schwerpunkt dieses Verständnisses von Co-Production auf der Dienstleistungserstellung. In einem *weiter gefassten Verständnis* werden alle Unternehmensaktivitäten berücksichtigt: „Co-production encompasses all cooperation formats between consumers and production partners" (Etgar 2008, S. 98).

In *empirischen Arbeiten* zur Co-Production lassen sich ebenfalls *unterschiedliche Verständnisse* identifizieren. Bendapudi und Leone (2003) fokussieren sich auf die Interaktion zur

Dienstleistungserstellung. Sie nutzen die Definition von Dabholkar (1990, S. 484), der Co-Production als „degree to which the customer is involved in producing and delivering the service" auffasst. Ähnlich sehen dies Homburg und Stock (2004). Unter der Verwendung des allgemeinen Begriffs „customer integration into the value-creating process" (S. 184) erfassen sie die gemeinsame Erstellung von Unternehmensangeboten. Ein allgemeineres Verständnis verwenden Chen, Tsou und Ching (2011) sowie Zhang und Chen (2008). Chen, Tsou und Ching (2011) subsumieren sowohl die gemeinsame Dienstleistungserstellung als auch die gemeinsame Entwicklung neuer Dienstleistungen unter dem Begriff Co-Production. Zhang und Chen (2008) berücksichtigen zusätzlich die Kooperation mit Kunden bezüglich anderer Marketingaktivitäten.

Insgesamt ist festzuhalten, dass *Co-Production auf Unternehmensebene bisher nur mangelhaft erforscht* ist. Obwohl im Rahmen dieser Arbeit vier empirische Studien identifiziert wurden (Tabelle 2-21), so sind deren Ergebnisse bezüglich des Phänomens Co-Production nur wenig aussagekräftig. Homburg und Stock (2004) untersuchen den Zusammenhang zwischen Mitarbeiter- und Kundenzufriedenheit. Co-Production wurde in dieser Studie als Moderator berücksichtigt. Bei den Arbeiten von Zhang und Chen (2008) sowie Chen, Tsou und Ching (2011) ist die Qualität der Konzeptionalisierung zu kritisieren. Verschiedene Dimensionen der Co-Production werden mit wenigen Items erfasst und in einem Konstrukt vereint. Zudem fehlen in beiden Arbeiten entsprechende Definitionen der Konstrukte. Die Ergebnisse von Bendapudi und Leone (2003) beruhen auf Experimenten mit Studenten. In einem ausführlichen Literaturüberblick kommen sie ebenfalls zu dem Schluss, dass Co-Production bisher unzureichend empirisch erforscht ist.

Tabelle 2-21: Definitionen des Begriffs Co-Production in empirischen Studien

Studie	Datensatz	Definition / Verständnis	B2B / B2C
Bendapudi/ Leone 2003	Student sample / experiment	„Customer participation has been defined as 'the degree to which the customer is involved in producing and delivering the service' (Dabholkar 1990, S. 484)" (S. 14)	B2C
Chen/Tsou/ Ching 2011	Sales managers from 157 Taiwanese IT-firms	„Co-production was measured along four attributes: constructive participation in service creation and the delivery process [...], cooperative contributions to the service process [...], cooperation with one another to prepare for related meetings, and open responds to requests" (S. 1337)	B2B
Homburg/ Stock 2004	115 salespeople and 488 of their customers	„[...] relates to the degree to which customers are involved into a company's value-creating process" (S. 148)	B2B
Zhang/Chen 2008	174 Chinese firms	„[...] co-development of new products, to production, assembly, distribution, retail, after sales service and usage" (S. 243)	B2B

Wie bereits angesprochen, weist das Konzept der Co-Production starke Überschneidungen mit dem Begriff *Customer Participation* auf. Während empirische Arbeiten im B2C-Bereich Co-Production als eine Untermenge von Customer Participation ansehen, erhält Co-Production in konzeptionellen Arbeiten vor allem für den B2B-Bereich eine eigenständige Position. Dies ist eng mit der Verwendung des Begriffs Co-Production in der Service-Dominant Logic verbunden. Der Unterschied der Begriffe besteht in der Analyseebene: Während bei Customer Participation das Kundenverhalten untersucht wird, ist der Gegenstand der Co-Production die Unternehmensebene. Auf der Unternehmensebene bestimmen die von Unternehmen vorgegebenen Parameter der Dienstleistungserstellung die Intensität der Co-Production (Bolton/Saxena-Iyer 2009), während auf Kundenbeziehungsebene das Verhalten der jeweiligen Kunden den Grad der Customer Participation beeinflusst.

Trotz dieser Unterschiede lassen sich Co-Production und Customer Participation nicht immer klar trennen. Es ist nicht auszuschließen, dass, trotz der Einschränkungen des Dienstleistungsdesigns, Kunden eine gewisse Diskretion über den Grad der Co-Production haben. Somit kann das absolute Maß der Co-Production sowohl durch das Design als auch durch das tatsächliche Verhalten von Kunden bestimmt sein. Insgesamt ist jedoch anzunehmen, dass die Vorgaben durch das Dienstleistungsdesign eine größere Rolle spielen.

Der Begriff Co-Production ist weiterhin abzugrenzen von den Begriffen Co-Creation und Co-Development. *Co-Creation* ist eng mit Co-Production verbunden, betrachtet jedoch die Nutzengenerierung auf Kundenseite. Ein detaillierter Vergleich der Begriffe ist Abschnitt 2.5.2 zu entnehmen. Co-Development umfasst die Entwicklung neuer Dienstleistungen mit Kunden, beispielsweise durch die Bildung gemeinsamer Entwicklungsteams im B2B-Bereich. Da Co-Development somit ebenfalls die gemeinsame Generierung von Unternehmensaktivitäten zum Gegenstand hat, zählt es zu einem erweiterten Co-Production Verständnis. Gemeinsamkeiten und Unterschiede zu Co-Development werden in Abschnitt 2.6.2.2 erörtert. Die Unterscheidung verschiedener Verständnisse von Co-Production sowie der Zusammenhang mit den Begriffen Customer Participation und Co-Development ist Abbildung 2-7 zu entnehmen.

Abbildung 2-7: Abgrenzung des Begriffs Co-Production

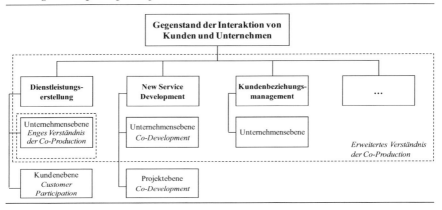

Zusammenfassend kann festgestellt werden, dass Co-Production den Grad der notwendigen Kundeninteraktion zur Dienstleistungserstellung beschreibt, der sich durch das Design von Dienstleistungen ergibt. Dieses Co-Production Verständnis ist daher abzugrenzen von Co-Production als Dimension von Customer Participation, der das kooperative Verhalten von Kunden in der Dienstleistungserstellung beschreibt. Ein enges Verständnis der Co-Production konzentriert sich auf die gemeinsame Erstellung von Dienstleistungen, während ein erweitertes Verständnis beispielsweise die gemeinsame Entwicklung neuer Dienstleistungen einschließt. Da der Schwerpunkt dieser Arbeit auf der Interaktion zur Dienstleistungserstellung liegt, wird im Folgenden ein enges Verständnis der Co-Production verwendet. Einen Überblick über das Phänomen der Co-Production bietet Tabelle 2-22.

Tabelle 2-22: Zusammenfassung des Begriffs Co-Production

Co-Production	
Beschreibung	Zusammenarbeit mit Kunden zur Erstellung von Dienstleistungen
Definition	„[…] the degree to which customers produce and deliver a service" (Dabholkar 1990, S. 484)
Verwandte Konstrukte	Customer Participation; Co-Creation; Co-Development
Alternative Bezeichnungen in der Literatur	Customer Participation; Co-Creation
Untersuchungsebene	Unternehmen
Konzeptionelle Studien im Servicekontext	Bitner et al. 1997; Etgar 2008; Vargo/Lusch 2004a; Wikström 1996
Empirische Studien im Servicekontext	Bendapudi/Leone 2003; Chen/Tsou/Ching 2011; Homburg/Stock 2004; Zhang/Chen 2008
Forschungsgebiete	Dienstleistungsmarketing

2.6.1.3 Customer Involvement

Der Begriff Customer Involvement beschreibt, dass Kunden in der Unternehmenspraxis unterschiedliches Interesse an dem Ergebnis einer Dienstleistung haben. Ein geringes Interesse kann insbesondere bei häufig genutzten Dienstleistungen mit einem geringen Preis auftreten, wie dem täglichen Kauf einer Zeitung. Dienstleistungen, die einem Kunden sehr wichtig sein können, sind zum Beispiel touristische Dienstleistungen. Je nach persönlichen Präferenzen oder Erlebnissen kann die Wichtigkeit von Dienstleistungen über die Zeit variieren.

Die *Definitionen von Customer Involvement* in der wissenschaftlichen Literatur verweisen konsistent auf das Interesse des Kunden an einer Dienstleistung. Das Konzept des Customer Involvement stammt aus der Psychologie und wird dort als „an unobservable state of motivation, arousal or interest" (Howcroft/Hamilton/Hewer 2007, S. 483) oder „the personal relevance or importance a product has for a consumer" (Cermak/File 1994, S. 91) bezeichnet. In Abgrenzung zu anderen kundenbezogenen Konstrukten definieren Brodie und Kollegen (2011, S. 261) Customer Involvement als „[an] individual's level of interest and personal relevance in relation to a focal object/decision in terms of his or her basic values, goals, and self-concept". Customer Involvement kann dabei sowohl Sachgüter als auch Dienstleistungen betreffen.

Der Begriff hat in anderen Literaturströmen eine *unterschiedliche Bedeutung*. So wird er häufig allgemein genutzt, um auf die Beteiligung von Kunden an Unternehmensaktivitäten zu verweisen. Entsprechend sind Formulierungen wie „getting involved in co-production" (Auh et al. 2007, S. 361) häufig zu finden. In der Innovationsliteratur ist Customer oder User Involvement ein weit verbreiteter Begriff für die allgemeine Einbindung von Kunden in das New Service Development (Alam/Perry 2002). Die entsprechenden Arbeiten aus der Innovationsliteratur finden in Abschnitt 2.6.2.2 unter dem Begriff Co-Development Berücksichtigung. Customer Involvement weist zudem hohe Gemeinsamkeiten mit dem Begriff Customer Engagement auf. Eine genaue Abgrenzung zu diesem Begriff erfolgt in Abschnitt 2.6.1.4.

Insgesamt kann festgestellt werden, dass die Begriffsverwendung im Dienstleistungsmarketing eindeutig ist. Kern des Konstrukts stellt das individuelle Interesse eines Kunden an einer Dienstleistung dar. Entsprechend ist die Analyseebene der Kunde. Der Begriff wird ebenfalls in der Psychologie betrachtet. In der Innovationsliteratur hat der Begriff Customer Involvement eine andere Bedeutung. Tabelle 2-23 fasst die wichtigsten Erkenntnisse zusammen.

Tabelle 2-23: Zusammenfassung des Begriffs Customer Involvement

Customer Involvement	
Beschreibung	Interesse des Kunden am Prozess und Ergebnis einer Dienstleistung
Definition	„[...] the personal relevance or importance a product has for a consumer" (Cermak/File 1994, S. 91)
Verwandte Konstrukte	Customer Engagement; Customer Satisfaction; Customer Motivation
Alternative Bezeichnungen in der Literatur	Customer Engagement
Untersuchungsebene	Kunde
Konzeptionelle Studien im Servicekontext	Cermak/File 1994; Day 1970; Greenwald/Leavitt 1985; Swan/Bowers/Grover 2002
Empirische Studien im Servicekontext	Howcroft/Hamilton/Hewer 2007
Forschungsgebiete	Dienstleistungsmarketing; Psychologie

2.6.1.4 Customer Engagement

Der Begriff Customer Engagement erfasst, dass rationale Beweggründe, wie der Preis oder die Qualität eines Angebots, nicht genügen, um das Verhalten und die Zufriedenheit von Kunden zu erklären. Vielmehr spielen psychische und emotionale Komponenten eine große Bedeutung, wie die Identifikation mit einer Marke. Diese Identifikation wird insbesondere durch die Interaktion mit Mitarbeitern des Unternehmens beeinflusst. Eine gestiegene Relevanz des Begriffs Customer Engagement ist in der Diffusion sozialer Medien begründet, die Kunden bezüglich ihrer Produktwahl einem sozialen Druck aussetzen können.

Eine aktuelle *Definition* von Customer Engagement erfolgt umfassend im Rahmen eines Leitartikels im Journal of Service Research (Brodie et al. 2011). Vereinfachend kann Customer Engagement wie folgt definiert werden: „Customer engagement is considered as a behavioral manifestation toward the brand or firm that goes beyond transactions" (Verhoef/Reinartz/ Krafft 2010, S. 247). Zusätzlich zur Definition von Verhoef, Reinartz und Krafft verweisen Brodie und Kollegen (2011) darauf, dass es sich bei Customer Engagement (CE) um ein komplexes, multidimensionales, dynamisches und kontext-spezifisches psychologisches Konstrukt handelt. Darüber hinaus stellen sie fest, dass Customer Engagement eng mit anderen Konzepten in Verbindung steht: „CE plays a central role in a nomological network governing service relationships in which other relational concepts (e.g., involvement, loyalty) are antecedents and/or consequences in iterative CE processes" (Brodie et al. 2011, S. 260).

Abzugrenzen ist Customer Engagement von dem Begriff Customer Involvement. In ihrem Übersichtsartikel zu diesem Thema stellen Brodie und Kollegen (2011) fest, dass Customer Involvement eine notwendige Voraussetzung für die Entstehung von Customer Engagement ist (Brodie et al. 2011). Customer Engagement ist als wesentlich komplexer einzustufen als Customer Involvement. Zudem weist Customer Engagement eine enge Verbindung mit dem Verhalten von Kunden auf, während Customer Involvement auf das Interesse des Kunden limitiert ist.

Insgesamt ist festzuhalten, dass Customer Engagement ein psychologisches Konstrukt ist, das sich in dem Verhalten von Kunden manifestiert. Die Verhaltensimplikationen unterscheiden Customer Engagement dabei von Customer Involvement. Wie Customer Involvement und Customer Participation wird Customer Engagement auf der Kundenebene erfasst. Wichtige Aussagen und Quellen sind in Tabelle 2-24 zusammengefasst.

Tabelle 2-24: Zusammenfassung des Begriffs Customer Engagement

Customer Engagement	
Beschreibung	Identifikation mit einer Dienstleistung, einem Dienstleistungsanbieter oder einer Marke
Definition	„Customer engagement is considered as a behavioral manifestation toward the brand or firm that goes beyond transaction" (Verhoef/Reinartz/Krafft 2010, S. 247)
Verwandte Konstrukte	Customer Involvement; Customer Motivation; Customer Satisfaction
Alternative Bezeichnungen in der Literatur	Customer Involvement
Untersuchungsebene	Kunde
Konzeptionelle Studien im Servicekontext	Bolton 2011; Brodie et al. 2011; Verhoef/Reinartz/Krafft 2010
Forschungsgebiete	Dienstleistungsmarketing; Marketing

2.6.1.5 Beitrag für diese Arbeit

Insgesamt wurden vier unterschiedliche Konstrukte aufgezeigt, die in der wissenschaftlichen Literatur bezüglich der Interaktion zwischen Unternehmen und Kunden bei der Dienstleistungserstellung verwendet werden: Customer Participation, Co-Production, Customer Involvement und Customer Engagement.

Der Vergleich der Konstrukte verdeutlicht, dass sich die Aspekte Customer Participation, Co-Production und Customer Involvement vor allem auf das tatsächliche Verhalten von Kunden während des Dienstleistungserstellungsprozesses beziehen. Dies bedeutet, dass diese Größen stark von Kunde zu Kunde und entsprechenden situationalen Faktoren variieren. Da die Untersuchungsebene in dieser Arbeit das Unternehmen ist, sind jedoch vor allem Konzepte relevant, die das gesamte Angebot von Unternehmen betreffen und sich somit von Unternehmen zu Unternehmen unterscheiden. Daher scheint der Aspekt der Co-Production, der in der Regel die Eigenschaften des Unternehmensangebots betrifft, als besonders geeignet für die Bezeichnung der Kundeninteraktion zur Dienstleistungserstellung.

2.6.2 Kundeninteraktion zur Entwicklung neuer Dienstleistungen

Im folgenden Abschnitt werden zwei Begriffe vorgestellt, die sich auf die gemeinsame Entwicklung neuer Dienstleistungen konzentrieren. Hierzu werden in dieser Arbeit klassische Befragungsmethoden (Abschnitt 2.6.2.1) und Co-Development (Abschnitt 2.6.2.2) gezählt. Beide Begriffe haben gemeinsam, dass sie sowohl in einem Dienstleistungs- als auch einem Sachgüterkontext angewendet werden können.

2.6.2.1 Klassische Befragungsmethoden

Klassische Befragungsmethoden (engl: traditional customer information acquisition) umfassen einfache Maßnahmen von Unternehmen für die Identifikation von Kundenbedürfnissen (Moorman 1995). Ein oft verwendetes Mittel ist die direkte Befragung von Kunden per Telefon oder in persönlichen Gesprächen (Matthing/Sandén/Edvardsson 2004). Die Durchführung von Umfragen oder Fokusgruppen sind weitere Beispiele (Slater/Narver 1998). Bei Fokusgruppen wird eine geringe Anzahl von Kunden in gemeinsamen Sitzungen befragt (Parasuraman/Zeithaml/Berry 1985). In allen Fällen gibt das Unternehmen vor, welche Informationen bei den Kunden erhoben werden.

Klassische Befragungsmethoden werden in der Marktorientierungsliteratur *definiert* als einfache Aktivitäten wie Interviews oder Treffen mit Kunden, um Informationen über Kundenbedürfnisse zu generieren (Jaworski/Kohli 1993; Moorman 1995; Stock/Zacharias 2011). Das Konzept wird in einer Vielzahl von Arbeiten im Bereich des Marketings empirisch untersucht. Einen umfangreichen Überblick über empirische Arbeiten, die den Einfluss klassischer Befragungsmethoden auf die Innovativität von Unternehmen untersuchen, liefern Tabellen A-4 bis A-6 im Anhang.

Die *inhaltliche Verwendung* des Begriffs kann als relativ konsistent eingeschätzt werden. Zu klassischen Befragungsmethoden werden neben Interviews mit Kunden die Durchführung von Umfragen oder Fokusgruppen gezählt. Inhaltliche Überschneidungen ergeben sich zu dem Begriff der Market Information Acquisition und Customer Orientation. *Market Information Acquisition* enthält neben der Befragung von Kunden zusätzlich die Generierung von Informationen über Wettbewerber oder die Befragung von Experten (z. B. Song/Wang/Parry 2010). Starke Überschneidungen liegen ebenfalls mit dem Konzept der *Customer Orientation* vor, bei der über die Informationsgenerierung hinaus die Bedeutung der Befriedigung von Kundenbedürfnissen abgefragt wird (z. B. Feng et al. 2012; Hsieh/Tsai/Wang 2008).

Dem Literaturüberblick aus Tabellen A-4 bis A-6 ist zu entnehmen, dass in der wissenschaftlichen Literatur insbesondere *die verwendeten Bezeichnungen stark variieren* (ähnlich Harmancioglu/Grinstein/Goldman 2010). Synonym zum Begriff der Information werden auch die Begriffe „knowledge" (z. B. Li/Calantone 1998), „intelligence" (z. B. Song/Montoya-Weiss 2001) und „memory" (z. B. Moorman/Miner 1997) genutzt. Statt Acquisition wird ebenfalls von „generation" (z. B. Sinkula/Baker/Noordewier 1997), „search" (z. B. Spanjol/Qualls/Rosa 2011), „gathering" (z. B. Ottum/Moore 1997) und „learning" (z. B. Atuahene-Gima/Murray 2007) gesprochen. Durch die Kombination der Wörter entstehen unterschiedliche Begrifflichkeiten, die auf einfache Methoden der Informationsgenerierung über Kundenbedürfnisse verweisen. Zu diesen gehören beispielsweise „customer market intelligence" (Verhees/Meulenberg 2004), „market information collection" (Harmancioglu/Grinstein/Goldman 2010), „customer as information provider", „customer knowledge processes" (Li/Calantone 1998) oder „exploitation learning" (Kim/Atuahene-Gima 2010).

Klassische Befragungsmethoden sind zudem traditionell *Bestandteil von Marktorientierungsskalen*. Bei der Unterscheidung zwischen reaktiven und proaktiven Arten der Marktorientierung (Atuahene-Gima/Slater/Olson 2005; Narver/Slater/MacLachlan 2004, Tsai/Chou/Kuo 2008), repräsentieren klassische Befragungsmethoden die reaktive Marktorientierung (engl.: responsive market orientation) (Slater/Narver 1998). Im Rahmen empirischer Untersuchungen der Marktorientierung werden klassische Befragungsmethoden jedoch in der Regel nicht als eigenständiges Konstrukt ausgewiesen (siehe Tabellen A-1 bis A-3 im Anhang). Überschneidungen mit der Interaktion von Kunden in einzelnen Phasen des Entwicklungsprozesses werden in Abschnitt 2.6.2.2 thematisiert.

Zusammenfassend kann festgehalten werden, dass klassische Befragungsmethoden einfache Techniken zur Identifikation von Kundenbedürfnissen umfassen. Während die inhaltliche Bedeutung konsistent ist, werden in der Literatur eine Vielzahl unterschiedlicher Bezeichnungen verwendet. Die Analyseebene ist in der Regel das Unternehmen. Vereinzelte Arbeiten untersuchen den Einsatz klassischer Befragungsmethoden auf der Projektebene (z. B. Joshi/Sharma 2004; Song/Thieme 2009; van Riel/Lemmink/Ouwersloot 2004). Als Ausnahme ist die Betrachtung der Informationsgenerierung auf Managerebene zu betrachten (Celuch/Kasouf/Peruvemba 2002; Tianjiao 2008). Die Erkenntnisse zu klassischen Befragungsmethoden werden in Tabelle 2-25 zusammengefasst.

Tabelle 2-25: Zusammenfassung des Begriffs Klassische Befragungsmethoden

	Klassische Befragungsmethoden
Beschreibung	Einfache Techniken, um Informationen von Kunden über deren Bedürfnisse einzuholen
Definition	Einfache Aktivitäten, wie Interviews oder Treffen mit Kunden, um Informationen über Kundenbedürfnisse zu generieren (Jaworski/Kohli 1993; Stock/Zacharias 2011)
Verwandte Konstrukte	Responsive Market Orientation; Customer Orientation; Market Information Acquisition; Integration into Ideation Process
Alternative Bezeichnungen	Information Gathering; Information Collection; Customer Orientation
Untersuchungsebene	Unternehmen; Projekt
Wichtige Quellen im Sachgüterkontext	Jaworski/Kohli 1993; Harmancioglu/Grinstein/Goldman 2010; Li/Calantone 1998; Moorman 1995; Sinkula 1994; Stock/Zacharias 2011
Konzeptionelle Studien im Servicekontext	Matthing/Sandén/Edvardsson 2004
Empirische Studien im Servicekontext	Ordanini/Parasuraman 2011; Witell et al. 2011
Forschungsgebiete	Marktorientierung; Innovationsmanagement; Relationship Marketing; Strategisches Management

2.6.2.2 Co-Development

Co-Development umschreibt das Phänomen, dass Unternehmen ihre Kunden aktiv in Projekte für die Entwicklung neuer Dienstleistungen einbinden (Lau/Tang/Yam 2010). Die Integration von Kunden erfolgt häufig in einzelnen Phasen des Entwicklungsprozesses, zum Beispiel während der Ideenfindung oder des Konzepttests. Kunden können aber auch fester Bestandteil des Projektteams sein und somit alle Phasen des Entwicklungsprozesses beeinflussen.

Co-Development wird in empirischen Arbeiten *allgemein definiert* als „integration of customers [...] throughout the service innovation process" (Edvardsson et al. 2010, S. 561). Carbonell, Rodríguez-Escudero und Pujari (2009, S. 537) spezifizieren: „[Customer involvement] refers to the extent to which service producers interact with current or (potential) representatives of one or more customers at various stages of the new service development process". Beide Definitionen betonen dabei, dass es sich bei der Integration in der Regel um mehrere Kunden handelt und deren Einbindung über verschiedene Phasen des Entwicklungsprozesses erfolgt.

Im Gegensatz dazu betrachten mehrere Studien die Auswirkungen von Co-Development in *einzelnen Phasen des Entwicklungsprozesses* (z. B. Gruner/Homburg 2000). Hierbei werden im Sachgüterkontext die Phasen Ideengeneration, Konzeptentwicklung, Projektdefinition, Engineering, Protoypentest und Markteinführung unterschieden (Gruner/Homburg 2000). Im

Dienstleistungskontext erfolgt eine andere Kategorisierung, da insbesondere der Prototypentest erschwert ist (Alam 2006). So unterscheidet Alam (2006) bei der Entwicklung neuer Dienstleistungen die Phasen Ideengenerierung, Ideenauswahl, Konzeptentwicklung und Konzepttest.

Für den Begriff Co-Development bestehen in der Literatur verschiedene alternative Bezeichnungen (für einen Überblick Matthing/Sandén/Edvardsson 2004). Dazu zählen „customer involvement" (Carbonell/Rodríguez-Escudero/Pujari 2009), „integration" (Lau/Tang/Yam 2010), „co-creation" (Perks/Gruber/Edvardsson 2012), „collaboration" (Chen/Tsou/Huang 2009), „interaction" (Gruner/Homburg 2000) und „participation" (Fang 2008). Der Begriff Co-Development findet selten Berücksichtigung (Ausnahmen Campbell/Cooper 1999; Edvardsson et al. 2010; Lau/Tang/Yam 2010; Neale/Corkindale 1998). Nach Ansicht des Verfassers dieser Arbeit ermöglicht er jedoch *eine klare sprachliche Abgrenzung*. Die aufgezählten Alternativen verweisen lediglich auf eine Zusammenarbeit mit Kunden, während Co-Development spezifiziert, dass es sich um gemeinsame Entwicklungsprojekte handelt. Eine klare sprachliche Abgrenzung ist in der vorliegenden Arbeit wichtig, da die Begriffe Participation und Involvement im Dienstleistungskontext andere Bedeutungen haben (Abschnitt 2.6.1). Insgesamt ist Co-Development daher den anderen Begriffen vorzuziehen.

Co-Development ist darüber hinaus von *Co-Production* abzugrenzen. Insbesondere im B2B-Kontext geht Co-Production in der Dienstleistungserstellung mit der Individualisierung von Angeboten und somit mit der Entwicklung spezifischer Lösungen einher. Eine Überschneidung mit Co-Development ergibt sich, wenn Lösungen mit Kunden zusammen entwickelt werden (z. B. Nijssen et al. 2006; Wikström 1996). Aus konzeptioneller Sicht bestehen jedoch mehrere Unterschiede. Während bei Co-Production die Lösung für einen Kunden entwickelt wird, ist das Ziel von Co-Development die Entwicklung neuer Dienstleistungen für eine breite Kundenbasis. Co-Development geht somit über eine Individualisierung hinaus (Edvardsson et al. 2010). Des Weiteren umfasst Co-Production die gemeinsame Entwicklung aufgrund von Kundenwünschen. Im Gegensatz dazu geht Co-Development in der Regel von Unternehmen aus.

Die Zusammenarbeit mit Kunden zur Entwicklung neuer Dienstleistungen wird zumeist in konzeptionellen Arbeiten thematisiert (siehe Tabelle A-8 im Anhang). Hierbei lassen sich sowohl Handbuchbeiträge (Edvardsson et al. 2010; Edvardsson/Gustafsson/Enquist 2007; Sundbo 2007), Fallstudien (Alam 2002, 2006; Blazevic/Lievens 2008; Gustafsson/ Ekdahl/Edvardsson 1999; Lundkvist/Yakhlef 2004) als auch Interviews (Schulteß et al. 2010) identifizieren. Eine weitere Gruppe von Publikationen nähert sich dem Phänomen im Rahmen von Experimenten (Matthing et al. 2006; Matthing/Sandén/Edvardsson 2004). Nur wenige quantitative Arbeiten untersuchen bisher die gemeinsame Dienstleistungsentwicklung in einem reinen Servicekontext (z. B. Chen/Tsou/Ching 2011; Chen/Tsou/Huang 2009; Chien/ Chen 2010; Gustafsson/Kristensson/Witell 2012, siehe Tabelle A-8 im Anhang). Darüber hinaus gibt es eine weitere Gruppe von Arbeiten, die in ihrer empirischen Untersuchung zwar Dienstleistungen berücksichtigen, aber nicht zwischen Sachgütern und Dienstleistungen unterscheiden.

Zusammenfassend verweist Co-Development auf die Einbindung von Kunden in Projekte zur Entwicklung neuer Dienstleistungen. In der Literatur werden mehrere alternative Begriffe genutzt, um dieses Phänomen zu beschreiben. Aus inhaltlicher Sicht ist jedoch der Begriff Co-Development zu bevorzugen. Überschneidungen können sich mit dem Begriff der Co-Production ergeben, insbesondere im B2B-Bereich. Co-Development kann auf einer Team-, Projekt- oder Unternehmensebene untersucht werden. Ein Überblick über verschiedene Aspekte von Co-Development bietet Tabelle 2-26.

Tabelle 2-26: Zusammenfassung des Begriffs Co-Development

	Co-Development
Beschreibung	Integration von Kunden in Entwicklungsprojekte für neue Dienstleistungen
Definition	„[...] integration of customers [...] throughout the service innovation process" (Edvardsson et al. 2010, S. 561)
Verwandte Konstrukte	Co-Production
Alternative Bezeichnungen	Customer Integration; Customer Involvement; Customer Participation; Co-Production; Co-Creation; Collaboration
Untersuchungsebene	Team; Projekt; Unternehmen
Wichtige Quellen im Sachgüterkontext	Atuahene-Gima 1996a; Fang 2008; Foss/Laursen/Pedersen 2011; Hoyer et al. 2010; Noordhoff et al. 2011; O'Hern/Rindfleisch 2010
Konzeptionelle Studien im Servicekontext	Kristensson/Magnusson/Matthing 2002; Magnusson 2009
Empirische Studien im Servicekontext	Chen/Tsou/Ching 2011; Chien/Chen 2010; Gustafsson/Kristensson/Witell 2012; Martin/Horne/Schultz 1999; Ordanini/Parasuraman 2011
Forschungsgebiete	Innovationsmanagement; Relationship Marketing

In dieser Arbeit soll *Co-Development in einzelnen Entwicklungsphasen* separat betrachtet werden. Co-Development in einzelnen Entwicklungsphasen ist inhaltlich abzugrenzen von klassischen Befragungsmethoden. Eine konzeptionelle Nähe ergibt sich vor allem dadurch, dass Umfragen und Fokusgruppen auch innerhalb von Entwicklungsprojekten genutzt werden können (Joshi/Sharma 2004; Ottum/Moore 1997; Song/Thieme 2009; Stewart/Mullarkey/ Craig 2003; Veldhuizen/Hultink/Griffin 2006). Im Unterschied zu Co-Development im Allgemeinen wird Co-Development in einzelnen Entwicklungsphasen zumeist auf einer Projektebene betrachtet (z. B. Carbonell/Rodríguez-Escudero/Pujari 2009; Witell et al. 2011). Wichtige Texte sind in Tabelle 2-27 zusammengefasst.

Tabelle 2-27: Zusammenfassung des Begriffs Co-Development in einzelnen Entwicklungsphasen

	Co-Development in einzelnen Entwicklungsphasen
Beschreibung	Integration von Kunden in einzelne Phasen eines Entwicklungsprojektes für neue Dienstleistungen, z. B. in Workshops zur Ideengenerierung
Definition	„[...] the extent to which service producers interact with current (or potential) representatives of one or more customers at various stages of the new service development process" (Carbonell/Rodríguez-Escudero/Pujari 2009, S. 537)
Verwandte Konstrukte	Klassische Befragungsmethoden
Alternative Bezeichnungen	Customer Integration; Customer Involvement; Customer Participation; Co-Production; Co-Creation
Wichtige Quellen im Sachgüterkontext	Edvardsson et al. 2010; Fang 2008; Gruner/Homburg 2000
Untersuchungsebene	Team; Projekt
Konzeptionelle Studien im Servicekontext	Alam 2006; Magnusson 2003; Matthing/Sandén/Edvardsson 2004
Empirische Studien im Servicekontext	Carbonell/Rodríguez-Escudero/Pujari 2009; Lung-Far/Chen 2005; Martin/Horne 1995; Witell et al. 2011
Forschungsgebiete	Innovationsmanagement

2.6.2.3 Beitrag für diese Arbeit

Ziel dieses Abschnitts ist die Identifikation geeigneter Begriffe für die Konstruktbezeichnung im Rahmen der empirischen Untersuchung. Dies hat insbesondere in Abgrenzung des Begriffs Co-Production zu geschehen, der in Abschnitt 2.6.1 für die Kundeninteraktion während der Dienstleistungserstellung gewählt wurde. Insbesondere soll gewährleistet werden, dass die gewählten Begriffe sich ausreichend von anderen Begriffen unterscheiden.

Klassische Befragungsmethoden sind in vielen Aspekten *der Gegensatz zur Co-Production*. Sie werden von Unternehmen initiiert und gesteuert. Während das Unternehmen Umfragen durchführt, hat der Kunde eine sehr passive Rolle, die sich in der Regel auf die Beantwortung der vom Unternehmen formulierten Fragen bezieht. Da diese Befragungen weiterhin losgelöst von der täglichen Dienstleistungserbringung erfolgen und üblicherweise zeitlich einmalige Interaktionen darstellen, muss der Kunde sich bei seinen Aussagen auf sein Vorstellungsvermögen verlassen.

Co-Production hingegen ist als dynamisch einzuschätzen. Unternehmen und Kunde haben über die Zeit mehrere Schnittpunkte und tauschen Informationen aus. Insbesondere durch die Individualisierung von Angeboten kann das Unternehmen Wissen über Kundenbedürfnisse aufbauen. Dabei hat das Unternehmen Zugriff auf Reaktionen und Verhalten von Kunden während echter Dienstleistungssituationen. Der Kunde arbeitet in der Regel gemeinschaftlich mit Unternehmen zusammen.

Wie im vergangenen Abschnitt herausgearbeitet, lässt sich *Co-Development im Dienstleistungskontext nicht klar von Co-Production* trennen (Nijssen et al. 2006). Insbesondere im B2B-Bereich kann Co-Production die gemeinsame Entwicklung kundenspezifischer Dienstleistungen enthalten. Klassische Befragungsmethoden weisen ebenfalls Überschneidungen mit Co-Development auf, da einfache Maßnahmen zur Generierung von Kundeninformationen auch im Entwicklungsprozess angewendet werden können (z. B. Joshi/Sharma 2004). Daher sollen in dieser Arbeit klassische Befragungsmethoden mit Co-Production verglichen werden. Co-Development wird nicht weiter berücksichtigt.

2.7 Zusammenfassende Betrachtung

In diesem Grundlagenkapitel zur Dienstleistungsperspektive wurde aufgezeigt, dass sich die Dienstleistungsforschung zu einem eigenständigen Forschungsgebiet entwickelt hat. Dienstleistungen unterscheiden sich von Sachgütern durch die notwendige Interaktion mit Kunden zur Erstellung von Dienstleistungen. Forschungserkenntnisse fehlen vor allem im B2B-Bereich und für die Generierung von Dienstleistungsinnovationen. Dabei ist zu beachten, dass die Gebiete Self-Service Technologien sowie das Angebot von Lösungen eigenständige Forschungsfelder darstellen, die von der empirischen Untersuchung dieser Arbeit abzugrenzen sind.

Eine geeignete Grundlage für die Erforschung der Interaktion zwischen Unternehmen und Kunden bietet die Service-Dominant Logic, die in den letzten Jahren große Beachtung in der Marketingforschung erfahren hat. Trotz ihrer grundlegenden und teilweise abstrakten Aussagen, liefert sie ein gutes Verständnis dafür, wie Unternehmen die Interaktion mit Kunden zur Steigerung der Dienstleistungsinnovativität nutzen können. Die SDL zeigt insbesondere auf, dass durch die Co-Production mit Kunden und der damit verbundenen Individualisierung von Dienstleistungen Kundenbedürfnisse identifiziert werden können. Sie wird daher zur theoretischen Fundierung der Hypothesen in dieser Arbeit herangezogen.

Die Literatur unterscheidet mehrere Arten von Dienstleistungsinnovationen. Die Erfassung der Dienstleistungsinnovativität kann sich auf Projekte, Produkte oder das gesamte Dienstleistungsprogramm eines Unternehmens beziehen. Die Analysen in dieser Arbeit erfolgen auf der Unternehmensebene. Die abhängige Variable in der empirischen Untersuchung ist daher die Dienstleistungsprogramminnovativität. Hinsichtlich der Erstellung von Dienstleistungsinnovationen ist ein tiefes Verständnis von Kundenbedürfnissen fundamental. Aufgrund der leichten Veränderbarkeit von Dienstleistungen besteht die Gefahr, dass Dienstleistungsinnovationen inkrementeller Natur sind. Die gezielte Entwicklung neuer Dienstleistungen in eigens dafür eingerichteten Projekten fehlt im Dienstleistungskontext häufig.

Weiterhin wurden verschiedene Begriffe zur Interaktion zwischen Kunden und Unternehmen in der wissenschaftlichen Literatur aufgezeigt. In diesem Kontext ist insbesondere die begriffliche Inkonsistenz bestehender Arbeiten im Dienstleistungsbereich festzustellen. Um möglichst trennscharfe Konstrukte zu verwenden, konzentriert sich diese Arbeit auf die Konstrukte klassische Befragungsmethoden und Co-Production zur Dienstleistungserstellung. Die empirische Analyse des Einflusses der klassischen Generierung von Kundeninformationen und der Co-Production zur Dienstleistungserstellung auf die Dienstleistungsprogramminnovativität erfolgt in Kapitel 4 dieser Arbeit.

3 Grundlagen der Topmanagerperspektive

Ziel dieses Kapitels ist es, ein grundlegendes Verständnis über die Bedeutung von Topmanagern und deren persönlichen Eigenschaften für die Marktorientierung von Unternehmen zu schaffen. Berücksichtigung finden neben ausgewählten Arbeiten der Marktorientierung insbesondere Erkenntnisse aus der strategischen Führungsforschung. Das Kapitel beginnt mit einer Definition grundlegender Begriffe in Abschnitt 3.1. Im Anschluss wird die „Upper Echelons"-Theorie vorgestellt (Abschnitt 3.2), deren Aussagen in der theoretischen Fundierung der empirischen Studie verwendet werden.

Der Fokus der Marktorientierungsliteratur liegt bisher auf organisationalen Prozessen und Strukturen. In Abschnitt 3.3 werden daher die bestehenden Erkenntnisse zur Rolle von Topmanagern in der Marktorientierungsliteratur aufgezeigt. Eine wesentliche Aufgabe der Topmanager ist die Interpretation von Informationen, die eng mit dem Begriff des Sensemaking aus der Managementforschung zusammenhängt. Des Weiteren wird die Bedeutung der Identifizierung von Marktgefahren und Marktchancen in einem separaten Abschnitt gewürdigt.

Das Grundlagenkapitel zur Topmanagerperspektive schließt mit der Vorstellung mehrerer Selbstkonzepte von Topmanagern (Abschnitt 3.4). Aus diesen Selbstkonzepten werden die unabhängigen Variablen für die empirische Untersuchung abgeleitet. Ein Schwerpunkt liegt auf der Messung der jeweiligen Konzepte. Eine Zusammenfassung erfolg in Abschnitt 3.5.

3.1 Begriffsdefinitionen

3.1.1 Strategische Führung

Der Begriff *strategische Führung* (engl.: strategic leadership) fasst alle Forschungsbemühungen zusammen, die sich mit der Rolle von Topmanagern, deren Eigenschaften und deren Einfluss auf Unternehmen beschäftigen (Boal/Hoojberg 2001; Ireland/Hitt 2005; Finkelstein/Hambrick/Cannella 2009; Hambrick 1989). Das Ziel der strategischen Führungsforschung ist es, eine wissenschaftliche Plattform für die Erforschung von Topmanagern zu etablieren und entsprechende theoretische Grundlagen zu entwickeln (Finkelstein/Hambrick/Cannella 2009).

Der Zusatz *strategische* Führung stellt heraus, dass sich dieser Forschungszweig speziell auf das Management des ganzen Unternehmens bezieht (Cannella 2001; Finkelstein/Hambrick/ Cannella 2009). Im Gegensatz zur traditionellen Führungsliteratur stehen somit Topmanager im Fokus der Betrachtung (Cannella 2001). Zentrale Aufgabe von Topmanagern ist es, die ständige Veränderung von Unternehmen zu ermöglichen. Inhaltlich werden folgende Aufgaben zum Bereich der strategischen Führung gezählt (Ireland/Hitt 2005):

1. Festlegung des Unternehmenszwecks beziehungsweise der Unternehmensvision,
2. Erweiterung und Erhalt von Kernkompetenzen,
3. Entwicklung des Humankapitals,
4. Erhalt einer effektiven Organisationskultur,
5. Betonung ethischer Prinzipien und
6. Einführung ausgeglichener Kontrollen im Unternehmen.

Die strategische Führungsforschung hat die *Grundüberzeugung*, dass die Art und Weise wie Topmanager ein Unternehmen führen, einen wesentlichen Einfluss auf den Wettbewerbsvorteil von Unternehmen hat (Ireland/Hitt 2005). Diese Überzeugung baut auf der Kritik Hambricks (1989) auf, nach der die Managementforschung Topmanager aus ihrem Fokus verloren hat und sich stattdessen auf die Analyse industriebezogener und techno-ökonomischer Faktoren konzentriert. Durch die Annahme, dass Topmanager den Erfolg von Unternehmen aktiv beeinflussen können, ist das Konzept der strategischen Führung eng mit den Grundansichten des ressourcenbasierten Ansatzes und der „Upper Echelons"-Theorie verbunden (Hoskisson et al. 1999). Die strategische Führung ist weiter gefasst als die „Upper Echelons"-Theorie (Cannella 2001).

3.1.2 Topmanager und Topmanagement

Gegenstand der strategischen Führungsforschung können Individuen (z. B. Vorstandsvorsitzende), Gruppen (z. B. Topmanagement-Teams) oder andere Organe des Unternehmens (z. B. Aufsichtsrat) sein (Finkelstein/Hambrick/Cannella 2009). Die meisten Arbeiten der strategischen Führungsforschung analysieren Vorstandsvorsitzende (CEOs) von Unternehmen (z. B. Chatterjee/Hambrick 2007, 2011; Li/Tang 2010; Malmendier/Tate 2005; Nadkarni/Herrmann 2010). Vorstandsvorsitzenden kommt eine besondere Bedeutung zu, da sie die Einzelpersonen mit den größten Machtbefugnissen in Unternehmen sind. Der Fokus bisheriger Studien auf Vorstandsvorsitzende kann darüber hinaus in einer besseren Datenverfügbarkeit in öffentlich zugänglichen Quellen, wie Zeitungsartikeln, Jahresberichten oder Datenbanken, erklärt werden (Carpenter/Geletkanycz/Sanders 2004).

Die *Ausweitung der Untersuchung* auf andere Topmanager ist ebenfalls gebräuchlich (Finkelstein/Hambrick/Cannella 2009). Eine Ausweitung ist dadurch berechtigt, dass Vorstandsvorsitzende häufig Verantwortlichkeiten delegieren (Mintzberg 1979). Gerade bei großen Unternehmen tragen somit Manager der zweiten Führungsebene Verantwortung für eigene Geschäftsbereiche (Finkelstein/Hambrick/Cannella 2009). In mehreren Studien wird ein entsprechend hoher Anteil der erklärten Varianz von Unternehmensergebnissen erreicht, indem der Untersuchungsfokus auf andere Topmanager als den CEO ausgeweitet wird (Finkelstein/Hambrick/Cannella 2009, z. B. Bertrand/Schoar 2003). Dabei kann angenommen werden, dass Topmanager auf höheren Ebenen einen stärkeren Einfluss auf strategische Entscheidungen ausüben (Carpenter/Geletkanycz/Sanders 2004).

Eine zentrale Forderung von Hambrick und Mason (1984) ist des Weiteren die Betrachtung *des ganzen Topmanagement-Teams* anstelle einzelner Individuen. Hierbei wird argumentiert, dass Entscheidungsträger von anderen Topmanagern informiert, beeinflusst oder in ihrer Freiheit eingeschränkt werden (Finkelstein/Hambrick/Cannella 2009). Aufgrund der gegenseitigen Beeinflussung muss daher das Topmanagement-Team als Einheit betrachtet werden.

Die bisherigen Ausführungen implizieren die Frage, *welche Manager im Unternehmen als Topmanager* anzusehen sind. Wie Tabelle 3-1 zu entnehmen ist, variieren die Verständnisse des Topmanagementbegriffs stark (ausführlich Carpenter/Geletkanycz/Sanders 2004). Keine der Definitionen beschränkt sich dabei lediglich auf den Vorstandsvorsitzenden. Vielmehr wird der Topmanagementbegriff auch auf untere Ebenen ausgeweitet. In verschiedenen Arbeiten wird daher darauf verwiesen, dass es je nach Untersuchungsgegenstand sinnvoll ist, den Topmanagementbegriff verschieden zu fassen (Finkelstein/Hambrick/Cannella 2009).

Tabelle 3-1: Verschiedene Definitionen des Begriffs Topmanager (in Anlehnung an Finkelstein/Hambrick/Cannella 2009, S. 127)

Nr.	Definition	Quellen
1	All managers identified by the CEO as belonging to the TMT	Bantel/Jackson 1989; Glick/Miller/Huber 1993; O'Reilly/Snyder/Boothe 1993; Smith et al. 1994; Sutcliffe 1994
2	Inside board members	Finkelstein/Hambrick 1990; Haleblian/Finkelstein 1993
3	All managers at the vice-president level and higher	Hambrick/D'Aveni 1992; Keck/Tushman 1993; Michel/Hambrick 1992; Wagner/Pfeffer/O'Reilly 1984
4	The two highest executive levels	Wiersema/Bantel 1992
5	All founders of the organization	Eisenhard/Schoonhoven 1990
6	The five highest paid executives	Carpenter/Sanders/Gregersen 2001
7	Depending on studied outcome	Amason 1996; Knight et al. 1999; Smith et al. 1994

Die meisten Topmanagement-Definitionen *orientieren sich an der Datenverfügbarkeit*, was auch als „convenience sampling" (Carpenter/Geletkanycz/Sanders 2004, S. 759) bezeichnet wird. Dies ist in der generell schwierigen Erhebung persönlicher Topmanagerinformationen begründet (Carpenter/Geletkanycz/Sanders 2004; Hambrick/Mason 1984). Nur selten besteht daher die Möglichkeit, in einer großzahligen Stichprobe gesamte Topmanagement-Teams in die Betrachtung einzubeziehen (Chatterjee/Hambrick 2007). Oft werden frei verfügbare Daten herangezogen, während persönliche Einschätzungen von Topmanagern eher selten sind (Chatterjee/Hambrick 2007).

Variierende Topmanagerdefinitionen werden auch als Ursache für unterschiedliche Ergebnisse in der wissenschaftlichen Literatur gesehen (Carpenter/Geletkanycz/Sanders 2004). Dem kann entgegengehalten werden, dass eine Erweiterung des Topmanagerverständnisses häufig zu signifikanten Ergebnissen führt. Diesbezüglich stellen Carpenter, Geletkanycz und Sanders (2004, S. 759) fest:

„While some claim that the differences in how top management teams are measured may account for inconsistent findings in the current literature, perhaps a more striking observation is that studies using a variety of measures have reported significant associations between top management team characteristics and important firm outcomes".

Basierend auf den bisherigen Ausführungen soll in dieser Arbeit *ein umfassender Topmanagerbegriff* verwendet werden, indem der Begriff Topmanager als „CEOs and their immediate subordinates" (Eisenhardt/Bourgeois III 1988, S. 739) definiert wird. Entsprechend wird das Topmanagement-Team allgemein als eine „relatively small group of executives at the strategic apex of an organization" (Mintzberg 1979, S. 24) verstanden.

3.2 „Upper Echelons"-Theorie

Die „Upper Echelons"-Theorie (auch: „Upper Echelons"-Perspektive) ist die zentrale theoretische Fundierung der strategischen Führungsforschung. Sie wird in dieser Arbeit herangezogen, um zu begründen, dass Topmanager durch die Interpretation wichtiger Marktsituationen die Marktorientierung von Unternehmen beeinflussen. In Abschnitt 3.2.1 werden Basisaussagen und Konzepte der „Upper Echelons"-Theorie vorgestellt. Hierbei liegt ein Schwerpunkt auf dem Modell der Informationsfilterung von Topmanagern. Die Behandlung zentraler Erweiterungen der „Upper Echelons"-Theorie erfolgt in Abschnitt 3.2.2, während relevante Kritikpunkte sowie deren Bewertung in Abschnitt 3.2.3 dargelegt werden. Abschnitt 3.2.4 schließt mit der Zusammenfassung zentraler Aspekte der „Upper Echelons"-Theorie und der Bewertung ihres Beitrags für diese Arbeit.

3.2.1 Basisaussagen

Eine konsequente Betrachtung von Topmanagern in der strategischen Managementforschung geht auf den Artikel von Hambrick und Mason (1984) zurück (Carpenter/Geletkanycz/ Sanders 2004). Das zentrale Untersuchungsziel der „Upper Echelons"-Theorie ist das Verhalten von Unternehmen besser zu verstehen (Hambrick 2007; Hambrick/Mason 1984). Dabei wird postuliert, dass strategische Entscheidungen und somit der Erfolg von Unternehmen durch Topmanagereigenschaften vorhergesagt werden können. Die Basisaussage der „Upper Echelons"-Theorie lautet wie folgt:

„If we want to understand why organizations do the things they do, or why they perform the way they do, we must consider the biases and dispositions of their most powerful actors— their top executives" (Hambrick 2007, S. 334).

Der Einfluss persönlicher Topmanagereigenschaften auf ihre Entscheidungen wird auf das Prinzip der eingeschränkten Rationalität (engl.: bounded rationality) zurückgeführt (Cyert/ March 1963; March/Simon 1958; für einen Überblick über die Literatur Klaes/Sent 2005). Nach diesem Prinzip können Entscheidungen in Unternehmen nicht rein rational getroffen werden, da verfügbare Informationen die kognitive Aufnahmefähigkeit der Entscheider übersteigt. Zur Entscheidungsfindung sind sie deshalb darauf angewiesen, die Komplexität von Entscheidungssituationen zu reduzieren.

Die Reduktion erfolgt durch einen mehrstufigen Filterprozess, der durch persönliche Eigenschaften der Topmanager beeinflusst wird (Hambrick/Mason 1984). Je komplexer die Entscheidungssituation, desto stärker ist dieser Einfluss (Hambrick/Mason 1984). In Anlehnung an die Arbeit von March und Simon (1958), gliedern Hambrick und Mason (1984) die Informationsfilterung von Topmanagern in die drei aufeinanderfolgenden Phasen

- Erstellung eines Sichtfelds,
- selektive Wahrnehmung und
- Interpretation von Informationen.

Das *Sichtfeld* bezieht sich auf die Suche nach Informationen im Unternehmensumfeld. Dies schließt formale und informale Wege der Informationssuche ein. Formale Wege können interne oder externe Berichte, der Austausch mit der Marktforschungsabteilung oder die Weitergabe von Informationen durch Mitarbeiter im Rahmen von Meetings und Präsentationen sein. Informale Wege sind zum Beispiel Gespräche mit Mitarbeitern oder Vertretern anderer Unternehmen.

Die *selektive Wahrnehmung* beschäftigt sich mit Informationen, an die sich Topmanager nach der Informationssuche bewusst erinnern können. Lesen beispielsweise mehrere Topmanager denselben Bericht, so ist die Wahrscheinlichkeit sehr hoch, dass sie unterschiedliche Informationen aus diesem Bericht speichern. An welche Informationen sie sich erinnern, hängt dabei eng mit dem vorhandenen Vorwissen zusammen.

Der dritte Schritt ist die *Interpretation* wahrgenommener beziehungsweise gespeicherter Informationen. Welche Schlüsse und Konsequenzen aus der Abwägung einzelner Informationen gezogen werden können, wird wiederum stark von den Topmanagereigenschaften beeinflusst. Risikoaverse Topmanager zum Beispiel werden auf Basis der Informationen andere Schlüsse als risikoaffine Topmanager ziehen. Das Ergebnis des Filterprozesses ist die wahrgenommene Realität des Topmanagers, die letzten Endes die abgeleiteten strategischen Entscheidungen und somit die Aktionen des Unternehmens bestimmt. Abbildung 3-1 fasst den Filterprozess und seine wesentlichen Elemente zusammen.

Abbildung 3-1: Modell der Informationsfilterung bei strategischen Entscheidungsprozessen (Finkelstein/ Hambrick/Cannella 2009, S. 45)

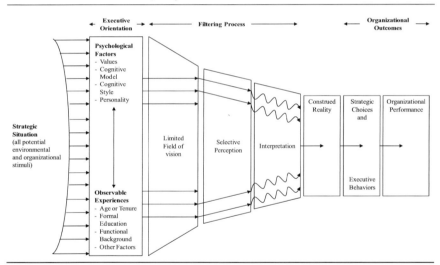

Bei einer *starken Filterung von Informationen* ist zu erwarten, dass die wahrgenommene Realität der Topmanager von der tatsächlichen Realität abweicht. Dies kann zu Fehlentscheidungen führen (Day/Nedungadi 1994). Das Wissen über den Einfluss von Topmanagereigenschaften auf deren Entscheidungsprozess ermöglicht es im Gegenzug, strategische Entscheidungen von Unternehmen durch die Betrachtung ihrer Topmanager vorherzusagen (Gavetti 2011; Gavetti/Rivkin 2005).

Hambrick und Mason (1984) argumentieren, dass vor allem persönliche Werte von Topmanagern deren Entscheidungsfindung beeinflussen, diese aber nur *schwer empirisch* zu erfassen sind. In ihrer ersten zentralen Arbeit heben Hambrick und Mason hervor, dass demografische Daten, wie Alter, Ausbildung oder fachliche Expertise, ausreichenden Aufschluss auf grundlegende psychologische Konstrukte geben (Carpenter/Geletkanycz/Sanders 2004; Hambrick/Mason 1984). Tabelle 3-2 bietet einen Überblick der von Hambrick und Mason (1984) aufgeführten relevanten Topmanagereigenschaften und Hypothesen zu deren Einfluss.

Tabelle 3-2: Ausgewählte Hypothesen zum Einfluss demografischer Topmanagereigenschaften (in Anlehnung an Hambrick/Mason 1984)

Eigenschaften	Ausprägung	Effekt
Alter	Geringeres Alter	Wahl riskanterer Strategien; positiver Effekt auf Wachstum und Profitabilität
Funktionale Expertise	Vorhandene Erfahrung in Marketing, Vertrieb und Entwicklung	Größerer Fokus auf Innovativität und Wachstum
	Höhere operative Erfahrung	Höhere administrative Komplexität
Andere berufliche Erfahrungen	Höhere Unternehmenserfahrung	Negativer Effekt auf Innovativität; Vorteile bei stabiler Umwelt
Ausbildung	Höherer Grad der Ausbildung	Positiver Effekt auf Innovativität; geringere Abweichung vom Industriedurchschnitt
Sozioökonomischer Hintergrund	Niedrigere soziale Schichten	Mehr Firmenzukäufe und höhere Diversifikation des Unternehmens; positiver Effekt auf Wachstum
Finanzielle Ausstattung	Hohes Gehalt	Positiver Effekt auf Profitabilität

Schwierigkeiten in der Erfassung psychologischer Konstrukte beruhen vor allem auf einer mangelnden Verfügbarkeit persönlicher Topmanagerinformationen sowie einer geringen Zuverlässigkeit existierender Skalen (Hambrick/Mason 1984). Zudem sind demografische Informationen auch für Unternehmen einfacher zu erfassen, was die Praxisimplikationen der Untersuchungsergebnisse erhöht. Die Nutzung demografischer Daten erleichtert ferner die Zusammenführung empirischer Ergebnisse. Hambrick und Mason (1984, S. 196) halten diesbezüglich fest: „In this approach, some important but complex psychological issues are bypassed in favor of an emphasis on broad tendencies that, if empirically confirmend, can be later held up to the psychologist's finer lens".

Im Rückblick auf die Entwicklung der strategischen Führungsforschung seit 1984 ist festzustellen, dass psychologische Konstrukte mittlerweile in den Vordergrund der Forschung gerückt sind. Finkelstein, Hambrick und Cannella (2009) geben einen Überblick über die Ergebnisse der Einflüsse verschiedener demografischer Variablen. Nach ihrer Einschätzung sind durch neue Messmethoden psychologische Konstrukte soziodemografischen Merkmalen vorzuziehen. Zu diesen zählen vor allem kognitive Eigenschaften, Werte oder das Charisma von Topmanagern. Eine Auswahl der Eigenschaften und Hypothesen zeigt Tabelle 3-3.

Tabelle 3-3: Ausgewählte Hypothesen zum Einfluss psychologischer Topmanagereigenschaften auf den Informationsfilterprozess (in Anlehnung an Finkelstein/Hambrick/Cannella 2009, S. 51ff)

Eigenschaften	Beispielhafte Ausprägung	Effekt auf Informationsfiltersprozess
Werte	Hoher Kollektivismus	Mehr Informationen durch Mitarbeiter niedrigerer Führungsebenen; höhere Berücksichtigung dieser Informationen im Entscheidungsprozess
Kognitiver Inhalt	Hohes technologisches Wissen	Geringerer Informationsbedarf über technologische Trends; höhere Investitionen in technische Entwicklungen
Kognitive Struktur	Unterschiedliches Denken im Vergleich zu Kunden	Höhere Generation von Informationen über Kunden; extreme Kundenbedürfnisse werden intensiver wahrgenommen
Kognitiver Stil	Vertrauen auf Intuition	Weniger Wert auf historische und objektive Daten; Wahl radikalerer Strategien
Charisma	Hohes Charisma	Mitarbeiter geben Informationen gefiltert weiter; Informationen, die nicht ihren Überzeugungen entsprechen, werden nicht wahrgenommen
Selbstkontrolle	Hohe Selbstkontrolle	Höhere Berücksichtigung externer Informationsquellen; höhere Wahrscheinlichkeit Marktgefahren und Marktchancen zu entdecken, die eine Aktion durch das Unternehmen benötigen

3.2.2 Erweiterungen

Die „Upper Echelons"-Theorie wurde in mehreren Artikeln konzeptionell *erweitert* (Hambrick 2007). Herauszuheben ist dabei die Einführung der Konstrukte Managerial Discretion (Hambrick/Finkelstein 1987) und Executive Job-Demands (Hambrick/Finkelstein/ Mooney 2005), die als Moderatoren des Einflusses von Topmanagereigenschaften auf die Leistung von Unternehmen gelten (Hambrick 2007). Das Konstrukt der *Managerial Discretion* ermöglicht es in der Forschung zu berücksichtigen, dass Topmanager unter bestimmten Rahmenbedingungen einen unterschiedlichen Einfluss auf ihr Unternehmen ausüben. Dabei wird zwischen umweltspezifischen, unternehmensspezifischen und topmanagerspezifischen Rahmenbedingungen unterschieden (siehe Abbildung 3-2).

Abbildung 3-2: Einflussvariablen der Managerial Discretion (Finkelstein/Hambrick/Cannella 2009, S. 27)

Ein weiterer wichtiger Moderator des Einflusses von Topmanagern auf Unternehmen sind deren *Job-Demands* (Hambrick/Finkelstein/Mooney 2005). Dabei gehen Hambrick, Finkelstein und Mooney (2005) davon aus, dass sich die Arbeitsbelastung und der daraus resultierende Druck auf Topmanager von Unternehmen zu Unternehmen unterscheiden. Ein Faktor kann zum Beispiel die Qualität der Mitarbeiter sein. Für die Höhe der Job-Demands sind drei Faktoren maßgebend:

- Herausforderung der Aufgaben,
- Leistungsanforderungen und
- persönliche Ziele.

Ziel beider Moderatoren ist es, den Erklärungsbeitrag von Topmanagereigenschaften auf Unternehmensergebnisse zu erhöhen. Für hohe Ausprägungen der Managerial Discretion und Job-Demands wird angenommen, dass Topmanagereigenschaften eine größere Rolle spielen, da beispielsweise Topmanager unter Druck mehr auf ihre persönlichen Werte und Erfahrungen zurückgreifen.

3.2.3 Kritik

Die „Upper Echelons"-Theorie hat seit ihrer Einführung große Beachtung in der strategischen Managementliteratur gefunden, was sich vor allem in einer steigenden Zahl von Arbeiten zur

Bedeutung von Topmanagereigenschaften für Unternehmen widerspiegelt (Carpenter/ Geletkanycz/Sanders 2004). Trotz dieser Anerkennung und der Etablierung der strategischen Führungsforschung als eigenständiges Forschungsfeld, werden in der Literatur einige Kritikpunkte diskutiert (ausführlich Carpenter/Geletkanycz/Sanders 2004).

Von Kritikern wird häufig angeführt, dass die „Upper Echelons"-Theorie die *Bedeutung von Topmanagern überhöht* (Cannella 2001). Dieser Aspekt entstammt der generellen Diskussion, ob Unternehmen einen Einfluss auf ihren Erfolg haben oder ob dieser von externen Faktoren, wie der Marktentwicklung, vorgegeben wird (Hoskisson et al. 1999; Papadakis/Barwise 2002). Die Ansicht, dass Topmanager keinen signifikanten Einfluss auf Unternehmensleistungen haben, begründet sich in ökonomischen Theorien. Dazu zählen vor allem die Populationsökologie (Hannan/Freeman 1977) und die Industrieökonomik (Bain 1968; Porter 1980).

Die Diskussion, ob Topmanager den Unternehmenserfolg beeinflussen, wurde schon vor der Einführung der „Upper Echelons"-Theorie geführt. Hambrick und Mason (1984) verweisen auf konzeptionelle Mängel der Studien, welche die Bedeutung externer Faktoren aufzeigen. Die Ergebnisse dieser Studien werden daher durch Vertreter der „Upper Echelons"-Theorie als nicht aussagekräftig eingestuft. Hambrick (1989, S. 6) betont darüber hinaus:

„We do not wish to elevate top managers in any moral, social, or economic sense. [...] In response to the debate on whether managers including strategic leaders matter, our position is: some do, some don't, and a lot more could".

Somit ist das *Gegenteil einer Glorifizierung* von Topmanagern in der „Upper Echelons"-Theorie der Fall. Bisherige Theorien sehen Topmanager als allwissend und daher komplett rational an. Die „Upper Echelons"-Theorie hingegen baut auf dem Grundsatz auf, dass Topmanager nicht perfekt entscheiden, sondern vor allem unter Unsicherheit auf ihre persönlichen Werte und Erfahrungen zurückgreifen. Insgesamt kann die Diskussion als veraltetet angesehen werden. Mittlerweile ist unumstritten, dass Topmanager einen Einfluss auf Unternehmen haben können. So lässt sich feststellen:

„[...] the real question is not whether strategic leadership matters, but rather under what conditions, when, how and on what criteria" (Boal/Hoojberg 2001, S. 518).

Ein weiterer Kritikpunkt bezieht sich auf die *verwendeten Messmethoden*. Vor allem die Verwendung demografischer Daten wird als zu unpräzise kritisiert (Priem/Lyon/Dess 1999). Entsprechend fordern Forscher, demografische Variablen durch komplexere Konstrukte zu ersetzen (Carpenter/Geletkanycz/Sanders 2004). Hierbei ist zu beachten, dass demografische Variablen nach der „Upper Echelons"-Theorie nur als Proxyvariablen dienen, um unterliegende, schwer zu erfassende Konstrukte zu approximieren. Den Ausführungen von Hambrick und Mason (1984) zufolge sind letztlich Kognitionen, Werte und Wahrnehmungen der Topmanager ausschlaggebend für das Verständnis ihres Entscheidungsverhaltens.

Um Probleme bei der Erfassung subjektiver Daten zu umgehen, werden in der Literatur häufig *objektive Daten* herangezogen. Diese Art von Variablen ist zwar einfacher zu erfassen, jedoch vor dem Gesichtspunkt der Reliabilität und inhaltlichen Validität zu hinterfragen. Beispielhaft ist der Artikel von Chatterjee und Hambrick (2007) zu nennen, in dem der Narzissmus von Topmanagern anhand der Größe ihrer Porträts in Jahresberichten gemessen wird. Wie bereits festgestellt, hat sich in den letzten Jahren die Verwendung von Messinstrumenten aus der psychologischen Forschung durchgesetzt. Diese sollten daher vermehrten Einsatz in der Untersuchung von Topmanagerentscheidungen finden (Carpenter/Geletkanycz/Sanders 2004).

3.2.4 Zusammenfassung und Beitrag für diese Arbeit

Die zentralen Aussagen und die wichtigsten Quellen zur „Upper Echelons"-Theorie werden in Tabelle 3-4 zusammengefasst.

Tabelle 3-4: Zusammenfassung der „Upper Echelons"-Theorie

Name	„Upper Echelons"-Theorie
Herkunft	Strategisches Management
Untersuchungsebene	Mikro (Individuen und Teams) und Makro (Unternehmen)
Hauptarbeiten	Carpenter/Geletkanycz/Sanders 2004; Finkelstein/Hambrick/Cannella 2009; Hambrick 2007; Hambrick/Finkelstein 1987; Hambrick/Finkelstein/Mooney 2005; Hambrick/Mason 1984
Grundannahme	Unternehmen können über ihren Erfolg bestimmen
Zentrale Aussagen	1. Topmanagereigenschaften beeinflussen Erfolg des Unternehmens 2. Strategische Entscheidungen von Unternehmen spiegeln Werte und Kognition der Topmanager wieder
Rolle des Topmanagements	Entscheidungsprozesse werden durch persönliche Eigenschaften sowie Interaktionen im Topmanagement-Team beeinflusst
Gegensätzliche Theorien	Deterministische Ansätze, z. B. Populationsökologie
Kritik	Widersprüchliche empirische Ergebnisse; schwierige Messung; Glorifizierung von Topmanagern

Im Sinne dieser Arbeit lässt sich festhalten, dass sich die „Upper Echelons"-Theorie und ihre Grundmodelle in der strategischen Managementliteratur etabliert haben. Entsprechend stehen Topmanagereigenschaften mit der Unternehmensleistung in Verbindung. Die „Upper Echelons"-Theorie stellt eine geeignete theoretische Grundlage für die Untersuchung des Topmanagementeinflusses auf die Marktorientierung von Unternehmen dar. Insbesondere der

Filtermechanismus von Informationen zeigt auf, wie Topmanagereigenschaften Entscheidungsprozesse beeinflussen können. Darüber hinaus kann festgestellt werden, dass die generelle Kritik an der Überbewertung des Topmanagereinflusses als weitestgehend unbegründet zurückgewiesen werden kann. Vielmehr sensibilisiert die Diskussion für die Notwendigkeit spezieller Messinstrumente, damit der Einfluss von Topmanagern besser sichtbar wird. Einen weiteren Anknüpfungspunkt bietet die Verwendung psychologischer Skalen zur Messung von Topmanagereigenschaften.

3.3 Der Einfluss von Topmanagern auf die Marktorientierung von Unternehmen

Zu Beginn dieser Arbeit wurde postuliert, dass die Einführung von Innovationen die korrekte Interpretation von Marktinformationen erfordert. Um zu klären, welche Rolle Topmanager für die Sicherstellung korrekter Markteinschätzungen spielen, werden in Abschnitt 3.3.1 Studien aus dem Bereich der Marktorientierung vorgestellt, die sich mit der Interpretation von Marktinformationen auf Topmanagerebene beschäftigen. In Abschnitt 3.3.2 wird aufgezeigt, wie die Interpretation von Informationen in Messungen der Marktorientierung auf der Unternehmensebene berücksichtigt wird.

Darüber hinaus wird in Abschnitt 3.3.3 das Konzept des Sensemaking aus der Managementliteratur vorgestellt, das ebenfalls die Interpretation von Informationen durch Topmanager zum Gegenstand hat. Die Sensemakingliteratur verdeutlicht, dass die Interpretation von Marktsituationen durch deren Kategorisierung als Marktgefahren und Marktchancen geschieht. Erkenntnisse zu Marktgefahren und Marktchancen in den entsprechenden Literaturströmen werden in Abschnitt 3.3.4 separat aufgezeigt. In Abschnitt 3.3.5 erfolgt eine Zusammenfassung der vorgestellten Erkenntnisse aus der Marketing- und Managementliteratur.

3.3.1 Topmanager und die Interpretation von Marktinformationen

Im Rahmen der Marktorientierung gilt es als eine Kernkompetenz von Topmanagern, Marktinformationen wie Veränderungen der Unternehmensumwelt zu interpretieren (White/ Varadarajan/Dacin 2003). Auf dieser Basis müssen strategische Aktionen abgeleitet werden, die Kundensegmente, Wettbewerber und Produktangebote betreffen. Die Interpretation kann dabei definiert werden als die Umwandlung von Informationen in Wissen und Verständnis (White/Varadarajan/Dacin 2003).

Empirische Untersuchungen der Informationsinterpretation von Topmanagern in der Marketingliteratur erfolgen in den Arbeiten von Day und Nedungadi (1994) und White, Varadarajan und Dacin (2003). *Day und Nedungadi (1994)* argumentieren, dass die Interpretation von Marktsituationen von sogenannten mentalen Modellen der Topmanager beeinflusst wird. Sie nutzen dabei die Definition von Alba und Hasher (1983, S. 203), nach der ein mentales Modell „a knowledge framework that selects and actively modifies experience in order to arrive at a coherent, unified, expectation-confirming and knowledge-consistent representation of experience" ist. Die Vereinfachung von Marktsituationen durch mentale Modelle ist notwendig, da Marktsituationen sehr komplex sind, nicht objektiv wahrgenommen werden können und dadurch den Topmanager potenziell überfordern. Diese Argumentation weist dabei starke Parallelen zur „Upper Echelons"-Theorie auf.

Day und Nedungadi (1994) untersuchen weiterhin die Auswirkungen *verschiedener Einflussfaktoren* auf die Art mentaler Modelle. Anhand der zwei Dimensionen „Fokus auf Kundeneinschätzungen" und „Fokus auf Wettbewerbsvergleich" unterscheiden sie die vier mentalen Modelle „selbstzentriert", „kundenorientiert", „wettbewerberorientiert" und „marktorientiert". Auf Grundlage einer Befragung von 190 Topmanagern bestimmen die Autoren Einflussfaktoren und Konsequenzen der mentalen Modelle. Als Einflussfaktoren werden die Wettbewerbsumgebung und die Strategie des Unternehmens berücksichtigt. Eine Kostenstrategie führt zum Beispiel zur Bildung eines wettbewerbsorientierten mentalen Modells, während eine Differenzierungsstrategie ein kundenorientiertes mentales Modell zur Folge hat. Das kundenorientierte und das marktorientierte mentale Modell haben einen positiven Einfluss auf kundenbezogene Erfolgsgrößen (z. B. Kundenzufriedenheit oder Kundenloyalität). Für das selbstzentrierte und das wettbewerbsorientierte Modell wird ein negativer Einfluss auf kundenbezogene Erfolgsgrößen festgestellt. Persönliche Eigenschaften der Topmanager werden in der Untersuchung nicht berücksichtigt.

Die Arbeit von *White, Varadarajan und Dacin (2003)* baut auf der Erkenntnis auf, dass die Verbesserung marktbezogener Entscheidungen ein Verständnis der Informationsinterpretationen durch Manager voraussetzt. Dementsprechend werden in einem Fallstudien-Szenario Einflussfaktoren und Konsequenzen auf die Interpretation von Marktsituationen auf Topmanagerebene untersucht. Zentrale Annahme ist dabei, dass sich die Interpretation von Marktinformationen von Manager zu Manager unterscheidet. Die Interpretation einer Marktsituation wird in die zwei aufeinander folgenden Schritte *empfundene Kontrolle* und *Auswertung* aufgeteilt. Der Aspekt empfundene Kontrolle beschreibt, ob Topmanager eine Marktsituation als kontrollierbar einschätzen. Im Rahmen der Auswertung kann eine Marktsituation entweder als Gefahr oder als Chance eingestuft werden.

Insgesamt wirken sich *drei Einflussfaktoren auf die Interpretation* einer Marktsituation aus:
- der kognitive Stil der Topmanager,
- die Informationsnutzung der Topmanager sowie
- die wahrgenommene Kultur des Unternehmens.

Die Ergebnisse zeigen, dass extrovertierte und intuitive kognitive Stile der Manager, die Nutzung von Informationen und eine als flexibel oder persönlich wahrgenommene Kultur des Unternehmens einen positiven Einfluss auf die empfundene Kontrolle über Marktsituationen haben. Weiterhin werden Marktsituationen bei einer hohen empfundenen Kontrolle eher als Chance gesehen. Die Identifikation von Chancen führt wiederum zu einer höheren Veränderung des aktuellen Marketingbudgets (White/Varadarajan/Dacin 2003).

Andere Arbeiten betrachten die Interpretation von Informationen durch Topmanager als Nebenaspekt. Manager in derselben Industrie mit vergleichbaren Erfahrungen neigen beispielsweise dazu, Marktsituationen ähnlich zu interpretieren (Nath/Mahajan 2011). Marinova (2004) argumentiert, dass die Interpretation von Marktsituationen vom Wissen der Topmanager über den Markt sowie von der Marktentwicklung in der Vergangenheit abhängt. Tianjiao (2008) findet einen Zusammenhang zwischen der Aufmerksamkeit von Topmanagern auf Umweltentwicklungen und der Qualität ihrer Entscheidungen.

Insgesamt ist festzuhalten, dass nur wenige Arbeiten die Interpretation von Informationen durch Topmanager in separaten Studien berücksichtigen. Dabei werden entweder die Auswirkungen persönlicher Topmanagereigenschaften auf die Informationsinterpretation untersucht (White/Varadarajan/Dacin 2003) oder der Einfluss allgemeiner mentaler Modelle auf den Unternehmenserfolg erfasst (Day/Nedungadi 1994). Keine Studie kombiniert diese beiden Sichtweisen oder analysiert, wie die Innovativität des Unternehmens beeinflusst wird. Bei der Studie von White, Varadarajan und Dacin (2003) handelt es sich lediglich um eine Szenariotechnik und nicht um eine großzahlige empirische Studie. Neben diesen Studien lassen sich nur vereinzelte konzeptionelle Argumente über die Interpretation durch Topmanager in der Marketingliteratur finden.

3.3.2 Die Rolle der Interpretation von Marktinformationen auf Unternehmensebene

Das *Kernelement der Marktorientierung* auf Unternehmensebene bildet die Sammlung von Marktinformationen, insbesondere über Wettbewerberaktionen und Kundenbedürfnisse (Day 1994). Kohli und Jaworski (1990) betonen, dass die reine Sammlung von Informationen für eine Marktorientierung nicht ausreicht. Vielmehr müssen marktgerichtete Antworten formuliert und umgesetzt werden. Entsprechend unterscheiden sie die Generierung, Verbreitung und Reaktionsfähigkeit als zentrale Schritte der Marktorientierung (Kohli/Jaworski 1990).

Die häufig verwendete Konzeptionalisierung der Marktorientierung nach Jaworski und Kohli (1993) *berücksichtigt jedoch nicht explizit die Interpretation* von Informationen. In einem Kommentar zur Marktorientierungsforschung vergleichen Jaworski und Kohli (1996) die von ihnen entwickelte Messung mit den Ausführungen Sinkulas (1994) zum Konzept des organisationalen Lernens. Sie stellen fest, dass beide Konzepte die Schritte Generierung, Verbreitung und Interpretation konzeptionell enthalten. Sie erkennen allerdings an, dass ihrem Konzept implizit ein anderes Verständnis unterliegt. Die Informationsinterpretation wird demnach vor Weitergabe der Informationen durch die Personen vorgenommen, die diese Informationen generieren. Sie berücksichtigen damit nicht, dass die Interpretation auch vorgenommen werden kann, nachdem die Information weitergegeben wurde (Jaworski/Kohli 1996). Lamberti und Noci (2009) bezweifeln, dass die Informationsinterpretation dezentral geleistet werden kann. Ihren Ausführungen zufolge gäbe es keine Berechtigung für Marketingexperten in oberen Managementpositionen, wenn alle Geschäftseinheiten Marktinformationen eigenständig interpretieren könnten. Insgesamt ist die Konzeptionalisierung von Kohli und Jaworski (1990) dahingehend zu kritisieren, dass sie die Interpretation von Informationen nicht als separaten Schritt enthält.

Mehrere Studien heben die Informationsinterpretation als *gesonderten Schritt der Marktorientierung* hervor. So sehen zum Beispiel Zhou, Yim und Tse (2005) die Interpretation von Informationen als Voraussetzung für die Formulierung von Unternehmensaktionen an. Sinkula (1994) kritisiert, dass im Marketing verwendete Begriffe, wie die *Nutzung* von Informationen, zu ungenau sind, um unterliegende Prozesse der Informationsverarbeitung nachzuvollziehen. In Anlehnung an die Theorie des organisationalen Lernens führt er daher die grundlegenden Schritte der Informationsakquise, Distribution, *Interpretation* und organisationales Erinnern an (Sinkula 1994). Auch für Day (1994) und Hult, Ketchen und Slater (2005) sind die Generierung, Verbreitung und *Interpretation* von Marktinformationen die drei wesentlichen Schritte der Marktorientierung.

In ihrer *alternativen Messung* der Marktorientierung berücksichtigen Slater und Narver (1995) das Konzept der Informationsinterpretation mit dem Verweis auf die Ausführungen von Sinkula (1994) und Day (1994). Als dritte Dimension der Marktorientierung führen sie das Konzept der „shared interpretation" ein. Nach ihrer Auffassung ist ein organisationsweiter Konsens über die Bedeutung von Informationen und deren Implikationen notwendig (Slater/Narver 1995). Damit die Interpretation von Informationen unternehmensweit einheitlich ist, schlagen Slater und Narver verschiedene Möglichkeiten vor, wie die Informationsinterpretation gemeinschaftlich erfolgen kann. Dementsprechend sollen Unternehmen Foren für den Austausch und die Diskussion marktbezogener Informationen schaffen (Slater/Narver 1995). Dies kann vor allem durch strukturelle Änderungen geschehen, wie der Einrichtung spezieller Mitarbeiterstellen, Matrix-Strukturen oder Task-Forces. Im Weiteren können Informationstechnologien genutzt werden, um Informationen über Wettbewerber oder technologische Entwicklungen unternehmensweit zur Verfügung zu stellen (Slater/Narver 1995). Die Ausführungen zeigen, dass die Interpretation von Informationen als gemeinschaftlicher Prozess angesehen wird.

Bezüglich der Berücksichtigung von Topmanagern in der Marktorientierungsliteratur *lässt sich festhalten*, dass der Einfluss von Topmanagern auf die Interpretation von Informationen auf Unternehmensebene durch bestehende Messmethoden der Marktorientierung nicht geleistet werden kann. Während die Konzeptionalisierung durch Kohli und Jaworski (1990) die Interpretation von Informationen nicht als eigenständigen Schritt enthält, betrachten Narver und Slater (1990) diese als organisationalen Prozess.

3.3.3 Das Konzept des Sensemaking

Sowohl die Arbeiten von Day und Nedungadi (1994) als auch von White, Varadarajan und Dacin (2003) verweisen auf das Konzept des Sensemaking, das aus der Managementliteratur stammt. Das Konzept des Sensemaking geht auf die Arbeiten von Weick (1979, 1995) und Daft und Weick (1984) zurück. Der Prozess des Sensemaking überführt komplexe Situationen, die durch eine unsichere Informationslage geprägt sind, in ein rational erfassbares Konzept (Maitlis 2005; Weick/Sutcliffe/Obstfeld 2005). Sensemaking umfasst somit die Wahrnehmungsprozesse Umweltanalyse, Interpretation und Antwortformulierung (Thomas/Clark/Gioia 1993). Der Interpretation von Informationen wird dabei ein eigenständiger Einfluss auf den Unternehmenserfolg zugeschrieben (Thomas/Clark/Gioia 1993).

In der *Managementforschung* lassen sich die beiden Schwerpunkte „Einfluss von Individuen auf das Sensemaking" und „Sensemaking als übergeordneter Prozess" identifizieren (Maitlis 2005). Bezüglich des Einflusses von Individuen werden vor allem Topmanager betrachtet, da Sensemaking für diese eine Schlüsselaufgabe darstellt (Maitlis 2005). Aber auch der Einfluss von Mittelmanagern auf Topmanager wird im Rahmen des sogenannten Sensegiving untersucht (z. B. Gioia/Chittipeddi 1991). Auf einer übergeordneten Ebene kann Sensemaking als sozialer Prozess angesehen werden, der aus Interaktionen verschiedener Parteien besteht (Maitlis 2005).

Entsprechend wird die Interpretation von Informationen sowohl auf individueller Ebene als auch auf organisationaler Ebene beleuchtet. Auf einer *individuellen Ebene* geschieht die Interpretation von Informationen durch die Zuweisung sinnvoller Kategorien (Smart/Vertinsky 1984). Auf *organisationaler Ebene* können Organisationen als Interpretationssysteme betrachtet werden (Daft/Weick 1984). Dabei haben verschiedene Abteilungen und Personen Einfluss auf den Sensemaking-Prozess. Insgesamt fällt auf, dass Sensemaking auf individueller Ebene starke Ähnlichkeiten zur „Upper Echelons"-Theorie aufweist, während auf organisationaler Ebene eine inhaltliche Nähe zum Konzept der Marktorientierung besteht.

Eine besondere Rolle für die Interpretation von Informationen spielen *mentale Modelle der Topmanager*, deren Betrachtung beispielsweise durch Day und Nedungadi (1994) auch im Marketingkontext erfolgt. Bogner und Barr (2000) spezifizieren, dass mentale Modelle abstrakte Repräsentationen von Ereignissen oder Dingen sind, die sich über die Zeit durch Erfahrungen und Lerneffekte entwickeln. Mentale Modelle werden genutzt, um zukünftige Situationen zu interpretieren. Sie beeinflussen die selektive Wahrnehmung von Informationen, deren Interpretation und die Ableitung von Maßnahmen. Mentale Modelle sind Konzepte auf dem individuellen Level; ihre Entstehung wird jedoch entscheidend durch die Interaktionen mit anderen Individuen beeinflusst (Bogner/Barr 2000).

Thomas, Clark und Gioia (1993) stellen fest, dass die *Bedeutung von Topmanagern* aufgrund von Veränderungen in der Unternehmensumwelt zugenommen hat. In Anbetracht einer komplexen und dynamischen Umwelt besteht die Hauptaufgabe von Topmanagern darin, Interpretationen bei unsicherer Informationslage vorzunehmen. Diese Funktion wird auch als das Markenzeichen moderner Topmanager beschrieben (Thomas/Clark/Gioia 1993). Aufgrund der inhaltlichen Nähe zu dieser Arbeit, sollen die Ergebnisse von Thomas, Clark und Gioia (1993) an dieser Stelle im Detail vorgestellt werden.

Die Zielsetzung ihrer Arbeit ist es, *Auswirkungen des Sensemaking-Prozesses* auf den Unternehmenserfolg zu ermitteln. Bezüglich der Interpretation strategischer Entscheidungen verweisen Thomas, Clark und Gioia auf die Bedeutung einer Kategorisierung von Marktsituationen. Diese Kategorisierung wird üblicherweise von Entscheidungsträgern angewandt, um die Komplexität von Entscheidungssituationen zu reduzieren. Am häufigsten erfolgt diese durch die Zuweisung der Begriffe Gefahr oder Chance (siehe Abschnitt 3.3.4). Die Zuordnung beeinflusst dabei das weitere Verhalten von Topmanagern.

Basierend auf den konzeptionellen Betrachtungen führen Thomas, Clark und Gioia (1993) ein Fallstudienszenario mit 210 Krankenhausmanagern durch. Dabei werden die Auswirkungen des Sensemaking-Prozesses auf das Betriebsergebnis untersucht (siehe Abbildung 3-3). Bezüglich der Interpretation von Informationen unterscheiden die Autoren die Dimensionen Kontrolle der Situation und positive Auswirkungen, was dem Vorgehen von White, Varadarajan und Dacin (2003) ähnelt. Die Identifikation von Marktchancen (engl.: positive-gain) hat dabei einen negativen Einfluss auf den Profit des Unternehmens. Dies kann beispielsweise dadurch erklärt werden, dass Entscheidungen bei wahrgenommenen Marktchancen nicht gründlich genug hinterfragt werden. Weiterhin wird vermutet, dass Krankenhausmanager sehr sensibel auf Gefahren reagieren und Marktchancen daher lediglich eine untergeordnete Rolle spielen. Die wahrgenommene Kontrolle von Marktsituationen führt zu Wechseln im Angebot von Sachgütern und Dienstleistungen und hat darüber hinaus einen positiven Effekt auf die Auslastung der Krankenhäuser.

98 | Grundlagen der Topmanagerperspektive

Abbildung 3-3: Der Einfluss von Sensemaking auf den Unternehmenserfolg (Thomas/Clark/Gioia 1993, S. 256)

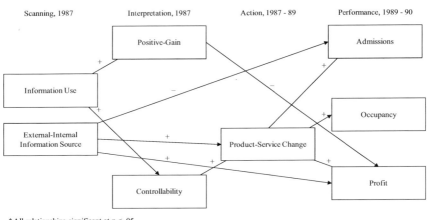

* All relationships significant at p < .05.

Insgesamt weist das Konzept des Sensemaking zahlreiche Überschneidungen mit der „Upper Echelons"-Theorie und dem Prozess der Marktorientierung auf. Das Konzept der mentalen Modelle belegt die fundamentale Bedeutung von Topmanagereigenschaften auf deren Entscheidungsverhalten. Die Interpretation von Topmanagern erfolgt insbesondere durch die Kategorisierung von Marktinformationen als Gefahr oder Chance. Die Studie von Thomas, Clark und Gioia (1993) zeigt, dass die Identifikation von Chancen einen positiven Einfluss auf den Unternehmenserfolg hat. Die Identifikation von Marktgefahren und Marktchancen kann zusammenfassend als eine Hauptaufgabe von Topmanagern angesehen werden. Aufgrund der Bedeutung der Begriffe Gefahr und Chance, werden diese ausführlich im nächsten Abschnitt behandelt.

3.3.4 Die Rolle von Marktgefahren und Marktchancen

Die Identifikation von Marktgefahren und Marktchancen spielt eine zentrale Rolle in der Marktorientierung von Unternehmen. Aufgrund des gestiegenen Wettbewerbs müssen Unternehmen kontinuierlich auf Gefahren und Chancen reagieren, die sich aus Veränderungen in der Unternehmensumwelt ergeben (White/Varadarajan/Dacin 2003). Die Marktorientierung von Unternehmen ermöglicht es dabei, schnell und effizient auf Gefahren zu reagieren (Hurley/Hult 1998; Slater/Narver 1995). Im Folgenden werden Auszüge verschiedener Artikel aus der Marketing- und Managementliteratur aufgezeigt, die Marktgefahren und Marktchancen konzeptionell berücksichtigen.

In der Marketingliteratur beschäftigen sich White, Varadarajan und Dacin (2003) mit der Fragestellung, unter welchen Bedingungen eine Marktsituation als Gefahr oder Chance eingeschätzt wird. Sie definieren eine Marktchance als das Ausmaß, in dem ein Manager eine Marktsituation als eine Situation wahrnimmt, in der das Unternehmen Umsätze und Gewinne steigern kann (White/Varadarajan/Dacin 2003). Im Gegensatz dazu geht eine Marktgefahr mit einer erwarteten Verschlechterung der Umsätze und Gewinne einher. Die Kategorisierung von Marktsituationen in Gefahren und Chancen ist ein üblicher Prozess von Topmanagern, um die mit einer Entscheidungssituation verbundene Komplexität und Unsicherheit zu reduzieren (Dutton/Jackson 1987). Eine Situation kann dabei gleichzeitig als Gefahr oder Chance wahrgenommen werden.

Die *Kategorisierung als Chance* löst positive Emotionen aus (White/Varadarajan/Dacin 2003). Diese resultieren in einem größeren Selbstvertrauen der Topmanager und der Formulierung intensiverer strategischer Aktionen. Weiterhin sind Chancen besser innerhalb von Unternehmen zu kommunizieren, was die Sicherung von Ressourcen und die Umsetzung von Veränderungen erleichtert. Bei der *Identifikation von Marktgefahren* vermuten White, Varadarajan und Dacin (2003) unterschiedliche Reaktionen der Topmanager. Zum einen argumentieren sie, dass Manager bei Gefahren besonders empfindlich reagieren. Entsprechend werden intensive Maßnahmen eingeleitet, um negative Konsequenzen für das Unternehmen zu verhindern. Zum anderen können potenzielle Gefahren Manager in Stresssituationen versetzen. Als Folge werden Manager vorsichtig agieren und keine Risiken eingehen. Zudem besteht die Gefahr, dass Topmanager aus Imagegründen unpopuläre Entscheidungen, wie Kostenreduktionen, scheuen.

Atuahene-Gima (2005) untersucht die Zusammenhänge zwischen den Konstrukten Kunden- und Wettbewerbsorientierung auf die Exploitation beziehungsweise Exploration von Kompetenzen. Während unter Exploitation die Erweiterung beziehungsweise Aktualisierung bestehend Wissens verstanden wird, umfasst Exploration den Aufbau vollständig neuer Kompetenzen. Dabei wird das Konstrukt *identifizierte Marktchancen* als Moderator in der empirischen Untersuchung berücksichtigt. Ähnlich wie White, Varadarajan und Dacin (2003) argumentiert Atuahene-Gima (2005), dass Unternehmen mehr Ressourcen investieren, wenn sie eine Marktsituation als Chance wahrnehmen. Der Autor verweist ebenfalls auf die Identifikation von Marktgefahren und Marktchancen als übliche mentale Schemata von Topmanagern bei der Interpretation von Marktsituationen. Im Gegensatz zu White, Varadarajan und Dacin (2003) unterscheidet er jedoch nicht in wahrgenommener Kontrolle und Einschätzung, sondern fasst diese Dimensionen zu einem Konstrukt zusammen.

In anderen Artikeln lassen sich vereinzelte Aussagen über Marktgefahren und Marktchancen finden. Gebhardt, Carpenter und Sherry (2006) verweisen darauf, dass Marktgefahren verschiedene Formen annehmen können, aber üblicherweise nur von einem kleinen Kreis von Personen im Unternehmen wahrgenommen werden. Nach Slater und Narver (1995) kann eine hohe Marktorientierung dazu führen, dass die Gefahr neuer Wettbewerber übersehen wird. Dies betrifft insbesondere Wettbewerber, die aus anderen Branchen stammen. Aus einer theoretischen Perspektive argumentiert Paladino (2008), dass Unternehmen eine Ressourcenbasis aufbauen müssen, die durch Wettbewerber nur schwer zu kopieren ist. Dies ist eine wichtige Voraussetzung, um Gefahren abzuwehren und Chancen zu nutzen.

Manager, die in derselben Industrie tätig sind, tendieren dazu, regelmäßig auftretende Gefahren und Chancen mit denselben Routinen zu beantworten (Atuahene-Gima/Murray 2007). Hunt und Lambe (2000) verweisen darauf, dass die bedeutende Rolle von Marktgefahren und Marktchancen durch Andrews (1971) in der Entwicklung des sogenannten SWOT-Frameworks gewürdigt wurde. Schon in diesem Rahmen wird die besondere Bedeutung von Topmanagern erkennbar, deren Aufgabe die Ableitung von Maßnahmen durch die Beurteilung von SWOT-Matrixen ist.

Auch in der *Managementliteratur* findet die Identifikation von Marktmöglichkeiten und Gefahren Erwähnung, vor allem in Verbindung mit dem Konzept des Sensemaking. Die Identifikation von Marktgefahren und Marktchancen ermöglicht es Topmanagern, ihre Interpretationen von Marktsituationen in Unternehmen zu verbreiten (Sharma 2000). Ähnlich wie die aufgeführten Artikel aus der Marketingliteratur, beschäftigt sich die Managementforschung weitestgehend mit der Fragestellung, unter welchen Umständen Marktsituationen als Gefahr oder Chance eingeschätzt werden und welche Konsequenzen daraus für Unternehmen resultieren (z. B. Nadkarni/Herrmann 2010; Thomas/Clark/Gioia 1993).

Nadkarni und Herrmann (2010) sehen einen Einfluss psychologischer Topmanagereigenschaften auf die Interpretation von Marktsituationen. Als psychologische Eigenschaften berücksichtigen sie die Risikobereitschaft von Topmanagern und deren Kontrollbedürfnis. Birkinshaw, Hamel und Mol (2008) verweisen auf die besondere Rolle von Personen außerhalb des Unternehmens. Diese sind in der Lage Marktgefahren und Marktchancen zu identifizieren, die das Topmanagement bisher übersehen hat. Fahy und Smithee (1999) verweisen darauf, dass südeuropäische Manager eher dazu tendieren, eine Marktsituation als Krise oder Gefahr zu identifizieren.

March und Shapira (1987) sowie MacCrimmon und Wehrung (1990) führen aus, dass die Bewertung von Marktsituationen eng mit der Risikobereitschaft von Topmanagern verknüpft ist. Simsek, Heavey und Veiga (2010) sowie Hambrick, Finkelstein und Mooney (2005) betrachten den Einfluss hoher Arbeitsanforderungen an Topmanager. Ihrer Ansicht nach müssen

Topmanager, die unter hohem Druck stehen, bei der Bewertung von Marktsituationen notwendigerweise auf ihre Erfahrung und Intuition zurückgreifen.

Insgesamt zeigen diese Ausführungen, dass die Zuweisung der Begriffe Marktgefahr und Marktchance ein fundamentaler Schritt im Interpretationsprozess von Topmanagern ist. Dies lässt sich insbesondere durch die klare inhaltliche Belegung der Begriffe erklären. Während Marktgefahren mit negativen Konsequenzen verbunden sind, werden Marktchancen als positiv wahrgenommen und führen zu positiven Emotionen. Entsprechend senden diese Begriffe wichtige Signale an Topmanager und an das ganze Unternehmen. Diese Signale beeinflussen nicht nur Kognitionen und Verhalten der Topmanager, sondern ermöglichen ihnen auch die Kommunikation ihrer Interpretationen in das Unternehmen.

3.3.5 Beitrag für diese Arbeit

Durch die Betrachtung der Rolle von Topmanagern für die Marktorientierung lag der Fokus in den vorausgegangenen Abschnitten auf der Schnittstelle der Marktorientierungs- und Managementforschung. Dabei fanden Arbeiten aus beiden Forschungsströmen Berücksichtigung. Der Einfluss von Topmanagern auf die Marktorientierung lässt sich insbesondere durch die Interpretation von Marktsituationen ableiten. In separaten Abschnitten wurden die Grundlagen und wichtige empirische Arbeiten zu diesem Prozess dargelegt. Demnach wird die Interpretation von Marktinformationen durch Topmanager

- auf verschiedenen Untersuchungsebenen betrachtet,
- in bestehenden Messungen der Marktorientierung nicht berücksichtigt und
- durch die Identifikation von Marktgefahren und Marktchancen vorgenommen.

Die bisherige Erforschung der Interpretation von Informationen erfolgt auf verschiedenen *Untersuchungsebenen*. Viele Studien konzentrieren sich darauf, wann *einzelne Marktsituationen* als Gefahr oder Chance eingeschätzt werden. Andere Arbeiten widmen sich einer *Topmanagerebene* und untersuchen Entstehung und Konsequenzen mentaler Modelle von Topmanagern oder betrachten den Einfluss von Topmanagereigenschaften auf deren persönliches Entscheidungsverhalten. Im Sinne der Marktorientierung fehlt eine Studie, die Auswirkungen persönlicher Topmanagereigenschaften für das Interpretationsverhalten des Unternehmens und daraus resultierenden Folgen auf *Unternehmensebene* untersucht.

Bestehende Messungen der Marktorientierung vernachlässigen entweder den notwendigen Schritt der Interpretation oder betrachten diesen als gesamtorganisatorische Aufgabe. Daraus folgt, dass für die empirische Untersuchung der Marktorientierung auf Unternehmensebene die Einführung eines neuen Konstrukts notwendig ist.

Bezüglich des Interpretationsprozesses wurde aufgezeigt, dass dieser vereinfachend als die Identifikation von *Marktgefahren und Marktchancen* aufgefasst werden kann. Die beschriebenen Aspekte werden durch die Einführung des Konstrukts der übersehenen Marktgefahren in der empirischen Untersuchung dieser Arbeit gewürdigt (Abschnitt 5.4.2). Dieses erfasst die Interpretation von Marktgefahren auf Unternehmensebene.

3.4 Topmanagerselbstkonzepte

Sowohl die „Upper Echelons"-Theorie (Abschnitt 3.2) als auch das Konzept des Sensemaking (Abschnitt 3.3) bauen auf der Erkenntnis auf, dass Topmanagereigenschaften einen Einfluss auf deren Entscheidungsfindung haben. In der Managementliteratur wird hierbei eine Vielzahl verschiedener Eigenschaften erwähnt, die von besonderer Relevanz für die Untersuchung von Topmanagern sind. Trotz der Herausforderung bei ihrer Erfassung, liefern vor allem psychologische Konstrukte einen guten Erklärungsbeitrag (Finkelstein/Hambrick/Cannella 2009).

Da klassische Persönlichkeitsmerkmale schwer von außen zu beobachten und nur bedingt zu verändern sind, haben diese nur eine geringe praktische Relevanz. In der Topmanagementliteratur hat sich daher eine andere Gruppe von Topmanagereigenschaften etabliert, die Persönlichkeitsmerkmale sowie das Verhalten von Topmanagern kombinieren. Diese werden im Rahmen der vorliegenden Arbeit mit dem Sammelbegriff Selbstkonzepte umschrieben und in Abschnitt 3.4.1 näher betrachtet.

In Abschnitt 3.4.2 bis 3.4.4 werden die weitverbreitesten Selbstkonzepte in der strategischen Führungsforschung Hybris, Überschätzung und Narzissmus vorgestellt. Dabei liegt der Schwerpunkt auf deren Definition und Messung. Abschnitt 3.4.5 fasst den Beitrag der Abschnitte zusammen.

3.4.1 Definition Selbstkonzept

Das Selbstkonzept ist ein komplexes Konstrukt und beschreibt die psychologische Realität von Individuen (Bollaert/Petit 2010). Es kann definiert werden als „an individual's perception of self, formed through experience with the environment, interactions with significant others, and attributions of his/her own behavior" (Marsh et al. 1984, S. 941). In der *Psychologie* wird betont, dass jeder Mensch sein Selbstkonzept im Laufe der Sozialisation ausbildet (Marsh et al. 1984). Der zentrale Gegenstand des Selbstkonzepts ist die Wahrnehmung persönlicher Fähigkeiten und Potenziale sowie die Verortung der eigenen Rolle in der Umwelt. Somit hat es eine besondere Bedeutung im beruflichen Kontext (Bollaert/Petit 2010). In der psychologischen Literatur wird das Selbstkonzept als mehrdimensionales Konstrukt angesehen (hierzu ausführlich Judge/Erez/Bono 1998; Marsh et al. 1984), das direkt gemessen wird.

Im Gegensatz zu diesem Verständnis wird der Begriff Selbstkonzept in der *Topmanagementliteratur* eher als Sammelbegriff verwendet, der auf eine Reihe relevanter, psychologischer Eigenschaften von Topmanagern verweist (Bollaert/Petit 2010). Als solche werden insbesondere die Konzepte Hybris, Überschätzung und Narzissmus gezählt[1] (Bollaert/Petit 2010; Hiller/Hambrick 2005; Finkelstein/Hambrick/Cannella 2009). Die drei Konzepte haben dabei gemeinsam, dass sie eine Kombination der Persönlichkeit sowie des Verhaltens von Personen unter verschiedenen Umwelteinflüssen darstellen (Finkelstein/Hambrick/Cannella 2009). Diese Kombination ermöglicht es, Entscheidungen und Aktionen dieser Personen nachzuvollziehen (Bollaert/Petit 2010).

Die genannten Selbstkonzepte sind dabei sehr *heterogen*. Während Narzissmus eng mit der Persönlichkeit von Topmanagern verbunden ist, werden Hybris und Überschätzung als „psychological states brought on by a combination of personality and contextual stimuli" (Finkelstein/Hambrick/Cannella 2009, S. 77) beschrieben (ausführlich in Abschnitt 3.4.2-3.4.4). Darüber hinaus merken Hiller und Hambrick (2005) in Bezugnahme auf Malmendier und Tate (2005) an, dass die Konstrukte Hybris und Überschätzung nur nachträglich zu ermitteln sind, da zu deren Bestimmung negative Konsequenzen eintreten müssen. Durch die allgemeine Definition des Selbstkonzepts von Personen ist es dabei möglich, die heterogenen Konzepte Hybris, Überschätzung und Narzissmus unter dem Sammelbegriff Selbstkonzept zu vereinen (Bollaert/Petit 2010).

Die *Proliferation* verschiedener Begriffe zur Beschreibung desselben Phänomens in der strategischen Führungsforschung ist dabei als problematisch anzusehen. Um auf die Konstrukte Hybris, Überschätzung und Narzissmus zu verweisen, sprechen Finkelstein, Hambrick und Cannella (2009) von „positive self-regards", während Hiller und Hambrick (2005) innerhalb eines Artikels sowohl den Begriff „self-potency" als auch „self-assessment" verwenden. Darüber hinaus benutzen Malmendier, Tate und Yan (2011) den Begriff „managerial traits". Li und Tang (2010) verweisen allgemein auf „top management psychological characteristics". Da die Phänomene Hybris, Überschätzung und Narzissmus negativ belegt sind, werden sie auch unter dem Begriff „the dark side of executive psychology" zusammengefasst (Bollaert/Petit 2010; Resick et al. 2009). Anstatt als Untersuchungsobjekt, nutzen diverse Arbeiten Hybris als Sammelbegriff für die angesprochenen Konzepte (Bollaert/Petit 2010). Ins-

---

[1] Finkelstein, Hambrick und Cannella (2009) führen des Weiteren das Konzept der zentralen Selbstbewertungen auf, welches in dieser Arbeit aufgrund der inhaltlichen Übereinstimmungen als Messung des Konzeptes Hybris verstanden wird.

gesamt lässt sich feststellen, dass bei der Erfassung von Topmanagereigenschaften in der Managementliteratur eine Reihe von sehr ähnlichen Begriffen ohne klare Definition oder Abgrenzung voneinander genutzt werden, was zu einem „array of disconnected concepts" (Hiller/Hambrick 2005, S. 298) geführt hat.

Die Verwendung des Begriffs Selbstkonzept hat *mehrere Vorteile*. Er ist beispielsweise exakter als der allgemeine Begriff der „psychological characteristics", da er die Selbstbezogenheit der Topmanager als gemeinsamen Nenner identifiziert. Aufgrund eines gleichzeitig integrativen Charakters ist er auch besser als Sammelbegriff geeignet, als die rein negativen Bezeichnungen, wie „dark side of executive psychology" oder Hybris. In Anbetracht der häufigen Verwendung negativer Begriffe bemängeln Bollaert und Petit (2010), dass die bisherige strategische Führungsforschung zu sehr auf negative Aspekte limitiert ist. Im Gegensatz dazu ist der Begriff des Selbstkonzepts um positive Facetten, zum Beispiel Führungsauthentizität, erweiterbar (Bollaert/Petit 2010).

Insgesamt kann festgehalten werden, dass der Begriff Selbstkonzept in der psychologischen Literatur unterschiedlich gemessen wird und in der Topmanagementliteratur eine inkonsistente Verwendung vorherrscht. Trotzdem ist der Begriff des Selbstkonzepts hinlänglich intuitiv und vor allem breit genug gefächert (Bollaert/Petit 2010), um einen Sammelbegriff für die Erforschung der topmanagerbezogenen Konstrukte Hybris, Überschätzung und Narzissmus darzustellen. Er soll daher in dieser Arbeit genutzt werden. Um das Verständnis für diesen Begriff weiter zu vertiefen, werden im Folgenden die Konzepte Hybris, Überschätzung und Narzissmus im Detail vorgestellt.

3.4.2 Hybris

Herkunft. Hybris hat seine Ursprünge in der griechischen Mythologie (Chatterjee/Hambrick 2007). Dort gibt es eine klare Trennung zwischen sterblichen und unsterblichen Charakteren (Hansen 2004). Letztere werden auch Götter genannt. Von Hybris spricht man, wenn Sterbliche sich wie Götter aufführen und als Konsequenz von den Göttern bestraft werden. Dies endet oft mit dem Tod der sterblichen Charaktere.

Phänomen. In der strategischen Führungsforschung wird der Begriff Hybris genutzt, um Topmanager mit einem übersteigerten Selbstvertrauen beziehungsweise extremen Stolz zu beschreiben (Chatterjee/Hambrick 2007). Wie in der griechischen Mythologie geht Hybris dabei oft mit negativen Konsequenzen für den Topmanager und das entsprechende Unternehmen einher (Hayward/Hambrick 1997).

Während Hayward (2007) konzeptionell die Bedeutung von Selbstvertrauen für die Tätigkeiten von Topmanagern hervorhebt, kann Hybris als falsches Selbstvertrauen angesehen werden. Falsches Selbstvertrauen hängt eng mit der Überschätzung von Topmanagern zusammen. Entsprechend erfolgt eine Unterscheidung in positive und negative Überschätzung. *Positive Überschätzung* benötigt ein Topmanager, um Risiken eingehen zu können. Einschätzungen der Topmanager sind mit einem guten Verständnis für die Sachlage verbunden. Mögliche Fehlbewertungen sind einkalkuliert, was vor negativen Konsequenzen schützt. *Negative Überschätzung* basiert auf einer schlechten Faktenlage und ist daher das Resultat einer falschen Einschätzung. Insgesamt sieht Hayward (2007, S. 11) vier zentrale Quellen der negativen Überschätzung und somit von Hybris:

- falscher Stolz,
- die Ablehnung von Hilfe,
- falsche Auffassung der Situation und
- mangelnde Berücksichtigung etwaiger Konsequenzen.

Nach dieser Auffassung ist Hybris kein Konstrukt, dass auf einem Kontinuum bewertet werden kann (Hayward 2007). In Übereinstimmung mit der Bedeutung von Hybris in seinem eigentlichen Sinne, beschreibt Hybris vielmehr die negativen Konsequenzen für Topmanager, die sich überschätzt haben: „Hubris arises when false confidence makes us overconfident with damaging consequences" (Hayward 2007, S. 8). Darüber hinaus wird Hybris nicht als eine Persönlichkeitseigenschaft angesehen: „Hubris is not the result of a defective personality; it is the result of bad judgement" (Hayward 2007, S. 11). Wie Malmendier und Tate (2005) stellt Hayward insgesamt einen engen inhaltlichen Zusammenhang zwischen Hybris und Überschätzung fest.

Messung. Trotz der intuitiven Belegung des Begriffs mit einem negativen Verhalten der Topmanager, ist das Konzept der Hybris nur schwer fassbar. Dies spiegelt sich vor allem in Schwierigkeiten bei der Messung wider (Hiller/Hambrick 2005): „The overlap between measures used to capture different concepts is suggestive of the fact that they have proved difficult to operationalize" (Bollaert/Petit 2010, S. 367). Der Begriff Hybris wird daher in vielen Artikeln benutzt, um auf ein Fehlverhalten von Topmanagern zu verweisen, ohne dass dabei konkrete Eigenschaften von Topmanagern aufgeführt werden.

Um die Schwierigkeiten der Messung zu überwinden, schlagen Hiller und Hambrick (2005) eine abgewandelte Skala zur Messung der zentralen Selbstbewertung vor. Diese hat in der empirischen Forschung bisher jedoch kaum Anwendung gefunden (Ausnahme Resick et al. 2009). Darüber hinaus weist der Begriff der Hybris inhaltliche Überschneidungen mit dem Konzept der Überschätzung auf (Finkelstein/Hambrick/Cannella 2009; Malmendier/Tate 2005). Die Überschätzung von Topmanagern ist wesentlich besser empirisch zu erfassen. In vielen Arbeiten wird der Begriff Hybris und Überschätzung daher synonym verwendet (z. B.

Li/Tang 2010; Tang/Li/Yang 2012). Einen Überblick über empirische Arbeiten zu Hybris liefert Tabelle 3-5.

Tabelle 3-5: Empirische Arbeiten zur Hybris von Topmanagern

Studie	Messung	Abhängige Variable (Effekt von Hybris)	Datensatz
Hayward/ Hambrick 1997	Recent acquirer performance (stockholder returns for past 12 months) / media praise for CEO (content analysis of newspaper) / CEO's self-importance (cash compensation divided by the compensation of second-highest-paid officer) (S. 107)	Acquisition premiums (+) / acquiror's performance (-)	106 acquisitions with payments over $100 million between 1989 and 1992
Li/Tang 2010	Difference score: CEO evaluation of firm performance of prior half-year minus ROS of prior half year (S. 51)	Firm risk taking (+)	2.790 CEOs of Chinese manufacturing firms
Tang/Li/ Yang 2012	Difference score: CEO evaluation of firm performance of prior half-year minus ROS of prior half year // Forecast bias: Performance forecast minus actual firm performance (S. 13)	Firm innovation (+) // firm innovation (+)	2.820 CEOs of Chinese manufacturing firms // 3.285 US high-tech firms

Bewertung. Der Begriff Hybris findet vor allem in populärwissenschaftlichen Quellen und in der Praxis Verwendung, um negative Konsequenzen von Topmanagemententscheidungen zu beschreiben (z. B. Hayward 2007). Er bezieht sich daher weniger auf ein Konstrukt, das sich klar in empirischen Studien erfassen lässt. Trotz einiger Versuche, den Begriff in die Wissenschaft zu übertragen und entsprechend zu belegen, hat sich der Begriff kaum durchsetzen können. Darüber hinaus wurde aufgezeigt, dass die Ursachen von Hybris vor allem in der Überschätzung von Topmanagern liegen. Daher erscheint es zweckmäßiger, in Folge den Begriff der Überschätzung näher zu betrachten und den Begriff der Hybris nicht weiter zu verwenden.

3.4.3 Überschätzung

Phänomen. Ein gewisses Maß an Überschätzung liegt in der Natur des Menschen (Hayward 2007). So zeigen zahlreiche Studien, dass Menschen ihre Fähigkeit überschätzen ein Auto zu führen (Svenson 1981). Eine stetige Überschätzung kann dabei zu massiven negativen Konsequenzen führen. Hayward (2007, S. 1) sieht insbesondere das Risiko, dass extremes Selbstbewusstsein in Überschätzung umschlägt, als „may be the most pervasive, robust, and important error of judgment that we make" an.

Überschätzung wird in der wissenschaftlichen Literatur als eine Verzerrung der Wahrnehmung aufgefasst (Li/Tang 2010). Entsprechend wird sie definiert als „overestimation of certainty about being correct or producing a certain outcome" (Finkelstein/Hambrick/Cannella 2009, S. 81). Gegenstand können dabei die eigene Realitität, die Wahrnehmung der Umwelt (Bollaert/Petit 2010), eigene Fähigkeiten oder Erfolgswahrscheinlichkeiten sein (Bollaert/ Petit 2010; Hiller/Hambrick 2005).

In der Psychologie wird das Phänomen in zahlreichen Studien zur Verhandlungsführung und Entscheidungsfindung untersucht (Griffin/Tversky 1992; Kahneman/Lovallo 1993). Dabei liegt der Fokus auf den Umweltbedingungen, die zur Überschätzung führen. Häufig ist sie in komplexen Situationen festzustellen, bei denen die Suche sowie Bewertung von Informationen erschwert ist. Hierbei wird in der Literatur auch vom „difficulty effect" gesprochen (Griffin/Tversky 1992). Der „difficulty effect" beschreibt das Phänomen, dass Personen bei schwieriger Informationslage zu Überschätzung neigen, während eine umfassende Informationslage zur Unterschätzung führt (Griffin/Tversky 1992). Die Erkenntnisse dieser Arbeiten sind limitiert, da sie zumeist unter Laborbedingungen durchgeführt wurden.

Aufgrund ihrer beruflichen Aufgaben sind insbesondere Topmanager dafür anfällig, sich zu überschätzen (Malmendier/Tate/Yan 2011). Eine hohe Selbstüberzeugung sowie ein hohes Selbstbewusstsein sind für Topmanager notwendig, um die Herausforderungen ihres Berufs zu bewältigen (Hayward 2007; Hiller/Hambrick 2005). Diese umfassen einen hohen Leistungsdruck, hohe Verantwortung und die Durchsetzung riskanter und unpopulärer Entscheidungen. Darüber hinaus besitzen sie umfangreiche Machtbefugnisse, die ihnen die Durchsetzung eigener Ansichten auch gegen Widerstände erlauben.

Empirische Arbeiten. Die meisten Arbeiten zur Überschätzung von Topmanagern sind im Finanzbereich zu finden. Dies erklärt sich vor allem in der objektiven Messbarkeit der Überschätzung bei finanziellen Transaktionen. Subjektive Einschätzungen der Topmanager können beispielsweise anhand des Besitzes von Aktienoptionen ermittelt werden (Malmendier/Tate 2005) und rückwirkend mit der tatsächlichen Aktienperformance verglichen werden. Einen Überblick über verwendete Messungen bietet Tabelle 3-6.

Empirische Arbeiten im Finanzbereich untersuchen vor allem, welchen Einfluss die Überschätzung von Topmanagern auf strategische Entscheidungen hat. Sich überschätzende Topmanager tendieren so eher zu Unternehmenszukäufen (Malmendier/Tate 2008), der Finanzierung von Projekten mit internen Mitteln (Malmendier/Tate/Yan 2011) und der Verschwendung von Ressourcen (Malmendier/Tate 2005). Schrand und Zechman (2012) finden, dass finanzielle Betrugsfälle in Firmen auf sich überschätzende Topmanager zurückzuführen sind. Hingegen belegen Galasso und Simcoe (2011) positive Auswirkungen einer Überschätzung von Managern, da diese zu einer höheren Anzahl an Patenten führen kann.

Tabelle 3-6: Empirische Arbeiten zur Überschätzung von Topmanagern

Studie	Messung	Abhängige Variable (Effekt von Überschätzung)	Datensatz
Galasso/ Simcoe 2011	CEO stock-option as CEO's beliefs about future performance	Patent counts (+)	Panel data of 290 firms and 627 CEOs
Gervais/ Heaton/ Odean 2011	„Simple capital budgeting problem in which a manager, using his information about the prospects of a risky project, must decide whether his firm should undertake the project or drop it in favor of a safer investment alternative" (S. 1761)	Compensation contracts (+)	Experiment
Hirshleifer/ Low/ Teoh 2012	„Options- and press-based proxies (content search)" (S. 1457)	Return volatility (+) / innovation investments (+) / patents (+) / patents citations (+) / innovation success (+)	2.880 CEO's from 11.652 firm-year observations for 1993-2003
Hmieleski/ Baron 2009	„Optimism was measured using Scheier et al.'s (1994) six-item Life Orientation Test–Revised (LOT-R)" (S. 477)	Performance of new ventures (-)	201 founders and top management team leaders
Malmendier/ Tate 2005	„We classify CEOs as overconfident if they persistently fail to reduce their personal exposure to company-specific risk (used CEO ownership of company's options)" (S. 2661)	Cash flow sensitivity of investment (+)	Forbes 500 CEOs
Malmendier/ Tate 2008	„Two proxies for overconfidence: CEOs' personal over-investment in their company (ownership of options) and their press portrayal (media coverage and frequencies of M&A initiated by CEO)" (S. 20)	Likelihood of merger (+) / performance of merger (-)	394 large US firms from 1980 to 1994
Malmendier/ Tate/ Yan 2011	Three approaches: (1) ownership of non-tradable company stock options; (2) characterizations in the business press, (3) CEOs' portrayal in the business press and the press data	External finance (-) / issue of equity (-)	477 publicly trade US firms between 1980 and 1994
Schrand/ Zechman 2012	Compensation	Intentional misstatement (+)	49 firms
Simon/ Houghton 2003	Interviews; „comparing the extreme certainty measure to the achieved success factor measure for each success factor the respondent identified" (S. 144)	Risky product introductions (+) / success (-)	55 small computer companies

Messung. Bestehende Messmethoden lassen sich in objektive Messungen sowie Mischformen zwischen objektiven und subjektiven Messungen unterteilen. Wie bereits angesprochen, sind objektive Messungen insbesondere in der finanzwirtschaftlichen Forschung anzutreffen. Diese werden dabei häufig als Differenzmaß erfasst. Das Aktienportfolio von Topmanagern ist ein gängiger Indikator für die Einschätzung der zukünftigen Unternehmensleistung (Malmendier/Tate 2005). Diese lässt sich rückwirkend mit der tatsächlichen Aktienperformance vergleichen. Alternative objektive Methoden stützen sich weniger auf Differenzmaße, als auf die Darstellung der Vorstandsvorsitzenden in Presseberichten (Malmendier/Tate 2008). So wird zum Beispiel die Häufigkeit des Wortes Überschätzung beziehungsweise Unterschätzung bei der gleichzeitigen Nennung eines Vorstandsvorsitzenden erfasst (Malmendier/Tate 2008). Bei Unternehmenszukäufen kann das gezahlte Preispremium als Indikator für Überschätzung genutzt werden (Hayward/Hambrick 1997). Eine weitere Gruppe von Messungen bilden Differenzmaße als Abgleich subjektiver Einschätzungen und objektiver Erfolgsgrößen. Li und Tang (2010) nutzen persönliche Topmanagereinschätzungen und vergleichen diese mit objektiven Erfolgsdaten von Unternehmen. In Summe lässt sich festhalten, dass in der bisherigen Forschung insbesondere Differenzmaße genutzt werden, um die Überschätzung von Topmanagern zu erfassen.

Bewertung. Die Untersuchung der Überschätzung von Topmanagern hat sowohl Vor- als auch Nachteile. Da die Überschätzung von Topmanagern in der Regel gut beobachtbar ist, kann sie wesentlich leichter erfasst werden als Merkmale, die auf der Persönlichkeit von Topmanagern beruhen. Im Gegenzug ist Überschätzung als unbeständiger einzuschätzen. Darüber hinaus ist eine Erfassung immer nur nachträglich möglich, da eine entsprechende Ergebnisgröße für die Bildung eines Differenzmaßes einbezogen werden muss (Bollaert/Petit 2010).

Zusammenfassung. Die Vorteile des Konstrukts Überschätzung bestehen vor allem in dessen intuitiver Definition und den damit verbundenen Vorteilen in der Erfassung. Bezüglich der Messung des Konstrukts sind Differenzmaße als besonders vielversprechend einzustufen. Bei einem Mangel objektiver Daten können subjektive Einschätzungen zur Erstellung der Differenzmaße herangezogen werden. Dabei besteht die Möglichkeit, die existierende Topmanagementforschung durch Erfassung subjektiver Einschätzungen, wie im Marketing üblich, zu erweitern.

3.4.4 Narzissmus

Herkunft. Wie Hybris hat der Begriff Narzissmus seinen Ursprung in der griechischen Mythologie (Hansen 2004). Die Legende von Narcissus beschreibt die Geschichte eines jungen Mannes, der sich unsterblich in sein Spiegelbild verliebt hat. Narcissus ist so auf sich fokussiert, dass er alle Kontakte und Annäherungsversuche von anderen ablehnt. Die Geschichte von Narcissus endet tragisch, da er nicht von seinem Spiegelbild ablassen kann und somit sein Leben verschwendet. In Summe ist Narzissmus ein psychologischer Zustand, bei dem Personen ein überhöhtes Selbstgefühl haben (Eddy/Hamilton 2012).

Phänomen. Der Begriff Narzissmus wurde in der Psychologie als erstes von Havelock Ellis im Jahre 1898 verwendet (Finkelstein/Hambrick/Cannella 2009). Chatterjee und Hambrick (2007) geben einen umfassenden Überblick über das Phänomen Narzissmus. Auf die ersten Analysen von Sigmund Freud zurückgehend, werden im Allgemeinen zwei Arten von Narzissmus unterschieden (Wink 1991). Grundlegend ist eine gewisse Selbstorientierung als durchaus nützlich und daher positiv anzusehen. Diese positive Form ist sehr eng mit dem Konzept des Selbstwertgefühls verknüpft (Chatterjee/Hambrick 2007). So benötigen Menschen, die im Fokus der Öffentlichkeit stehen, einen gewissen Grad an Narzissmus. Dies ermöglicht es ihnen, einen Einfluss auf andere Personen zu nehmen um Herausforderungen ihrer exponierten Position zu bewältigen (Hiller/Hambrick 2005; de Vries 1994). Beispiele hierfür sind Künstler, Politiker oder Topmanager. Diese Art von Narzissmus kann als eine Persönlichkeitsdimension angesehen werden, die auf einem Kontinuum erfasst wird (Emmons 1987).

Bei der zweiten Art wird Narzissmus als eine geistige Störung oder Neurose aufgefasst (Bollaert/Petit 2010). Hier kann die Selbstliebe extreme Ausmaße annehmen und als zunehmend instabil beschrieben werden. Hiller und Hambrick (2005) nennen diese zweite Form auch reaktiven Narzissmus. Betroffene Personen leben in der Illusion, dass ihre Probleme einzigartig und über die Maße belastend sind (Hiller/Hambrick 2005). Sie sind süchtig nach Komplimenten und haben keine Empathie für andere Menschen. Diese klinische Form von Narzissmus kann nur von Experten in Interviews identifiziert werden. Hiller und Hambrick (2005) heben hervor, dass diese zweite Form des Narzissmus sich stark von einem positiven Narzissmus unterscheidet. Der klinische, reaktive Narzissmus findet daher keine Berücksichtigung in dieser Arbeit.

In der strategischen Managementforschung wurde Narzissmus erstmalig von de Vries und Miller (1985) erforscht. In Anlehnung an Campbell, Goodie und Foster (2004) verstehen Finkelstein, Hambrick und Cannella (2009, S. 79) unter Narzissmus „the degree to which an individual has an inflated self-view and is preoccupied with having that self-view continuously reinforced". Personen mit einer narzisstischen Persönlichkeit haben „[...] a grossly inflated sense of their own importance and overestimate their achievements and their personal capacities" (Bollaert/Petit 2010, S. 366). Chatterjee und Hambrick (2007) fassen die Ergebnisse verschiedener Studien zusammen, welche die Beziehung zwischen Narzissmus und anderen psychologischen Konstrukten erforscht haben. Sie betonen dabei, dass Narzissmus positiv mit dem Selbstwertgefühl einer Person korreliert (Emmons 1984; Morf/Rhodewalt 1993). Darüber hinaus führt es zu einer verzerrten Selbstaufwertung (John/Robins 1994). Narzissten neigen zu Stimmungsschwankungen, reagieren aggressiv auf negatives Feedback und suchen ihre Motivation durch die Bewunderung von anderen (Kernis/Sun 1994; Lubit 2002; Rhodewalt/Morf 1998). Des Weiteren argumentieren Chatterjee und Hambrick (2007), dass Narzissten ihr Verhalten als ideal empfinden und daher ihre Entscheidungsfähigkeit verzerrt ist.

Messung. Bollaert und Petit (2010, S. 366) bezeichnen Narzissmuss als „a complex multidimensional clinical pattern (…) rather than a single cognitive trait like overconfidence". Aus dieser Komplexität resultieren besondere Herausforderungen für die Messung von Narzissmus. Dies wird dadurch verstärkt, dass Narzissmus hoch persönlich ist und zudem als negativ empfunden wird. Finkelstein, Hambrick und Cannella (2009, S. 80) betonen, dass obwohl „extreme narcissism is often anecdotally observed (and typically bemoaned) in some CEOs, systematic research has been stymied by the obvious challenges of collecting data on such a sensitive personality characteristic".

Um den daraus resultierenden Schwierigkeiten in fragebogenbasierten Messungen zu entgehen, werden in der Literatur alternative objektive Herangehensweisen vorgestellt. So wird zum Beispiel die Größe des Porträts des Vorstandsvorsitzenden im Jahresbericht oder die Anzahl von Ich-bezogenen Wörtern in Interviews zur Messung von Narzissmus genutzt (z. B. Chatterjee/Hambrick 2007). An dieser Methode ist positiv hervorzuheben, dass benötigte Informationen für Vorstandsvorsitzende frei verfügbar sind (Bollaert/Petit 2010). Aufgrund einer Vielzahl alternativer Erklärungen für die Ausprägungen der Variablen, ist dieser Ansatz jedoch als relativ ungenau einzuschätzen. Aufgrund einer eingeschränkten Datenverfügbarkeit, lässt sich diese Methode zudem nur schwer auf andere Topmanager übertragen. Tabelle 3-7 bietet einen Überblick über empirische Arbeiten zum Narzissmus von Topmanagern.

Eine genauere Methode stellt das sogenannte Narzissmus-Persönlichkeits-Inventar dar (Raskin/Hall 1979). Diese fragebogenbasierte Skala besteht aus 220 Items zur Erfassung von Narzissmus. In neueren Studien wurde die Skala auf 40 Items reduziert (Campbell/Goodie/Foster 2004). Trotz dieser psychologisch korrekten Erfassung, ist die Skala aufgrund ihrer Länge kaum geeignet für großzahlige empirische Studien im Topmanagementumfeld, zudem hier weiterhin Probleme mit der Sensibilität der Informationen bestehen.

Tabelle 3-7: Empirische Arbeiten zum Narzissmus von Topmanagern

Studie	Messung	Abhängige Variable (Effekt von Narzissmus)	Datensatz
Chatterjee/ Hambrick 2007	(1) CEO's photograph in annual reports, the CEO's prominence in press releases; (2) the CEO's use of first-person singular pronouns in interviews; (3) compensation relative to the second-highest-paid firm executive (S. 351)	Strategic dynamism (+) / grandiosity (+) / number and size of acquisitions (+) / fluctuations of organizational performance (+)	111 CEOs in the computer hardware and software industries in 1992–2004
Chatterjee/ Hambrick 2011	(1) CEO's photograph in annual reports, the CEO's prominence in press releases; (2) the CEO's use of first-person singular pronouns in interviews; (3) compensation relative to the second-highest-paid firm executive (S. 212)	Moderating effect of past performance on risk taking (+) / of recent media praise on acquisition premiums (+)	152 CEOs in the computer hardware and software sectors
Gerstner et al. 2011	„(1) the prominence of the CEO's photograph in the company's annual report, (2) the CEO's prominence in the company's press releases, (3) the CEO's relative cash compensation (salary and bonus), and (4) the CEOs relative non-cash compensation" (S. 4)	Investment intensity (+) / investment speed (-)	78 CEOs of 33 U.S. research-based pharmaceutical firms
König/ Enders/ Hambrick 2011	(1) the prominence of the CEO's photograph in the company's annual report, (2) the CEO's prominence in the company's press releases, (3) the CEO's relative cash compensation (salary and bonus), and (4) the CEOs relative non-cash pay (S. 5)	Choice of director	279 CEOs of 226 firms; 802 newly appointed directors
Resick et al. 2009	„Adjectives from the Gough adjective check list" (S. 1369); adjectives that matched closely with arrogance, grandiosity, self-promoting behavior	Transformational leadership (n.s.) / contingent reward (-)	75 CEOs of Major League Baseball organizations

Eine alternative Skala wurde in der pychologischen Forschung entwickelt (Phares/Erskine 1984). Dabei wird Narzissmus nicht als ein übergeordnetes Bedürfnis, sondern als kognitive Variable aufgefasst. Um die Verwechslung mit psychoanalytischen Komponenten auszuschließen (reaktiver Narzissmus), wird der Begriff Selbstzentrierung (engl.: selfism) verwendet. Dieser wird definiert als „an orientation, belief, or set as to how one should construe a whole range of problem situations that deal with the satisfaction of a variety of needs" (Phares/Erskine 1984, S. 600). Diese Skala hat den Vorteil, dass sie weniger drastisch formuliert ist und eine hohe Übereinstimmung mit dem Narzissmus-Persönlichkeits-Inventar aufweist (Phares/Erskine 1984).

Kritik. Chatterjee und Hambrick (2007) heben drei Gründe hervor, welche die bisherige unzureichende Untersuchung von Narzissmus bei Topmanagern erklären. Als *erstes* führen sie an, dass Narzissmus aufgrund seines Ursprungs aus der griechischen Mythologie häufig als „fanciful or lay concept" (Chatterjee/Hambrick 2007, S. 352) ohne psychologische Fundierung angesehen wird. Dem entgegnen sie, dass mittlerweile grundlegende Arbeiten bestehen, die Narzissmus als eine Persönlichkeitsdimension und nicht als eine geistige Störung ansehen (Emmons 1987; Raskin/Terry 1988).

Zweitens werden methodische Probleme genannt (Chatterjee/Hambrick 2007). Psychoanalytische Befragungen sind zur Erfassung von Topmanager Narzissmus in großzahligen Studien ungeeignet. Fragebogenbasierte Erhebungen haben durch die Sensibilität des Themas nur geringe Erfolgswahrscheinlichkeiten. Der *dritte* und wahrscheinlich wichtigste Grund ist eine mangelnde wissenschaftliche sowie praktische Relevanz, die viele Forscher diesem Thema zuschreiben. Dies wird durch folgendes Zitat ausgedrückt: „They may see executive narcissism as incidental to organizational functioning—annoying to those who must endure it, grist for jokes about self-absorbed CEOs, but little more" (Chatterjee/Hambrick 2007, S. 353).

Bewertung. Die Relevanz des Phänomens Narzissmus ist vor allem in der Tatsache begründet, dass Topmanager aufgrund ihrer exponierten Position in Unternehmen besonders anfällig für ein selbstzentriertes Verhalten sind. Der Begriff Narzissmus ist jedoch mit verschiedenen Bedeutungen belegt. Insbesondere die Überschneidung mit pathologischen Erscheinungen sowie Schwierigkeiten in der Messung von Narzissmus machen es notwendig, sich mit diesem Konzept detailliert auseinander zu setzen.

Alternative Messmethoden, wie die von Chatterjee und Hambrick vorgeschlagene Verwendung objektiver Maße (Größe des Porträts im Jahresbericht), sind aufgrund messtheoretischer Erwägungen keine geeignete Alternative. Die Anwendung des Narzissmus-Persönlichkeits-Inventar mit 220 beziehungsweise 40 Items scheint in einem Topmanagementumfeld ebenfalls kaum anwendbar zu sein. Durch den negativen Charakter der Itemformulierungen und der Sensibilität des Themas sind starke Verzerrungen zu erwarten. Vielversprechender ist hier der Ansatz von Phares und Erskine (1984), deren Skala für Fragebogenstudien entwickelt wurde. Schließlich hebt sich die Verwendung des Begriffs Selbstzentrierung anstelle von Narzissmus deutlich von einem pathologischen Narzissmus ab.

3.4.5 Beitrag für diese Arbeit

Das Ziel der Betrachtung von Selbstkonzepten war die Identifikation geeigneter unabhängiger Variablen für die empirische Untersuchung. Trotz einer inkonsistenten Begriffsverwendung in der strategischen Führungsforschung, ist es zweckmäßig relevante Eigenschaften von Topmanagern unter dem Begriff der Selbstkonzepte zusammenzufassen. Zu diesen Konstrukten gehöhren insbesondere Hybris, Überschätzung und Narzissmus.

Der Begriff Hybris wird unterschiedlich verwendet, verweist jedoch meist auf ein Fehlverhalten der Topmanager. Die konzeptionelle Definition sowie die Messung von Hybris ist schwierig, weswegen der Begriff in dieser Arbeit nicht weiter verwendet wird. Praktikabler ist die Berücksichtigung der Topmanagerüberschätzung, die sich durch die Bildung von Differenzmaßen erfassen lässt. Da das Konzept Narzissmus negativ belegt ist und dadurch nur schwer empirisch zu erfassen ist, wird in dieser Arbeit weiterhin die Selbstzentrierung von Topmanagern als unabhängige Variable in die Untersuchung aufgenommen.

3.5 Zusammenfassende Betrachtung

In Kapitel 3 wurden die Grundlagen des Einflusses von Topmanagern auf die Marktorientierung von Unternehmen dargelegt. Dies geschah insbesondere durch einen Blick auf die Literatur der strategischen Führungsforschung. Zu Beginn wurde gezeigt, dass in der strategischen Führungsforschung sowohl einzelne Individuen als auch das gesamte Topmanagement-Team untersucht werden. Der Begriff des Topmanagers kann sich je nach Größe des Unternehmens über mehrere Führungsebenen erstrecken. Einen Einfluss auf die Definition haben der Untersuchungskontext sowie die Datenverfügbarkeit, die im Topmanagementbereich besonders kritisch ist.

Theoretische Grundlage der strategischen Führungsforschung ist die „Upper Echelons"-Theorie (Hambrick/Mason 1984). Diese besagt, dass Topmanager und ihre Eigenschaften den Erfolg von Unternehmen beeinflussen. Besonders aufschlussreich ist das Modell der Informationsfilterung, das daher als theoretische Fundierung der Hypothesen im empirischen Teil dieser Arbeit dient. Der mehrstufige Informationsfilterprozess zeigt, wie persönliche Eigenschaften die Entscheidungen von Topmanagern beeinflussen.

Zentrale Aufgabe von Topmanagern im Rahmen der Marktorientierung ist die Interpretation von Marktinformationen. Diese erfolgt üblicherweise durch die Kategorisierung von Situationen als Gefahren oder Chancen. Weiterhin wurde belegt, dass bestehende Messinstrumente der Marktorientierung den Schritt der Interpretation nur unzureichend erfassen, was die Einführung eines entsprechenden Konstrukts für die empirische Untersuchung notwendig macht.

Zu relevanten Topmanagereigenschaften, die den Entscheidungsprozess bezüglich der Interpretation von Marktsituationen beeinflussen, gehören in der strategischen Führungsforschung die Selbstkonzepte von Topmanagern. Dieser Sammelbegriff umfasst die Konstrukte Hybris, Überschätzung und Narzissmus. In einem Literaturüberblick wurden insbesondere die Überschätzung von Topmanagern sowie deren Selbstzentriertheit als geeignete Untersuchungsvariablen identifiziert. Die Selbstzentriertheit ist dabei eine alternative Methode, den Narzissmus von Topmanagern zu erfassen.

4 Studie 1: Informationsgenerierung durch Co-Production zur Dienstleistungserstellung

4.1 Untersuchungsgegenstand

Ein umfassendes Verständnis von Kundenbedürfnissen gilt als grundlegende Voraussetzung für das Generieren von Dienstleistungsinnovationen (Droege/Hildebrand/Forcada 2009; Martin/Horne 1995, siehe Abschnitt 2.4.4). Deshalb setzen Unternehmen klassischerweise auf gezielte Gespräche, in denen Kunden nach ihren Bedürfnissen und Ideen für neue Dienstleistungen befragt werden (Blazevic/Lievens 2008; Ostrom et al. 2010). Da entsprechende Informationen jedoch nur schwer allgemein zu äußern sind (Nonaka 1994), erreichen diese Gespräche nur einen Bruchteil des verfügbaren Kundenwissens, das auch als „the tip of the iceberg of the entire body of [customers'] possible knowledge" (Nonaka 1994, S. 16) bezeichnet wird. Ein daraus resultierendes fragmentiertes Verständnis über Kundenbedürfnisse (Hamel/Prahalad 1994; Lau/Tang/Yam 2010; Thomke/von Hippel 2002) stellt Unternehmen vor erhebliche Schwierigkeiten bei der Entwicklung neuer Dienstleistungen.

Dabei ist es eine einfache Erkenntnis, dass ein tiefes Verständnis über Kundenbedürfnisse durch einen unmittelbaren Kundenkontakt entsteht (Hamel/Prahalad 1994). Solch ein unmittelbarer Kontakt ist insbesondere in der Dienstleistungserstellung gegeben, bei der Kunden umfassende Informationen für die Zusammenarbeit mit Unternehmen bereitstellen müssen (Kelley/Donnelly/Skinner 1990). Die notwendige Interaktion von Kunden und Unternehmen zur Dienstleistungserstellung wird dabei mit dem Begriff Co-Production bezeichnet (Vargo 2008, siehe Abschnitt 2.6.1.2). Der Kontakt ist bei B2B-Dienstleistungen als besonders intensiv einzuschätzen, da Kunden in verschiedene Phasen des Wertgenerierungsprozesses eingebunden sind (Bettencourt et al. 2002). In diesem Kontext besteht Co-Production aus der interaktiven Definition der individuellen Problemstellung, der Entwicklung einer angepassten Lösung und der Erbringung dieser Lösung (Davis/Manrodt 1996). Durch die Möglichkeit ein tiefes Verständnis über die Bedürfnisse der Kunden zu gewinnen, wird ein hoher Grad an Co-Production in vielen populärwissenschaftlichen Artikeln auch als neuer Wettbewerbsvorteil für Unternehmen dargestellt (Prahalad/Ramaswamy 2000, 2004a, 2004b).

Das Potenzial der gemeinsamen Dienstleistungserstellung für die Entwicklung von Dienstleistungsinnovationen kann am Beispiel eines Dienstleisters verdeutlicht werden, der Unternehmen die Reinigung und das Management von Arbeitskleidung anbietet (Wikström 1996). Um die Forderung eines Kunden nach niedrigeren Preisen zu erfüllen, entwickelte der Industriedienstleister eine neue IT-gestützte Lösung. Der Anbieter erkannte dabei, dass die gemeinschaftlich erarbeitete Verbesserung für alle Kunden des Unternehmens relevant ist. Was als individuelle Lösung für einen Kunden startete, entwickelte sich so zu einer erfolgreichen Innovation für die gesamte Kundenbasis. Insgesamt zeigt dieses Beispiel, dass Co-Production von Dienstleistungen eine wertvolle Alternative zu klassischen Befragungsmethoden sein kann, um Dienstleistungsinnovationen zu generieren.

Umso erstaunlicher ist die Tatsache, dass der Einfluss der Co-Production von Dienstleistungen auf die Dienstleistungsinnovativität bisher kaum wissenschaftlich untersucht ist. Im Dienstleistungsmarketing steht der Einfluss der Co-Production auf andere abhängige Variablen im Vordergrund. Diesbezüglich sind insbesondere die Kosten der Dienstleistungserbringung (Lovelock/Young 1979), die Dienstleistungsqualität (Kelley/Donnelly/Skinner 1990) oder die Kundenzufriedenheit (Bendapudi/Leone 2003) zu nennen (siehe Abschnitt 2.1). Die bisherige Vernachlässigung der Innovationsauswirkungen von Co-Production ist insbesondere deshalb überraschend, da konzeptionelle Studien wiederholt deren Relevanz für die Entwicklung neuer Ideen betonen (Matthing/Sandén/Edvardsson 2004; Wikström 1996). Diese Aussage wird durch die steigende Bedeutung der Service-Dominant Logic unterstützt, deren Grundannahme das Potenzial der Co-Production und der einhergehenden Individualisierung von Dienstleistungen für ein besseres Verständnis von Kunden und deren Bedürfnissen umfasst (Blazevic/Lievens 2008; Michel/Brown/Gallan 2008; Vargo/Lusch 2004a, siehe Abschnitt 2.5.2). Die vorliegende Studie erweitert die bisherige Forschung insgesamt durch die Betrachtung der Co-Production zur Dienstleistungserstellung als zentrale Einflussgröße der Dienstleistungsinnovativität.

Anzeichen für einen positiven Innovationseffekt der Co-Production zur Dienstleistungserstellung lassen sich in der Innovationsliteratur finden, in der Kunden als wichtige Ressource in Entwicklungsprojekten betrachtet werden (Matthing/Sandén/Edvardsson 2004). Da die Zusammenarbeit mit Kunden die Identifikation und Adressierung von Kundenbedürfnissen erleichtert, wird in allen bekannten Studien ein positiver linearer Effekt der gemeinsamen Entwicklung auf die Dienstleistungsinnovativität postuliert (z. B. Foss/Laursen/Pedersen 2011; Lau/Tang/Yam 2010, siehe Abschnitt 2.6.2.2). Während der Fokus dieser Untersuchungen im Sachgüterbereich liegt, haben bisher nur wenige quantitative Studien den Effekt der gemeinsamen Entwicklung mit Kunden auf die Dienstleistungsinnovativität untersucht (Carbonell/Rodríguez-Escudero/Pujari 2009; Chien/Chen 2010; Ordanini/Parasuraman 2011).

Trotz der antizipierten positiven Effekte der Co-Production auf die Dienstleistungsinnovativität belegt die Marketingliteratur, dass Co-Production auch negative Auswirkungen für Unternehmen haben kann (Auh et al. 2007; Chan/Yim/Lam 2010; Hoyer et al. 2010). Da eine intensive Zusammenarbeit mit Kunden beispielsweise die Kundenkontaktmitarbeiter überlastet, wird Co-Production in diesem Kontext als zweischneidiges Schwert bezeichnet (Chan/Yim/Lam 2010). Auch bezüglich der Innovationsgenerierung lassen sich Nachteile vermuten. Eine intensive Co-Production kann insbesondere in extrem spezialisierten Dienstleistungsangeboten münden, die aufgrund ihrer Individualität nicht auf eine breite Kundenbasis ausgedehnt werden können. Die Argumente über potenzielle positive und negative Innovationsauswirkungen der Co-Production führen insgesamt zur ersten Forschungsfrage: Welcher funktionale Zusammenhang kann zwischen Co-Production und der Dienstleistungsinnovativität vermutet werden?

Um das Wissen über die Rolle der Kunden in einem B2B-Kontext zu erweitern, werden in dieser Studie ebenfalls klassische Befragungsmethoden, wie spezielle Kundengespräche oder regelmäßige Treffen mit Kunden, berücksichtigt (Jaworski/Kohli 1993, siehe Abschnitt 2.6.2.1). Da diese Techniken schnell und einfach einzusetzen sind, werden klassische Befragungsmethoden in der Unternehmenspraxis häufig angewendet (Leonard-Barton 1995). Frühe Studien über Erfolgsfaktoren der Produktentwicklung betrachten die Abfrage von Kundeninformationen als grundlegende Voraussetzung für die Entwicklung von Innovationen (Olson/Walker/Ruekert 1995). Auch in aktuellen Studien finden diese Methoden entsprechenden Einsatz (Fang/Palmatier/Evans 2008; Harmancioglu/Grinstein/Goldman 2010).

Trotz ihrer Popularität haben klassische Befragungsmethoden jedoch auch Nachteile (Hamel/Prahalad 1994; Hoyer et al. 2010). Diese bestehen hauptsächlich in Problemen bei der Interpretation der von Kunden geäußerten Informationen. Studien im Bereich der Marktorientierung, die klassische Befragungen als ein Teilelement enthalten, unterstützen dieses Argument. Die mangelnde Fähigkeit relevante Dienstleistungen auf der Basis geäußerter Kundenwünsche zu entwickeln führt zu nicht-linearen Effekten der Marktorientierung von Unternehmen auf deren Innovativität (Atuahene-Gima/Slater/Olson 2005). In Anbetracht dieser gemischten Ergebnisse ist zu hinterfragen, ob und in welchem Ausmaß klassische Befragungsmethoden zur Erhöhung der Dienstleistungsinnovativität beitragen. Entsprechend lautet die zweite Forschungsfrage: Welcher funktionale Zusammenhang kann zwischen klassischen Befragungsmethoden und der Dienstleistungsinnovativität vermutet werden?

Bezüglich der Generierung von Informationen über Kundenbedürfnisse ist es eine wichtige Feststellung, dass eine enge Zusammenarbeit mit Kunden nicht unter allen Umständen anzustreben ist (Jaworski/Kohli 2006). Diverse Studien im Bereich der Kundeninteraktion haben gezeigt, dass die Komplexität des Unternehmensangebots ein wichtiger Moderator für die

Interaktion mit Kunden ist (Fang 2008; Koelling/Neyer/Moeslein 2010). Bezüglich der Innovationsgenerierung ist zu vermuten, dass Unternehmen bei komplexeren Angeboten Schwierigkeiten haben Kundenbedürfnisse ohne die Interaktion mit Kunden zu antizipieren. Im Gegenzug sind diese jedoch auch schwieriger zu erfassen, da es beispielsweise leichter zu Missverständnissen zwischen Unternehmen und Kunden kommt. Entsprechend lautet die dritte Forschungsfrage dieser Studie: Wie beeinflusst die Komplexität des Angebots die funktionale Beziehung zwischen Co-Production beziehungsweise klassischen Befragungsmethoden und der Dienstleistungsinnovativität?

Vor dem Hintergrund verschiedener Vor- und Nachteile der Interaktion mit Kunden zur Informationsgenerierung werden in dieser Arbeit nicht-lineare Effekte von Co-Production und klassischen Befragungsmethoden auf die Dienstleistungsinnovativität postuliert. Die Dienstleistungsinnovativität wird dabei auf der Programmebene betrachtet und als Grad des Nutzens und der Neuartigkeit des Dienstleistungsprogramms sowie der Häufigkeit der Einführung neuer Dienstleistungen definiert (Stock/Zacharias 2011). Die theoretische Argumentation wird anhand der Service-Dominant Logic entwickelt (Vargo/Lusch 2004a). In der empirischen Untersuchung liegt der Schwerpunkt auf interpersonellen Dienstleistungen, während Self-Service Technologien nicht berücksichtigt werden. Dies ist in der Feststellung begründet, dass Self-Service Technologien den Informationsaustausch zwischen Kunden und Unternehmen grundlegend verändern (Bendapudi/Leone 2003, siehe Abschnitt 2.3.1). Um die Hypothesen zu testen, werden Informationen des Dienstleistungsangebots von 113 B2B-Unternehmen untersucht. Der Datensatz baut auf Auskünften mehrerer Informanten pro Unternehmen auf, da für jedes Unternehmen sowohl Marketing- als auch F&E-Leiter befragt werden.

Diese Studie hat mehrere Implikationen für die bestehende Forschung. *Erstens* liegen in der empirischen Literatur bisher nur wenige Studien vor, die sich auf die Innovativität von B2B-Dienstleistungen konzentrieren (Chen/Tsou/Ching 2011; Ostrom et al. 2010). *Zweitens* wird gezeigt, dass die Berücksichtigung nicht-linearer Effekte einen wichtigen Erklärungsbeitrag für die Untersuchung sozialer Interaktionen liefert. Durch die Betrachtung von Vor- und Nachteilen der Individualisierung von Dienstleistungen erweitert diese Studie *drittens* die herrschende Meinung, die eine Maximierung der Co-Production von Dienstleistungen befürwortet (Edvardsson/Tronvoll/Gruber 2011; Vargo/Lusch 2004a).

Diese Studie liefert ebenfalls wichtige Implikationen für die Unternehmenspraxis, in der insbesondere die Kosten der Dienstleistungserbringung ein wichtiges Entscheidungskriterium sind. Manager von B2B-Dienstleistungen sollten sich bewusst sein, dass durch eine in Kostengründen legitimierte Standardisierung von Dienstleistungen wichtige Erkenntnisse für die Generierung von Dienstleistungsinnovationen vergeben werden. Gleichzeitig ist jedoch zu berücksichtigen, dass der positive Effekt der Co-Production seine Grenzen hat. Das Ausmaß der Co-Production ist insbesondere vor dem Hintergrund der Angebotskomplexität zu wählen.

4.2 Theoretische Grundlagen

Als theoretische Grundlage der Hypothesen wird die Service-Dominant Logic herangezogen (Vargo/Lusch 2004a, siehe Abschnitt 2.5). Diese impliziert, dass der Kundennutzen nicht in Sachgüter und Dienstleistungen eingebettet werden kann, sondern immer durch Kunden definiert und mitgestaltet wird (Vargo/Lusch 2004a). Um die Interaktion mit Kunden zu kennzeichnen, werden die beiden Begriffe Co-Production und Co-Creation verwendet, die eng miteinander verknüpft sind (Moeller 2008). Während sich Co-Creation auf den kundenseitigen Nutzen von Dienstleistungen bezieht, verweist Co-Production auf die gemeinsame Generierung von Unternehmensleistungen durch eine aktive Beteiligung des Kunden (Grönroos/Ravald 2011; Lusch/Vargo/O'Brien 2007; Vargo 2008). Die Service-Dominant Logic fordert dabei Unternehmen auf, die Individualisierung von Angeboten durch die Einbindung von Kunden zu maximieren (Vargo/Lusch 2004a).

Auch wenn die Steigerung der Innovativität nicht im direkten Augenmerk der Service-Dominant Logic liegt, liefert diese vier zentrale Beiträge, um die Konsequenzen der Interaktionen mit Kunden auf die Dienstleistungsinnovativität besser zu verstehen (Blazevic/Lievens 2008; Michel/Brown/Gallan 2008). An *erster Stelle* wird auf die Bedeutung von Fähigkeiten, Wissen, Routinen und Beziehungen des Unternehmens hingewiesen, die als Basis des Wettbewerbsvorteils gesehen werden (Edvardsson/Tronvoll/Gruber 2011). Diese Ansicht belegt, dass insbesondere das Wissen über die Bedürfnisse der Kunden eine zentrale Voraussetzung für die Generierung von Innovationen ist (Blazevic/Lievens 2008).

Zweitens wird anhand der Beschreibung der Kundeninteraktion durch die Service-Dominant Logic deutlich, wie Co-Production die Entwicklung eines umfassenden Kundenwissens ermöglicht. Für die Erbringung von Dienstleistungen ist es notwendig, dass Kunden ihre Fähigkeiten und ihr Wissen einsetzen und mit den Ressourcen eines Unternehmens kombinieren (Vargo/Lusch 2008b). Dadurch erlangen Unternehmen einen tiefen Einblick in die Wahrnehmungen und Fähigkeiten ihrer Kunden (Payne/Storbacka/Frow 2008). Dies wird durch die Feststellung unterstützt, dass Unternehmen im B2B-Bereich in der Regel nicht einmalige Interaktionen, sondern wiederkehrende, dynamische und gemeinschaftliche Kontaktpunkte mit ihren Kunden aufweisen (Payne/Storbacka/Frow 2008). Unternehmen ist es so möglich, umfassende, kontextspezifische Informationen über Kundenbedürfnisse zu sammeln. Durch den engen Kundenkontakt können Unternehmen beispielsweise wahrnehmen, wie Kunden bestehende Dienstleistungen anpassen oder nicht dem Verwendungszweck entsprechend einsetzen

(Flint 2006). Insgesamt unterstützt die bestehende Literatur zur Service-Dominant Logic die These, dass Co-Production einen positiven Einfluss auf das Kundenwissen eines Unternehmens hat (Blazevic/Lievens 2008; Jaworski/Kohli 2006).

Während die Haupttexte von Vargo und Lusch (2004a, 2008b) die Vorteile der Co-Production in den Vordergrund stellen, lassen sich in der erweiterten Literatur zur Service-Dominant Logic *drittens* potenzielle Nachteile der Co-Production identifizieren. So wird zum Beispiel aufgeführt, dass kontextspezifisches Wissen über Kunden nicht unter allen Umständen in Unternehmensangebote umsetzbar ist (Bolton et al. 2004). Zum einen repräsentieren die gewonnenen Informationen einzigartige Situationen der jeweiligen Kunden, die nur schwer auf andere Kunden übertragbar sind. Zum anderen erfordern hohe Intensitäten der Co-Production den Aufbau kundenbezogener Ressourcen (Bolton et al. 2004), die nicht für alle Kunden zur Verfügungen stehen und entsprechend die Entwicklung eines allgemeingültigen innovativen Angebots erschweren.

Viertens lässt sich aus der erweiterten Literatur zur Service-Dominant Logic ableiten, dass sich die Effekte von Co-Production und klassischen Befragungsmethoden unterscheiden (Michel/Brown/Gallan 2008). Insbesondere sind Informationen, die durch soziale Interaktionen wie die Dienstleistungserstellung generiert werden, schwierig mit anderen Methoden zu erfassen (Flint 2006). Klassische Befragungsmethoden können somit nicht den Wissensaustausch abbilden, der durch die gegenseitige Ressourcenintegration und den Aufbau kontextspezifischen Wissens entsteht. Bei klassischen Befragungsmethoden besteht vielmehr die Gefahr, dass Unternehmen Schwierigkeiten bei der Umsetzung von Kundenäußerungen in Innovationen haben. Dabei ist anzunehmen, dass Schwierigkeiten bei der Integration von Kundeninformationen die Entwicklungsgeschwindigkeit neuer Dienstleistungen verlangsamt (Carbonell/Rodríguez-Escudero 2010).

4.3 Hypothesenentwicklung

4.3.1 Co-Production

Co-Production bezieht sich auf das Ausmaß in dem Unternehmen ihre Kunden in die Angebotserstellung des Unternehmens integrieren (Homburg/Stock 2004; Vargo/Lusch 2004a, siehe Abschnitt 2.6.1.2). Ein niedriges Niveau der Co-Production hat standardisierte Angebote zur Folge, während auf einem hohen Niveau die Entwicklung individualisierter Lösungen erfolgt (Vargo/Lusch 2004a). Der Service-Dominant Logic zufolge erfordert die gemeinsame Erbringung von Dienstleistungen die Integration von Ressourcen des Kunden, wie dessen Fähigkeiten und Wissen (Vargo/Maglio/Akaka 2008). Entsprechend beruht Co-Production auf einem intensiven, gegenseitigen, gemeinschaftlichen Austausch von Informationen (Payne/Storbacka/Frow 2008; Vargo/Lusch 2004a).

Die Service-Dominant Logic zeigt auf, dass Unternehmen durch die Kundeninteraktion bei der Dienstleistungserstellung Informationen über Kundenbedürfnisse sammeln können. Diese Informationen ermöglichen Unternehmen die Entwicklung von Dienstleistungsinnovationen (Payne/Storbacka/Frow 2008). Jedoch ist zu vermuten, dass mit steigendem Grad der Co-Production nur ein degressiver Anstieg an gesammelten relevanten Informationen zu verzeichnen ist, da die gesammelten Informationen zunehmend spezifischer werden (Bettencourt et al. 2002; Skjølsvik et al. 2007). Die zunehmende Spezifität von Informationen macht es dabei schwerer Dienstleistungsinnovationen zu entwickeln, die durch den gesamten Kundenstamm genutzt werden können (Bolton et al. 2004; Galunic/Rodan 1998).

Trotz der Vorteile von Co-Production ist es für Unternehmen generell nicht einfach die gewonnenen Informationen für die Entwicklung neuer Dienstleistungen zu nutzen (Bolton et al. 2004). So kann insbesondere für hohe Intensitäten der Co-Production die Masse an generierten Informationen zu einem Informationsüberfluss auf Unternehmensseite führen. Dadurch wird die Umsetzung gesammelter Informationen in die Entwicklung neuer Dienstleistungen verhindert.

Somit ist der Nettoeffekt der Informationsgenerierung durch Co-Production auf die Dienstleistungsinnovativität eine Überlagerung des positiven Effekts zusätzlicher Kundeninformationen und des negativen Effekts des Informationsüberflusses. Wenn Co-Production von einem niedrigen Niveau ausgehend zunimmt, ist ein starker Anstieg an Kundeninformationen zu erwarten, während noch kein Informationsüberfluss festzustellen ist. Das Resultat ist somit eine Erhöhung der Dienstleistungsinnovativität. Ab einem gewissen Punkt ist jedoch die Zunahme relevanter Informationen sehr gering, während das Unternehmen insgesamt einen Informationsüberfluss erfährt. In Anbetracht des notwendigen Aufwands für die Sammlung und Interpretation von Informationen und einer ständig notwendigen Aktualisierung des Unternehmensangebots verhindert dieser Überfluss nicht nur die Entwicklung neuer Innovationen, sondern führt insgesamt zu einer Reduktion der Dienstleistungsinnovativität. Somit wird festgestellt:

Hypothese 1:   Co-Production hat einen umgekehrt U-förmigen Zusammenhang mit der Dienstleistungsprogramminnovativität.

4.3.2 Klassische Befragungsmethoden

Klassische Befragungsmethoden werden in dieser Arbeit definiert als gezielte Gespräche und Treffen mit Kunden zur Identifikation von Kundenbedürfnissen (Jaworski/Kohli 1993;

Stock/Zacharias 2011; Zaltman 2007). Ein hohes Ausmaß klassischer Befragungsmethoden umfasst regelmäßigen bilateralen Kontakt zwischen Unternehmen und Kunden. Bei einem geringen Ausmaß werden lediglich sporadische Gespräche mit vereinzelten Kunden geführt (Leonard-Barton 1995).

Klassische Befragungsmethoden erhöhen die Informationen, die ein Unternehmen über die Bedürfnisse seiner Kunden erhält. Diese Informationen können von Dienstleistungsanbietern genutzt werden, um neue Dienstleistungen zu entwickeln (Edvardsson/Tronvoll/Gruber 2011). Entsprechend ist anzunehmen, dass Unternehmen klassische Befragungsmethoden anwenden können, um die Dienstleistungsinnovativität gezielt zu erhöhen. Jedoch beruhen klassische Befragungsmethoden nicht auf einer intensiven, gegenseitigen, gemeinschaftlichen Interaktion. Im Vergleich zur Co-Production sind insgesamt geringere Wissenszuwächse zu erwarten, als insbesondere durch die gemeinsame Ressourcenintegration von Kunden und Unternehmen bei der Dienstleistungserstellung erzielt werden können. Für niedrige Ausmaße kann daher angenommen werden, dass klassische Befragungsmethoden nicht so wirksam wie Co-Production sind, um Informationen über Kundenbedürfnisse zu identifizieren. Im Gegensatz zu Co-Production, kann der Kundenkontakt bei klassischen Befragungsmethoden vom Unternehmen jedoch gezielt gesteuert werden, so dass der positive Effekt klassischer Befragungsmethoden auf die Dienstleistungsinnovativität nicht zurück geht. Insgesamt wird also vermutet, dass klassische Befragungsmethoden einen positiven linearen Effekt auf den Aufbau von Informationen über Kundenbedürfnisse haben (Jaworski/Kohli 2006).

Aus der Service-Dominant Logic lassen sich jedoch auch zahlreiche Nachteile klassischer Befragungsmethoden ableiten. So kann ein negativer Effekt auf die Dienstleistungsinnovativität vermutet werden, der durch ein mangelndes Hintergrundwissen über Kundenbedürfnisse zu erklären ist (Zaltman 2007). Dieses Hintergrundwissen ist notwendig, um die gewonnenen Informationen in neue Produkte umzusetzen (Etgar 2008; Zaltman 2007). In Anbetracht dynamischer Umweltentwicklungen sowie des Aufwands für das Sammeln von Informationen und deren Auswertung ist anzunehmen, dass die Dienstleistungsinnovativität zurückgeht.

Bezüglich der Interpretationsschwierigkeiten ist zu vermuten, dass der negative Einfluss degressiv mit steigenden Intensitäten klassischer Befragungsmethoden wächst. Für niedrige Ausprägungen klassischer Befragungsmethoden, die beispielsweise einmalige Gespräche mit Kunden umfassen, ist es sehr schwer relevante Kundeninformationen zu identifizieren, da insgesamt nur geringe Mengen an Informationen ausgetauscht werden können (Etgar 2008). Für hohe Ausprägungen klassischer Befragungsmethoden, die durch einen wesentlich engeren und gemeinschaftlicheren Kontakt geprägt sind, kann aufgrund von Lerneffekten jedoch eine adäquate Informationsinterpretation prognostiziert werden.

Der Nettoeffekt klassischer Befragungsmethoden auf die Dienstleistungsinnovativität setzt sich entsprechend aus dem positiven Effekt über zusätzliche Kundeninformationen und dem negativen Effekt der Interpretationsschwierigkeiten zusammen. Somit kann angenommen werden, dass für eine steigende Intensität klassischer Befragungsmethoden lediglich ein linearer Zuwachs gewonnener Informationen über Kundenbedürfnisse zu verzeichnen ist, während aufgrund des Mangels eines intensiven Austauschs massive Interpretationsschwierigkeiten entstehen. Zusammenfassend ist davon auszugehen, dass in diesem Fall die Dienstleistungsinnovativität reduziert wird. Ab einem gewissen Punkt überwiegen die gewonnenen Informationen über Kundenbedürfnisse, insbesondere da weniger Interpretationsschwierigkeiten bestehen. Insgesamt ist ab diesem Punkt ein Anstieg der Dienstleistungsinnovativität zu verzeichnen. Daher wird angenommen:

Hypothese 2:   Klassische Befragungsmethoden haben einen U-förmigen Zusammenhang mit der Dienstleistungsprogramminnovativität.

4.3.3 Moderatoreffekt der Angebotskomplexität

Hypothese 1 und Hypothese 2 beinhalten einen nicht-linearen Zusammenhang zwischen Co-Production und klassischen Befragungsmethoden auf die Dienstleistungsinnovativität von Unternehmen. Dabei ist zu mutmaßen, dass diese nicht-linearen Beziehungen von den Eigenschaften des Unternehmensangebots abhängen. Insbesondere ist zu vermuten, dass die Komplexität des Unternehmensangebots die Zusammenhänge moderiert (Fang 2008; Koelling/Neyer/Moeslein 2010).

Ein komplexes Angebot ist dadurch gekennzeichnet, dass es schwer ist, einen Gesamteindruck des gesamten Unternehmensangebots zu gewinnen (Rijsdijk/Hultink/Diamantopoulos 2007). Durch die Komplexität des Angebots ist es daher für Unternehmen umso wichtiger ein umfassendes Verständnis über die Informationen und Bedürfnisse der Kunden zu haben (Fang 2008; Noordhoff et al. 2011). Ist die Komplexität höher, so steigt jedoch auch die Wahrscheinlichkeit eines Informationsüberflusses (Goffin/Lemke/Koners 2010).

In Abschnitt 4.3.1 wurde argumentiert, dass Co-Production einen umgekehrt U-förmigen Zusammenhang mit der Dienstleistungsinnovativität hat (Hypothese 1). Es ist davon auszugehen, dass eine höhere Angebotskomplexität die positiven als auch die negativen Effekte der Co-Production auf die Dienstleistungsinnovativität verstärkt. Bei einer höheren Komplexität können Unternehmen sich nur schwer in die Lage der Kunden versetzen und sind daher auf Informationen der Kunden angewiesen. Der negative Effekt des Informationsüberflusses steigt für hochkomplexe Angebote, da mehr Informationen von Kunden generiert werden, die vom Unternehmen analysiert und interpretiert werden müssen. Für diese Aktivitäten wird ein enormer Zeitaufwand benötigt, der die Entwicklung neuer Angebote verlangsamt. Daher wird angenommen:

Hypothese 3: Eine hohe Angebotskomplexität verstärkt den positiven Effekt der Co-Production für niedrige bis mittlere Niveaus und den negativen Effekt für mittlere bis hohe Niveaus.

In Abschnitt 4.3.2 wurde argumentiert, dass klassische Befragungsmethoden einen U-förmigen Zusammenhang mit der Dienstleistungsinnovativität haben (Hypothese 2). Dies bedeutet für eine intensivere Verwendung klassischer Befragungsmethoden, dass die Dienstleistungsinnovativität bis zu einem gewissen Punkt reduziert wird. Nach diesem Punkt ist jedoch ein Anstieg der Dienstleistungsinnovativität zu verzeichnen. Bei einer höheren Angebotskomplexität ist dabei anzunehmen, dass es für Unternehmen schwieriger wird, gewonnene Kundeninformationen zu interpretieren (Koelling/Neyer/Moeslein 2010). Daher führt eine höhere Angebotskomplexität zu einem höheren negativen Effekt klassischer Befragungsmethoden, der bei niedrigen bis mittleren Niveaus zu beobachten ist (Hypothese 2). Im Gegenzug lässt sich mutmaßen, dass eine höhere Angebotskomplexität den positiven Effekt gewonnener Kundeninformationen auf die Dienstleistungsinnovativität ebenfalls verstärkt. Insgesamt wird entsprechend hypothetisiert, dass eine steigende Angebotskomplexität die Ausprägung des nicht-linearen Effekts verstärken wird:

Hypothese 4: Eine hohe Angebotskomplexität verstärkt den negativen Effekt klassischer Befragungsmethoden für niedrige bis mittlere Niveaus und den positiven Effekt für mittlere bis hohe Niveaus.

4.4 Datensatz und Messungen

4.4.1 Datensatz

Für die empirische Untersuchung wurde auf einen bestehenden Datensatz zugegriffen. Das Ziel bei dessen Erhebung war die Befragung mehrerer Informanden pro Unternehmen. Um dies sicherzustellen, wurde die Datenerhebung in mehrere Schritte unterteilt. Die erste Phase bestand aus der zufälligen Identifikation von 1.000 Marketingleitern anhand einer Liste eines kommerziellen Adressanbieters. Die Marketingmanager erhielten einen persönlichen Brief mit der Bitte um Teilnahme an einer Fragebogenstudie. Um eine Teilnahme sicherzustellen, wurden die Manager zusätzlich anschließend telefonisch kontaktiert. Nach fünf Wochen lagen 177 vollständig ausgefüllte Fragebogen vor, was einer Antwortrate von 17.7 % entspricht. Die Marketingmanager wurden zusätzlich gebeten, die F&E-Verantwortlichen ihres Unternehmens zu identifizieren.

Die zweite Phase der Datenerhebung umfasste die Kontaktaufnahme mit 162 identifizierten F&E-Leitern. Insgesamt konnten für 113 Unternehmen vollständige Antworten der Marketing- und F&E-Leiter gewonnen werden, was einer Antwortquote von 69.8% für die F&E-Leiter entspricht. Die befragten Unternehmen lassen sich fünf verschiedenen Industrien zuordnen: Software/IT (30,1 %), Dienstleistungen (23,9 %), Energie (15,9 %), Maschinenbau (15,9%) und Elektrotechnik (14,2 %). Der Umsatz der Unternehmen reicht von kleiner 10 Million Euro bis größer 100 Millionen Euro. Um sicherzustellen, dass ein Unternehmen getrennte Marketing und F&E-Abteilungen hat, wurden Unternehmen mit weniger als 50 Mitarbeitern von der Umfrage ausgeschlossen (Ottum/Moore 1997).

Um die Verallgemeinerbarkeit der Stichprobe und entsprechender Ergebnisse zu gewährleisten, wurde die Möglichkeit eines Non-Response Bias getestet (Armstrong/Overton 1977). In Übereinstimmung mit der üblichen Feststellung, dass ein Non-Response Bias vorliegt, falls sich frühe Antworten von späten Antworten unterscheiden (Rogelberg/Stanton 2007), wurde das exakte Datum der Fragebogenkomplettierung erfasst und als Kontrollvariable in das Regressionsmodell integriert (Homburg/Klarmann/Schmitt 2010). Die Kontrollvariable enthält dabei die Zeitdifferenz zwischen Vervollständigung des Fragebogens und des ersten Kontakts mit den Managern. Da die Kontrollvariable die Ergebnisse nicht verändert, ist zu vermuten, dass kein systematischer Unterschied zwischen frühen und späten Antworten besteht.

Rogelberg und Stanton (2007) heben zusätzlich hervor, dass eine hohe Non-Response Quote nur bei Vorliegen eines systematischen Grunds für die Ablehnung der Teilnahme als kritisch zu bewerten ist (active non-response). Um dies auszuschließen, wurden zufällig ausgewählte 15% der nicht-teilnehmenden Manager per Telefon kontaktiert und nach ihren Beweggründen befragt. Der Hauptgrund für die Nicht-Teilnahme waren demnach zeitliche Limitationen, während kein weiterer systematischer Grund für eine aktive Nicht-Teilnahme gefunden wurde. Da zeitliche Einschränkungen zu einer passiven und somit unkritischen Non-Response führen (Rogelberg/Stanton 2007), stellt ein Non-Response Bias keine Gefahr für die Verallgemeinerbarkeit der Ergebnisse dieser Studie dar.

4.4.2 Messung der Konstrukte

Der erste Entwurf des Fragebogens wurde durch die Übernahme und Anpassung reflektiver Konstrukte mit mehreren Indikatoren aus früheren Studien entwickelt. Um sicherzustellen, dass die ausgewählten Informanden die verwendeten Skalen bewerten können, wurden sequenzielle Interviews mit 18 Akademikern und Praktikern durchgeführt. Die Teilnehmer dieser Vorstudie wurden gebeten, Kommentare zur Klarheit der Indikatoren und zu ihrer Fähigkeit, diese Fragen mit ihrem bestehenden Wissen zu beantworten, zu geben. Indikatoren, die unverständlich oder unklar waren, wurden in der Studie nicht berücksichtigt. Für die übrigen

Konstrukte bestätigten die Teilnehmer, dass sie in der Lage sind, diese sinnvoll zu bewerten. Die Items wurden den Vorschlägen der Vorstudie entsprechend angepasst und unter der Verwendung einer siebenstufigen Likert-Skala erhoben (1 = stimme überhaupt nicht zu; 7 = stimme völlig zu). Tabelle 4-1 bietet einen Überblick über die verwendeten Konstrukte und entsprechende Indikatoren.

Tabelle 4-1: Konstrukte, Quellen und verwendete Indikatoren Studie 1

Co-Production (Homburg/Stock 2004)
Our company offerings are strongly influenced by our customers during their production.
Our customers are involved into value creation right from the start.
Our company offerings require the integration of the customer into the value creation process.
Our company offerings require regular discussions with customers during the production process.
Klassische Befragungsmethoden (Jaworski/Kohli 1993)
In our company, we meet customers at least once a year, to discover, which products and services they need for the future.
Employees from production communicate directly with our customers to learn, how they can meet their needs better.
Employees from R&D communicate directly with our customers to learn, how they can meet their needs better.
Employees from sales and marketing communicate directly with our customers to learn, how they can meet their needs better.
Dienstleistungsprogramminnovativität (Stock/Zacharias 2011)
Häufigkeit neuer Produkte
Our company ...
... has introduced more novel services during the last five years than our three strongest competitors.
... continually introduces innovative services into the market.
... replenishes or adds frequently novel services to its offer.
... introduces many innovative services in the market.
... plans to introduce several innovations into the market during the next five years.
Nutzen des Produktprogramms
The newly developed services of our company ...
... offer unique advantages to our customers.
... offer higher quality than the services of our competitors.
... offer higher value than the services of our competitors.
... solve the problems of our customers.
Neuartigkeit des Produktprogramms
The services of our company ...
... are novel.
... are inventive.
... differ significantly in terms of their newness from existing services of competitors.
... are exceptional.
... are not predictable.

Tabelle 4-1: Konstrukte, Quellen und verwendete Indikatoren Studie 1

Angebotskomplexität (angepasst von Danaher/Mattson 1998; Rijsdijk/Hultink/Diamantopoulos 2007)
Our products and services are highly complex.
Our products and services are not easy to understand.
Our products and services consist of several sub offerings.

Wettbewerbsintensität (Jaworski/Kohli 1993)
Competition in our industry is cutthroat.
Price competition is a hallmark of our industry.

Technologische Turbulenz (Jaworski/Kohli 1993)
The technology in our industry is changing rapidly.
It is very difficult to forecast where the technology in our industry will be in the next 2 to 3 years.
A large number of new product ideas have been made possible through technological breakthroughs in our industry.

Umsatz							
Indicate the sales volume of your company on the following scale (Mio. Euro):							
<10	10-25	25-50	50-100	100-250	250-500	500-1.000	1.000-5.000

Um Co-Production zu erfassen, wurde eine Skala mit vier Indikatoren von Homburg und Stock (2004) verwendet. Die Marketingleiter bewerteten Co-Production, da sie selbst für die Ausgestaltung des Kundenkontakts verantwortlich sind und entsprechend am besten über das Ausmaß der Interaktion bei der Dienstleistungserstellung informiert sind. Klassische Befragungsmethoden wurden ebenfalls durch eine Skala mit vier Indikatoren erfasst, die eine Anpassung der von Jaworski und Kohli (1993) verwendeten Messung darstellt. Da F&E-Leiter das größte Wissen über innovationsrelevante Befragungen von Kunden besitzen, gaben diese das Ausmaß klassischer Befragungsmethoden an.

Um die Komplexität des Angebots zu erfassen, wurden zwei Indikatoren der Skala von Rijsdijk, Hultink und Diamantopoulos (2007) verwendet und mit einem Indikator von Danaher und Mattson (1998) erweitert. Dies ermöglichte es, auch den Aspekt von Teilangeboten zu erfassen, der insbesondere in einem Dienstleistungskontext relevant ist. Die Komplexität des Angebots wurde ebenfalls durch die Marketingleiter ausgewertet.

Die Dienstleistungsprogramminnovativität wird in dieser Studie als Second Order Konstrukt konzeptionalisiert. Um die Dienstleistungsprogramminnovativität umfassend zu messen, werden die drei Dimensionen Häufigkeit, Nutzen und Neuartigkeit neuer Dienstleistungen berücksichtigt. Eine entsprechende Skala wurde von Stock und Zacharias (2011) übernommen und von den Marketingleitern bewertet.

Insgesamt wurden fünf Kontrollvariablen für die empirische Analyse berücksichtigt. Marketingleiter wurden gebeten, den Umsatz ihres Unternehmens sowie die Intensität des Wettbewerbs anzugeben (Jaworski/Kohli 1993). Darüber hinaus bewerteten diese den Return on Investment und die Kundenzufriedenheit im Vergleich zum Industriedurchschnitt, was durch die Verwendung einzelner Indikatoren geschah. Die F&E-Leiter wurden gebeten die technologische Turbulenz zu bewerten (Jaworski/Kohli 1993).

Um die Reliabilität und Validität der Konstrukte zu überprüfen, wurde eine konfirmatorische Faktorenanalyse für alle Konstrukte mit mehr als einem Indikator durchgeführt. Insgesamt zeigt Tabelle 4-2, dass die Gütekriterien zufriedenstellend sind. Zusätzlich wurde die Diskriminanzvalidität nach dem Kriterium von Fornell und Larcker (1981) getestet. Da die Korrelation zwischen den Konstrukten geringer als die Wurzel der durchschnittlich erfassten Varianz pro Konstrukt ist, kann die Diskriminanzvalidität als gesichert betrachtet werden.

Tabelle 4-2: Korrelationen, Gütekriterien und deskriptive Statistiken Studie 1

	1	2	3	4	5	6	7	8	9
1. Dienstleistungsprogramminnovativität	-								
2. Klassische Befragungsmethoden	0,09	**0,85**							
3. Co-Production	0,28**	0,17	**0,81**						
4. Angebotskomplexität	0,09	0,07	0,49**	**0,72**					
5. Kundenzufriedenheit	0,36**	0,03	0,15	0,10	-				
6. Umsatz	0,02	-0,20*	-0,18	-0,01	0,12	-			
7. Return on Investment	0,07	-0,04	0,06	-0,04	0,29**	0,06	-		
8. Wettbewerbsintensität	-0,12	-0,11	0,07	0,14	-0,01	0,19*	0,04	-	
9. Technologische Turbulenz	0,03	0,20*	0,10	0,10	0,13	-0,11	-0,01	0,09	**0,73**
Mittelwert	4,37	4,17	5,48	5,54	5,30	2,73	4,74	6,13	4,42
Standardabweichung	1,25	1,48	1,17	1,05	1,05	1,97	1,15	0,95	1,30
Cronbach'sches Alpha	-	0,91	0,89	0,74	-	-	-	0,80	0,77
Faktorreliabilität	-	0,91	0,89	0,76	-	-	-	-	0,77
Durchschnittlich erfasste Varianz	-	0,72	0,66	0,52	-	-	-	-	0,53

Anmerkungen: N=113. Fett hervorgehobene Diagonalelemente enthalten die Wurzel der durchschnittlich erfassten Varianz für Konstrukte, die mit mehr als zwei Indikatoren gemessen wurden.
$*p < 0,05$; $**p < 0,01$

Weiterhin wurden separate konfirmatorische Faktorenanalysen für alle drei First Order Dimensionen der Dienstleistungsprogramminnovativität berechnet. Die Grenzwerte bezüglich des Cronbach'schen Alphas (α), der Faktorreliabilität (FR) und der durchschnittlich erfassten Varianz (DEV) wurden dabei erfüllt (Bagozzi/Youjae/Phillips 1991; Fornell/Larcker 1981; Nunnally 1978) (Häufigkeit: α = 0,97; FR = 0,97; DEV = 0,86 / Nutzen: α = 0,90; FR = 0,91; DEV = 0,72 / Neuartigkeit: α = 0,92; FR = 0,92; DEV = 0,70). Akzeptable Werte lassen sich ebenfalls durch eine konfirmatorische Faktorenanalyse für das gesamte Second Order Konstrukt feststellen (Faktorladungen auf Dienstleistungsprogramminnovativität: Häufigkeit = 0,85; Nutzen = 0,74; Neuartigkeit = 0,97; χ^2 = 116.53; df = 74 / RMSEA= 0,07; SRMR =

0,04; CFI = 0,98; TLI = 0,97). Die Ergebnisse bestätigen außerdem, dass das Second Order Design signifikant besser als die Schätzung eines einzelnen Faktors ist ($\Delta\chi^2$ = 367,80; Δdf = 3; p < 0,01; RMSEA = 0,22; SRMR = 0,11; CFI = 0,76; TLI = 0,72).

4.4.3 Test auf Common Method Bias

Da alle Konstrukte durch Schlüsselinformanden erhoben wurden, kann ein Common Method Bias die Validität der Ergebnisse möglicherweise gefährden (Podsakoff et al. 2003). Entsprechend finden in dieser Arbeit gängige Verfahren Verwendung, um eine Verfälschung der Ergebnisse durch einen Common Method Bias auszuschließen.

Erstens werden im Rahmen eines *Harmann Einfaktoren-Tests* die Chi-Quadrat Werte zweier unterschiedlicher Strukturgleichungsmodelle verglichen. In Modell 1 laden alle Indikatoren der Hauptkonstrukte dieser Untersuchung auf einen einzigen Faktor. In Modell 2 werden die Indikatoren den jeweiligen Konstrukten zugeordnet. Der Chi-Quadrat Wert des ersten Modells (χ^2 = 1.698,29; df = 405) ist dabei signifikant schlechter als der Chi-Quadrat Wert des zweiten Models (χ^2 = 491,68; df = 387; $\Delta\chi^2$ = 1.206,61; Δdf = 18; p < 0,01), in dem die Konzeptionalisierung dieser Studie abgebildet wird. Entsprechend kann festgestellt werden, dass ein gemeinsamer Faktor die beobachteten Korrelationen in dieser Studie nicht ausreichend erklärt.

Zweitens werden in einem *Strukturgleichungsmodell* die quadratischen Effekte entsprechend der Regressionsanalyse nachgebildet. In diesem Modell wird ein zusätzlicher Faktor berücksichtigt (Podsakoff et al. 2003). Allen Indikatoren ist es dabei erlaubt, auf diesen Faktor zu laden, der daher gemeinsamer Faktor genannt wird. Zusätzliche Restriktionen stellen dabei die Konvergenz des Modells sicher (Homburg/Müller/Klarmann 2011). So werden die Pfadstärken aller Indikatoren auf den gemeinsamen Faktor gleichgesetzt und Korrelationen des gemeinsamen Faktors mit den anderen Konstrukten unterbunden (Homburg/Müller/Klarmann 2011). Die Signifikanzen der Pfadkoeffizienten des Strukturgleichungsmodells verändern sich durch den Einschluss des gemeinsamen Faktors nicht. Entsprechend kann festgestellt werden, dass ein Common Method Bias keine Gefahr für die Ergebnisse dieser Studie ist.

4.5 Überprüfung der Hypothesen

4.5.1 Modellspezifikation

Die hypothetisierten nicht-linearen Effekte werden anhand einer hierarchischen Regressionsanalyse getestet. Dazu werden standardisierte unabhängige Variablen verwendet. Die Berechnung der quadratischen Effekte erfolgt durch die Multiplikation standardisierter linearer Effekte (Aiken/West 1991). In Übereinstimmung mit den Empfehlungen von Aiken und West (1991), werden für die Berücksichtigung des Moderators Angebotskomplexität drei Terme in die Regression aufgenommen:

- der lineare Effekt der Angebotskomplexität,
- der lineare Effekt der Angebotskomplexität multipliziert mit dem *linearen* Effekt klassischer Befragungsmethoden und Co-Production sowie
- der lineare Effekt der Angebotskomplexität multipliziert mit dem *quadratischen* Term klassischer Befragungsmethoden und Co-Production.

Insgesamt wurden drei Modelle getestet (Tabelle 4-3). Das erste Modell enthält lediglich die Kontrollvariablen sowie die linearen Effekte. Das zweite Modell berücksichtigt darüber hinaus die quadratischen Effekte. Im dritten Modell werden zusätzlich die drei angesprochenen Terme getestet, die den Moderatoreffekt abbilden.

Im ersten Modell finden verschiedene Kontrollvariablen Berücksichtigung, die einen potenziellen Einfluss auf die unabhängigen Variablen und die Dienstleistungsprogramminnovativität haben (Tabelle 4-3, Modell 1). Mit diesem Vorgehen sollen Verzerrungen durch einen Omitted Variable Bias ausgeschlossen werden. Zusätzlich zu Dummyvariablen der erfassten Industrien, werden folgende unternehmens-, markt- und industriebezogene Kontrollvariablen in das Regressionsmodell integriert:

- Return on Investment (als Proxyvariable für den Unternehmenserfolg),
- das Umsatzvolumen (als Proxyvariable für die Unternehmensgröße),
- die Kundenzufriedenheit,
- die Wettbewerbsintensität und
- die technologische Turbulenz.

Ein hoher Return on Investment zeigt an, dass ein Unternehmen über hohe finanzielle Ressourcen verfügt, die für die Entwicklung von Innovationen notwendig sind (de Brentani 1991). Die Unternehmensgröße wird in der Literatur häufig als Kontrollvariable genutzt (z. B. Atuahene-Gima 1996a), da angenommen werden kann, dass große Unternehmen über strukturiertere Innovationsprozesse verfügen, die in einer Erhöhung der Innovativität münden. Eine hohe Zufriedenheit von Kunden mit dem innovativen Angebot von Unternehmen führt dazu, dass Kunden mehr Informationen mit dem Unternehmen teilen werden, was eine wichtige Voraussetzung für eine Steigerung der Dienstleistungsinnovativität ist (Enkel/Kausch/ Gassmann 2005; Urban/von Hippel 1988).

Tabelle 4-3: Ergebnisse der Regressionsanalyse Studie 1

Unabhängige Variablen	Dienstleistungsprogramminnovativität[†]		
	Modell 1	Modell 2	Modell 3
Direkte Effekte			
Co-Production	0,21*	0,06	0,18
Klassische Befragungsmethoden	0,07	0,15	0,11
Nicht-lineare direkte Effekte			
Co-Production quadriert		-0,23*	-0,19
Klassische Befragungsmethoden quadriert		0,24*	0,19*
Moderationseffekte			
Angebotskomplexität			-0,13
Co-Production x Angebotskomplexität			-0,43**
Co-Production quadriert x Angebotskomplexität			-0,39*
Klassische Befragungsmethoden x Angebotskomplexität			0,07
Klassische Befragungsmethoden quadriert x Angebotskomplexität			0,24*
Interaction TCIA x Co-Production	-0,07	-0,07	-0,02
Kontrollvariablen			
Kundenzufriedenheit	0,34**	0,36**	0,37**
Umsatz	0,08	0,05	0,07
Return on Investment	-0,03	-0,04	-0,05
Wettbewerbsintensität	-0,15	-0,14	-0,16
Technologische Turbulenz	-0,02	-0,04	-0,04
Software/IT	0,01	-0,05	-0,02
Dienstleistungen	0,16	0,15	0,18
Energie	0,06	0,13	0,08
Maschinenbau	-0,11	-0,07	-0,02
Elektrotechnik	-0,10	-0,14	-0,19
Antwortzeit	-0,05	-0,03	-0,03
R^2	0,24	0,32	0,40
Angepasstes R^2	0,14	0,21	0,27
F-Wert	2,39**	3,03**	3,12**
Inkrementelles R^2	0,24	0,08	0,08
F-Wert für inkrementelles R^2	2,39**	5,72**	2,62*
N	113	113	113

Anmerkung: [†]Standardisierte Regressionsergebnisse werden berichtet.
*$p < 0,05$; **$p < 0,01$

Die technologische Turbulenz und die Wettbewerbsintensität sind marktspezifische Faktoren, die veranschaulichen, welchen Druck beziehungsweise welche Möglichkeiten Unternehmen in der Entwicklung neuer Dienstleistungen haben (Slater/Narver 1998). Neben den inhaltlichen Kontrolleffekten wird die Antwortzeit als Kontrollvariable berücksichtigt, wodurch ein Non-Response Bias ausgeschlossen werden soll. Zusätzlich wird der Interaktionsterm von Co-Production und klassischen Befragungsmethoden in die Regression aufgenommen.

4.5.2 Gütekriterien der Regressionsanalyse

Wie die R-Quadrat und angepassten R-Quadrat Werte aus Tabelle 4-3 zeigen, steigt die erklärte Varianz für alle drei berechneten Modelle signifikant an. Insbesondere ist hervorzuheben, dass durch das zweite Modell 21 % der Varianz der Dienstleistungsprogramminnovativität erklärt werden, während das dritte Modell einen entsprechenden Wert von 27 % aufweist. Insgesamt kann der Erklärungsbeitrag der Modelle somit als gut eingeschätzt werden.

4.5.3 Direkte Effekte

Die Ergebnisse zu den hypothetisierten direkten Effekten lassen sich dem zweiten Modell entnehmen (Tabelle 4-3, Modell 2). Für Co-Production ist ein signifikanter negativer quadratischer Term festzustellen (β = -0,23; $p < 0,05$). Das negative Vorzeichen zeigt dabei an, dass sich die Parabel nach unten öffnet, so dass insgesamt ein umgekehrt U-förmiger Effekt zwischen Co-Production und der Dienstleistungsprogramminnovativität festzustellen ist (Abbildung 4-1, Teil A). Hypothese 1 kann somit bestätigt werden. Klassische Befragungsmethoden weisen einen signifikanten positiven quadratischen Effekt auf (β = 0,24; $p < 0,05$). Durch das positive Vorzeichen öffnet sich die Parabel nach oben, so dass ein U-förmiger Effekt zu verzeichnen ist (Abbildung 4-1, Teil B). Somit kann Hypothese 2 ebenfalls bestätigt werden. Die linearen Terme für Co-Production und klassische Befragungsmethoden sind in Modell 2 nicht signifikant. Da die linearen Terme durch den Einschluss der quadratischen Effekte eine andere Bedeutung in Modell 2 im Vergleich zu Modell 1 haben (Aiken/West 1991), ist dies als unkritisch zu bewerten.

Abbildung 4-1: Visualisierung nicht-linearer Effekte von Co-Production und klassischen Befragungsmethoden

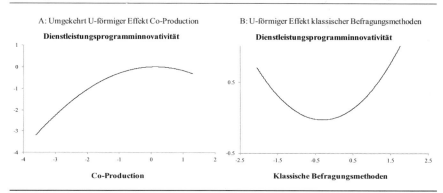

4.5.4 Moderatoreffekte

Die Ergebnisse zeigen weiterhin, dass die Angebotskomplexität die direkten Effekte von Co-Production und klassischen Befragungsmethoden moderiert. Anhand der korrigierten R-Quadrat Werte ist ein signifikanter Anstieg des Erklärungsbeitrags von 21 % auf 27 % festzustellen. Die Ergebnisse zeigen weiterhin, dass der direkte Effekt der Angebotskomplexität nicht signifikant ist. Hingegen ist ein negativer Moderationseffekt auf den quadratischen Term von Co-Production zu konstatieren (β = -0,39; p < 0,05). Der quadratische Term klassischer Befragungsmethoden wird positiv beeinflusst (β = 0,24; p < 0,05). Der direkte lineare und der quadratische Effekt der Co-Production bleiben hoch, sind jedoch nicht mehr auf dem 5%-Niveau signifikant (β = 0,11; n.s. und β = 0,18; n.s.). Die direkten Effekte klassischer Befragungsmethoden bleiben auf gleichem Niveau signifikant. Dafür ist ein starker negativer Moderatoreffekt der Angebotskomplexität auf den linearen Effekt der Co-Production zu erkennen (β = -0,43; p < 0,01). Die beiden Grafiken in Abbildung 4-2 veranschaulichen den Einfluss der Angebotskomplexität. Durch eine hohe Angebotskomplexität werden die positiven und negativen Effekte von Co-Production und klassischen Befragungsmethoden verstärkt. Darüber hinaus ist zu erkennen, dass sich bei einer niedrigen Angebotskomplexität die Öffnungen der Parabeln umkehren. Insgesamt können Hypothesen 3 und 4 angenommen werden.

Abbildung 4-2: Visualisierung der Moderation nicht-linearer Effekte durch die Angebotskomplexität

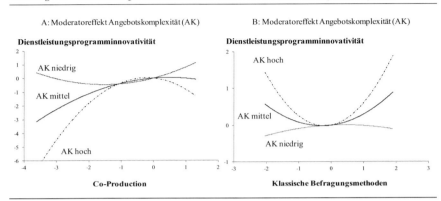

4.6 Diskussion der Ergebnisse

Insbesondere durch die Service-Dominant Logic werden in der Literatur die Vorteile für Unternehmen aus der gemeinschaftlichen Dienstleistungsproduktion mit Kunden hervorgehoben (Blazevic/Lievens 2008; Flint 2006; Vargo/Lusch 2004a). Zu diesen zählen

- ein enger Kundenkontakt,
- die Individualisierung von Dienstleistungen und
- ein besseres Verständnis von Kundenbedürfnissen.

Während in den vergangenen Jahren die Auswirkungen der Co-Production auf die Qualität der Kundenbeziehung im Vordergrund stand (Bendapudi/Leone 2003; Bettencourt et al. 2002), ist ein möglicher Effekt der Co-Production auf die Entwicklung von Dienstleistungsinnovationen bisher nicht untersucht worden.

Diese Arbeit erweitert die bestehende Literatur durch die empirische Untersuchung der Innovationsauswirkungen von Co-Production zur Dienstleistungserstellung im Vergleich zu klassischen Befragungsmethoden. Eine besondere Relevanz erhält die Arbeit durch ihren Fokus auf B2B-Dienstleistungen, die von elementarer wirtschaftlicher Bedeutung sind und in der wissenschaftlichen Forschung bisher vergleichsweise vernachlässigt wurden. Durch die Berücksichtigung nicht-linearer Zusammenhänge und der Betrachtung von Moderationseffekten erfolgen die Analysen dabei auf einem detaillierteren Level als bisher. Auf Basis der empirischen Ergebnisse werden im Folgenden Beiträge für Wissenschaft und Unternehmen abgeleitet.

4.6.1 Implikationen für die Wissenschaft

Ein wichtiger *konzeptioneller Beitrag* dieser Studie ist die Spezifizierung der allgemeinen Annahme, dass Co-Production und klassische Befragungsmethoden grundsätzlich positive Folgen für Unternehmen haben (Payne/Storbacka/Frow 2008; Vargo/Lusch 2004a). Die vorliegenden quadratischen Effekte belegen, dass sowohl positive als auch negative Effekte auf die Dienstleistungsinnovativität möglich sind. In empirischen Untersuchungen sollten daher mögliche negative Auswirkungen der Co-Production stärker in den Fokus rücken. Darüber hinaus ist die Gegenläufigkeit der Effekte von Co-Production und klassischen Befragungsmethoden hervorzuheben. Während ein umgekehrt U-förmiger Zusammenhang zwischen Co-Production und der Dienstleistungsinnovativität festzustellen ist, weisen klassische Befragungsmethoden einen U-förmigen Zusammenhang auf. Die gegenläufigen Effekte sensibilisieren so für die Unterschiede zwischen verschiedenen Arten der Kundeninteraktion, die in der zukünftigen Forschung intensiver untersucht werden sollten.

Aus einer *methodischen Perspektive* unterstreicht diese Arbeit die Bedeutung nicht-linearer Effekte in der Marketingforschung. Aufgrund der Komplexität der untersuchten Phänomene greift die aktuelle Praxis der Untersuchung linearer Zusammenhänge zu kurz. Insbesondere bei der Untersuchung von Kundeninteraktionen sowie der Innovativität von Unternehmen ist ein detaillierteres Verständnis durch die Berücksichtigung linearer und nicht-linearer Zusammenhänge zu vermuten.

Aus einer *inhaltlichen Perspektive* wird in dieser Arbeit die Forderung nach der Berücksichtigung von Moderatorvariablen in der Untersuchung der Interaktion von Kunden und Unternehmen adressiert (Auh et al. 2007; Etgar 2008). Die Ergebnisse belegen einen umfassenden Einfluss der Angebotskomplexität auf die Innovationsauswirkungen verschiedener Formen der Kundeninteraktion. Für Co-Production und klassische Befragungsmethoden wird gezeigt, dass die Angebotskomplexität sowohl positive als auch negative Effekte verstärkt. Dies ergänzt dabei die Auffassung, dass eine höhere Komplexität die Generierung von Innovationen lediglich erschwert (Homburg/Müller/Klarmann 2011; von Hippel 1990).

4.6.2 Implikationen für die Unternehmenspraxis

Anhand der Ergebnisse der Studie können insbesondere Handlungsempfehlungen für die Ausgestaltung der Kundenschnittstelle abgeleitet werden. Im Allgemeinen sollten Marketingmanager *erstens* beachten, dass Co-Production nicht nur die Dienstleistungsqualität und die Kundenzufriedenheit beeinflusst, sondern Unternehmen auch die Sammlung innovationsrelevanter Kundenbedürfnisse ermöglicht. Entsprechend sollten Kundenkontaktmitarbeiter für die Identifikation innovationsrelevanter Informationen über Kundenbedürfnisse sensibilisiert werden. Dies ist insbesondere bei einer hohen Angebotskomplexität relevant.

Zweitens beinhaltet diese Studie wichtige Details bezüglich der Innovationsauswirkungen von Co-Production. Die Ergebnisse der Regressionsanalyse zeigen, dass ab einem gewissen Punkt die Steigerung der Co-Production zu einem Rückgang der Dienstleistungsinnovativität führt. Als ausschlaggebend für diesen Rückgang ist ein Informationsüberfluss auf Unternehmensseite zu vermuten, der Innovationsprozesse blockiert und somit notwendige Aktualisierungen des Dienstleistungsprogramms verhindert. Positiv formuliert ist festzuhalten, dass Manager eine mittlere Intensität der Co-Production und somit der Individualisierung anstreben sollten. Bei mittleren Intensitäten ist die Wahrscheinlichkeit am höchsten, durch die Interaktion mit einzelnen Kunden neue Dienstleistungen zu entdecken, die für eine breite Kundenbasis genutzt werden können.

Drittens wird gezeigt, dass die klassische Befragung von Kunden im B2B-Umfeld, insbesondere bei niedrigen und mittleren Intensitäten, zu einem Rückgang der Dienstleistungsinnovativität führt. Bei niedrigen Intensitäten ist das Unternehmen nicht in der Lage, auf Basis gewonnener Kundeninformationen neue und nützliche Dienstleistungen abzuleiten, was sich negativ auf alle Entwicklungsaktivitäten auswirkt und somit zu einem Rückgang der Innovativität führt. Manager, die mit der schnellen Identifikation und Entwicklung von Dienstleistungsinnovationen betraut sind, sollten klassische Befragungsmethoden nur in Ausnahmefällen anwenden. Bei einer niedrigen Komplexität des Produktprogramms ist der Einsatz einfacher Befragungsmethoden jedoch sinnvoll.

Viertens sollten sich Manager bewusst sein, dass die Angebotskomplexität einen entscheidenden Einfluss auf den Erfolg und Misserfolg verschiedener Arten der Kundeninteraktion hat. Bei einer hohen Angebotskomplexität ist insbesondere ein intensiver, direkter Kundenkontakt zu bevorzugen. Klassische Methoden sind bei niedrigen Angebotskomplexitäten effektiver. In beiden Fällen ist jedoch zu beachten, dass diese Aussagen nur für mittlere Intensitäten gelten. Insgesamt sollten Unternehmensmanager ein detailliertes Verständnis über die Vor- und Nachteile der jeweiligen Arten der Kundeninteraktion aufbauen.

4.6.3 Limitationen und Ausblick

Die vorliegende Studie liefert erste Erkenntnisse, wie die Co-Production zur Dienstleistungserstellung die Innovationsfähigkeit eines Unternehmens beeinflusst. Notwendigerweise sind daher Limitationen des gewählten Untersuchungsdesigns zu erwähnen. *An erster Stelle* ist hervorzuheben, dass diese Studie in einem B2B-Kontext durchgeführt wurde, der sich fundamental von einem B2C-Kontext unterscheidet (Ballantyne/Varey 2006; Bettencourt et al.

2002, siehe Abschnitt 2.2.4). Beispielhafte Unterschiede betreffen die Länge von Kundenbeziehungen, das Vertrauen zwischen Anbieter und Kunde oder die Wissensintensität der Dienstleistung (Chen/Tsou/Ching 2011; Oliveira/Roth 2012). In Anbetracht dieser Unterschiede könnte in zukünftigen Studien insbesondere untersucht werden, ob sich nicht-lineare Effekte auch im B2C-Bereich finden lassen.

Zweitens werden durch den Fokus auf klassische, persönlich erbrachte Dienstleistungen Self-Service Technologien in dieser Studie nicht berücksichtigt (Bhappu/Schultze 2006, siehe Abschnitt 2.3.1). Obwohl dies in den fundamentalen Unterschieden zwischen persönlichen und technologiebasierten Dienstleistungen begründet ist, zeigen erste explorative Untersuchungen, dass durch Self-Service Technologien ebenfalls innovationsrelevante Informationen generiert werden können (Blazevic/Lievens 2008). Die Unterschiede und Gemeinsamkeiten unterschiedlicher Formen der Dienstleistungserbringung sind dabei ein potenzielles Feld für weitere Untersuchungen. *Drittens* stellt diese Studie den Moderationseffekt der Angebotskomplexität in den Vordergrund. Auf Basis der Service-Dominant Logic lassen sich jedoch eine Reihe weitere Variablen ableiten, wie das Vertrauen zwischen Unternehmen und Kunden, die einen Effekt auf Innovationsauswirkungen von Co-Production haben (Chien/Chen 2010).

Über Co-Production zur Dienstleistungserstellung hinaus ist aufgrund der steigenden Verschmelzung von Produkten und Dienstleistungen im B2B-Bereich das Angebot von kundenspezifischen Lösungen ein verheißungsvolles Feld für zukünftige Studien (Evanschitzky/Wangenheim/Woisetschläger 2011, siehe Abschnitt 2.3.2). Basierend auf den Ergebnissen dieser Arbeit ist zu untersuchen, wie sich die Individualisierung von Angeboten auf die Innovativität von Produkten, Dienstleistungen und Lösungen auswirkt. Des Weiteren ist die Rolle der Kundenkontaktmitarbeiter für die Entwicklung neuer Lösungen zu betrachten.

5 Studie 2: Einfluss der Topmanagerselbstkonzepte auf die Interpretation von Marktinformationen

5.1 Untersuchungsgegenstand

Der Kursverlust von Nokia ist ein eindrucksvolles Beispiel für die finanziellen Konsequenzen übersehener Marktgefahren (siehe Abschnitt 1.1). Für den einstigen Marktführer in der Branche mobiler Endgeräte führte die Fehleinschätzung des Potenzials von Smartphones mit HD-Touchscreen zu einem Verlust von über 70 % des Marktwerts (Burrows/Ben-Aaron/Bass 2011). Angesichts der weitreichenden Konsequenzen solcher strategischer Fehler müssen sich Unternehmen fragen, warum Marktgefahren übersehen werden und wie davon ausgehende negative Konsequenzen verhindert werden können.

Aus einer wissenschaftlichen Perspektive ist die Identifikation von Marktgefahren ein Element der Marktorientierung (Day 1994; Slater/Narver 1995, siehe Abschnitt 3.3.2). Die Interpretation von Marktinformationen wird dabei zumeist als organisationaler Prozess verstanden, der verschiedene Teile des Unternehmens einbezieht (Sinkula 1994; Slater/Narver 1995). Die Interpretation wird somit durch die Werte, Normen und Managementsysteme des Unternehmens beeinflusst (Day 1994) und übersteigt die Fähigkeiten einzelner Personen (Moorman 1995). Aufgrund der Beschreibung der Interpretation von Marktgefahren als ganzheitliche Unternehmensaufgabe, erlaubt es diese Sichtweise kaum, den Einfluss der bedeutsamsten Einzelpersonen in Unternehmen zu erfassen – den Topmanagern.

Der Einfluss von Topmanagern ist von besonderer Bedeutung, da viele Forscher die Interpretation von Marktinformationen als Kernkompetenz der Topmanager auffassen (siehe Abschnitt 3.3.1). So ist es ihre Aufgabe, Informationen über die Unternehmensumwelt zu deuten und wirksame Antworten auf identifizierte Marktgefahren abzuleiten (White/Varadarajan/Dacin 2003). Diese Verantwortung tragen Topmanager insbesondere bei turbulenten Umweltveränderungen, da hier Informationen mit einer extremen Unsicherheit belegt sind (Kumar et al. 2011; Thomas/Clark/Gioia 1993). Aufgrund des großen Einflusses von Topmanagern, wird das Unternehmen in der Managementforschung auch als eine Reflektion der Topmanager betrachtet (Hambrick/Mason 1984). Des Weiteren wird die Interpretation von

Informationen mit dem Begriff des Sensemaking bezeichnet (Bogner/Barr 2000; Sharma 2000; Wagner III/Gooding 1997; Weick 1995, siehe Abschnitt 3.3.3).

Auch die Marketingforschung sieht die Interpretation von Informationen als wichtige Topmanageraufgabe an. Untersuchungen konzentrieren sich jedoch zumeist auf die Topmanagerebene, während Auswirkungen auf das gesamte Unternehmen, beispielsweise bezüglich der Marktorientierung, des Produktprogramms und des Unternehmenserfolgs, kaum Berücksichtigung finden. Insbesondere wird gezeigt, dass die Interpretation durch Topmanager anhand der Kategorisierung einer bestimmten Marktsituation als *Marktgefahr oder Marktchance* erfolgt (White/Varadarajan/Dacin 2003, siehe Abschnitt 3.3.4). Diese Einschätzung wird dabei von persönlichen Eigenschaften der Topmanager beeinflusst. Ob eine Marktsituation als Gefahr oder Chance eingestuft wird, hat Auswirkungen auf die Intensität der eingeleiteten Unternehmensmaßnahmen. Des Weiteren stehen insbesondere die *mentalen Modelle* von Topmanagern im Zusammenhang mit der Interpretation von Marktinformationen (Day 1994). Diese hängen beispielsweise von Umwelteinflüssen sowie der strategischen Ausrichtung des Unternehmens ab und können sich auf den Wettbewerbsvorteil von Unternehmen auswirken (Day/Nedungadi 1994). Im Einklang mit diesen Erkenntnissen fordern verschiedene Forscher, die Rolle von Topmanagern in der Interpretation von Marktinformationen intensiver zu untersuchen (Atuahene-Gima 2005; Olson/Slater/Hult 2005). Insgesamt zeigen die dargelegten Erkenntnisse, dass Topmanager eine entscheidende Rolle in der Interpretation von Marktinformationen spielen, die insbesondere durch die Identifikation von Marktgefahren und Marktchancen vollzogen wird.

Trotz dieser Erkenntnisse gibt es nur wenige Studien, die den Einfluss von Topmanagern auf die Marktorientierung als organisationalen Prozess untersuchen. Zu diesen zählen die Risikoneigung von Topmanagern sowie deren Einstellung zur Marktorientierung (Jaworski/Kohli 1993), das Geschlecht des Unternehmenseigentümers (Davis et al. 2010), das Umweltbewusstsein von Topmanagern (Dibrell/Craig/Hansen 2011), die Einbindung von Topmanagern in das Sammeln von Marktinformationen (Harmancioglu/Grinstein/Goldman 2010), die unternehmerische Neigung (Matsuno/Mentzer/Özsomer 2002) und die Diversität des Topmanagement-Teams (Talke/Salomo/Kock 2011). Trotz der Beiträge dieser Untersuchungen ist dem Verfasser dieser Arbeit keine Studie bekannt, die den Einfluss von Topmanagern auf die Interpretation von Marktinformationen erfasst. Insbesondere wurde die Identifikation von Marktgefahren und Marktchancen nicht explizit berücksichtigt. Eine Untersuchung dieses Zusammenhangs scheint daher einen Beitrag zur bestehenden Forschung zu leisten.

Entsprechend wird in dieser Studie der Einfluss von Topmanagern auf die Interpretation von Marktinformationen untersucht, wozu das Konstrukt der übersehenen Marktgefahren eingeführt wird. Dies ist definiert als das Ausmaß in dem ein Unternehmen marktbezogene Gefahren unbeachtet lässt, die den Wettbewerbsvorteil eines Unternehmens schwächen können. Um den Einfluss von Topmanagern auf übersehene Marktgefahren abzuschätzen, sind in einem ersten Schritt relevante Eigenschaften von Topmanagern zu identifizieren. Da demografische Variablen kaum das Verhalten von Topmanagern erklärt können (Finkelstein/Hambrick/ Cannella 2009, siehe Abschnitt 3.2), werden in dieser Untersuchung die Selbstkonzepte von Topmanagern herangezogen (siehe Abschnitt 3.4). Hierzu sind insbesondere die Überschätzung von Topmanagern und deren Selbstzentriertheit zu zählen (Bollaert/Petit 2010). Die Literatur der strategischen Führungsforschung hat exemplarisch belegt, dass das Selbstkonzept von Topmanagern den Preis von Firmenaufkäufen und die Wahl riskanter strategischer Entscheidungen erklärt (Li/Tang 2010). Darüber hinaus kann der Unternehmenserfolg mit den Selbstkonzepten von Topmanagern in Verbindung gebracht werden (Chatterjee/Hambrick 2007). Basierend auf diesen Erkenntnissen lautet die erste Forschungsfrage: Wie beeinflusst das Selbstkonzept von Topmanagern das Ausmaß übersehener Marktgefahren?

In einem zweiten Schritt soll der Einfluss übersehener Marktgefahren auf die Produktprogramminnovativität von Unternehmen analysiert werden. Die Produktprogramminnovativität ist definiert als die Fähigkeit eines Unternehmens, nützliche und neue Produkte in den Markt einzuführen (Stock/Zacharias 2013). Die Identifikation von Marktgefahren initiiert grundlegende Entscheidungen über zu bedienende Kundensegmente, relevante Wettbewerber und das Angebot von Produkten und Dienstleistungen (White/Varadarajan/Dacin 2003). Die Wahrnehmung einer Marktsituation als Chance oder Gefahr kann die Neubewertung der Stärken, Schwächen, Ressourcen und Fähigkeiten eines Unternehmens zur Entwicklung neuer Produkte zur Folge haben (Atuahene-Gima 2005). Dieser Prozess und damit die Entwicklung neuer Produkte bleiben aus, wenn ein Unternehmen Marktgefahren übersieht. Daher wird postuliert, dass übersehene Marktgefahren einen direkten negativen Einfluss auf die Produktprogramminnovativität haben. Die zweite Forschungsfrage lautet somit: Wie beeinflussen übersehene Marktgefahren die Produktprogramminnovativität von Unternehmen?

Für ein besseres Verständnis über die Auswirkungen übersehener Marktgefahren auf unternehmensbezogene Größen ist zu untersuchen, wie Unternehmen Konsequenzen übersehener Marktgefahren aktiv beeinflussen können. Von besonderem Interesse ist dabei die Frage, ob Unternehmen in der Lage sind, negative Effekte übersehener Marktgefahren auszugleichen. Eine besondere Rolle wird diesbezüglich überschüssigen Ressourcen zugeschrieben. Diese sind definiert als ein Ressourcenpuffer, um in Drucksituationen die Handlungsfähigkeit zu erhalten oder strategische Wechsel zu ermöglichen (Bourgeois III 1981). Insbesondere können überschüssige Ressourcen von Unternehmen eingesetzt werden, um Gefahren abzuwehren beziehungsweise Chancen zu nutzen (Daniel et al. 2004). Die dritte Forschungsfrage lautet daher: Können überschüssige Ressourcen die negativen Effekte übersehener Marktgefahren mindern?

Die Ergebnisse der Studie liefern mehrere Beiträge für die wissenschaftliche Forschung. *Erstens* vernachlässigt die bestehende Literatur, trotz der Bedeutung der Unterstützung von Topmanagern für die Marktorientierung von Unternehmen, zum größten Teil den Einfluss von Topmanagern auf den Prozess der Marktorientierung. Durch diese Untersuchung wird die besondere Rolle von Topmanagern hervorgehoben. Es wird insbesondere gezeigt, dass die Selbstkonzepte von Topmanagern einen Erklärungsbeitrag für das Übersehen von Marktgefahren liefern. Dadurch wird auch das Verständnis über die Einflussfaktoren der Produktprogramminnovativität erweitert.

Zweitens erfolgt eine Erweiterung der theoretischen Grundlagen der Marktorientierung. In der Marktorientierungsforschung wird zumeist der ressourcenbasierte Ansatz zur theoretischen Fundierung herangezogen (Han/Kim/Srivastava 1998; Ketchen/Hult/Slater 2007; Liao et al. 2011). Da in diesem Ansatz die Rolle von Topmanagern nur unzureichend berücksichtigt wird (Finkelstein/Hambrick/Cannella 2009), riskiert die Marktorientierungsforschung den Anschluss an die Unternehmenspraxis zu verlieren. Der Beitrag dieser Studie ist es, die ressourcenbasierte Sichtweise um eine „Upper-Echelons"-Perspektive zu bereichern. Dabei ist es nicht das Ziel, den Aussagen des ressourcenbasierten Ansatzes zu widersprechen. Vielmehr werden Ressourcen eines Unternehmens als notwendige Voraussetzung einer Marktorientierung gesehen. Die Eigenschaften von Topmanagern hingegen sind die hinreichende Bedingung, um Prozesse der Marktorientierung im Ganzen nachvollziehen zu können.

Drittens wird ein neues Konstrukt eingeführt. Existierende Messungen der Marktorientierung konzentrieren sich auf die Informationsakquise, die Informationsverbreitung und die Reaktionsfähigkeit von Unternehmen (Jaworski/Kohli 1993). Während in dieser Sichtweise der Schritt der Interpretation gänzlich vernachlässigt wird, sehen Narver und Slater (1990) die Interpretation als organisationalen Prozess an (siehe Abschnitt 3.3.2). Im Grundlagenteil dieser Arbeit wurde herausgestellt, dass die Interpretation von Marktinformationen insbesondere durch die Identifikation von Marktgefahren und Marktchancen geschieht (Abschnitt 3.3.4). Da die Identifizierung von Marktgefahren und Marktchancen durch bestehende Konstrukte auf Unternehmensebene bisher nicht erfasst wird, liegt ein Beitrag der vorliegenden Arbeit in der Entwicklung und Validierung des Konstrukts der übersehenen Marktgefahren.

Viertens wird in Anlehnung an die „Upper Echelons"-Theorie (Hambrick 2007; Hambrick/ Mason 1984) im Detail aufgezeigt, wie Selbstkonzepte von Topmanagern die Identifikation von Marktgefahren und Marktchancen beeinflussen. Dabei wird vor allem herausgestellt, dass die Informationsfilterung von Topmanagern und ihre Fähigkeit Marktsituationen einzuschätzen durch extreme Selbstkonzepte verzerrt werden. Durch eine intensive Informationsfilterung weicht die wahrgenommene Realität der Topmanager daher von der tatsächlichen Realität ab. Der Mechanismus der Informationsfilterung kann insbesondere in zukünftigen Studien zur Rolle von Topmanagern in der Marktorientierung von Unternehmen berücksichtigt werden.

Unternehmen gewinnen ein tieferes Verständnis darüber, wie sich überschätzende beziehungsweise selbstzentrierte Topmanager den Unternehmenserfolg beeinflussen. Ein negativer Einfluss der Topmanager ist insbesondere durch die Fehleinschätzung von Marktsituationen gegeben, die zu einem reduzierten Nutzen des Produktprogramms führt. In Anlehnung an den theoretischen Mechanismus der Informationsfilterung sollten Topmanager den Rat von Kollegen und Mitarbeitern intensiver berücksichtigen, um das Übersehen von Marktgefahren zu verhindern. Der Einsatz überschüssiger Ressourcen ermöglicht dabei, negativen Konsequenzen übersehener Marktgefahren auf den Produktprogrammnutzen entgegenzuwirken.

Die empirische Untersuchung dieser Arbeit basiert auf einer umfangreichen Datengrundlage. Das neu entwickelte Konstrukt der übersehenen Marktgefahren wird anhand einer separaten Studie mit 131 Managern validiert. Die Überprüfung der Hypothesen erfolgt durch ein Strukturgleichungsmodell, das auf Auswertungen von 229 Topmanagern und 692 ihrer direkten Mitarbeiter aufbaut. Die Befragung von sowohl Topmanagern als auch Mitarbeitern ermöglicht die Gefahr eines Common Method Bias zu reduzieren. Gleichzeitig erlaubt dieses Design die Erhebung sensibler Informationen über Topmanager. Um die Erfolgsauswirkungen des Topmanagereinflusses abzuschätzen, werden longitudinale Daten über den Unternehmenserfolg in die Untersuchung eingebunden.

5.2 Theoretische Grundlagen und Bezugsrahmen der Arbeit

5.2.1 Erweiterung der Marktorientierung um eine Topmanagerperspektive

Der Anspruch dieser Studie ist es, die theoretische Betrachtung der Marktorientierungsforschung zur erweitern (siehe Abschnitt 1.3). Traditionell wird in der Marktorientierungsforschung eine ressourcenbasierte Sichtweise angewendet (Han/Kim/Srivastava 1998; Ketchen/Hult/Slater 2007; Liao et al. 2011). Der ressourcenbasierte Ansatz stammt aus der strategischen Managementforschung und besagt, dass die Einzigartigkeit von Ressourcen und deren schwierige Imitierbarkeit für andere Unternehmen einen Wettbewerbsvorteil erzeugen (Barney 1991; Wernerfelt 1984). Die Marktorientierung von Unternehmen ist als solche einzigartige Ressource aufzufassen, insbesondere wenn ein Unternehmen ein überlegenes Verständnis über Kundenbedürfnisse entwickelt und entsprechende Produkte in den Markt einführt (Hult/Ketchen/Slater 2005). Insgesamt lässt sich festhalten, dass aus einer ressourcenbasierten Sichtweise die Marktorientierung von Unternehmen deren Wettbewerbsvorteil und Innovativität erklären kann.

Ein umfassendes Verständnis der Aktivitäten eines Unternehmens erfordert neben einer Betrachtung der Unternehmensressourcen auch die Berücksichtigung der Topmanagereigenschaften (Finkelstein/Hambrick/Cannella 2009, siehe Abschnitt 3.2). Topmanager entscheiden letzten Endes darüber, wie Unternehmensressourcen in marktgerichtete Aktionen umgesetzt werden. Die „Upper Echelons"-Theorie widmet sich dabei psychologischen Eigenschaften von Topmanagern, um die Aktivitäten und den Erfolg von Unternehmen zu verstehen (Hambrick 2007; Hiller/Hambrick 2005). Angesichts komplexer Entscheidungssituationen vertrauen Topmanager auf ihre Werte und Grundüberzeugungen, um die Informationsvielfalt zu reduzieren und Interpretationen abzuleiten (Hambrick/Mason 1984). Aufgrund kognitiver Limitationen der Topmanager können deren Entscheidungen sowohl positive als auch negative Auswirkungen auf das Unternehmen haben (Hambrick 2007). Während Topmanager auch als eine Ressource von Unternehmen angesehen werden können, sind es gerade mögliche negative Auswirkungen von Topmanagern, die in einer ressourcenbasierten Perspektive nicht berücksichtigt werden (Finkelstein/Hambrick/Cannella 2009). Daher verspricht die Kombination der „Upper Echelons"-Theorie mit dem ressourcenbasierten Ansatz ein erweitertes Verständnis der Marktorientierung von Unternehmen und damit verbundenen Erfolgsauswirkungen.

Die „Upper Echelons"-Theorie liefert drei zentrale Beiträge für diese Arbeit. *Erstens* schreibt die Theorie Topmanagern einen großen Einfluss auf die Aktionen eines Unternehmens zu. Somit wirken die Interpretationen und Entscheidungen von Topmanagern direkt auf die Interpretationen und Entscheidungen des Unternehmens. *Zweitens* spezifiziert das verwendete Konzept der beschränkten Rationalität (March/Simon 1958), dass das Selbstkonzept von Topmanagern deren Entscheidungen beeinflusst. Topmanager nutzen das Selbstkonzept um Informationen zu filtern, da sie nicht alle möglichen Reize aufnehmen können (Hambrick/Mason 1984). Diese Filterung ist besonders bei Situationen, die mit einer hohen Unsicherheit behaftet sind, stark ausgeprägt. Diese Situationen werden auch als schwache Situationen beschrieben (Finkelstein/Hambrick/Cannella 2009). Marktbezogene Entscheidungen können als solche schwachen Situationen aufgefasst werden, da sich Topmanager einer hohen Informationsunsicherheit gegenübersehen (Day/Nedungadi 1994).

Drittens bietet die „Upper Echelons"-Theorie ein detailliertes Verständnis wie diese Informationsfilterung abläuft und durch das Selbstkonzept von Topmanagern beeinflusst wird. Die Informationsfilterung wird dazu in drei aufeinanderfolgende Schritte aufgeteilt (siehe Abschnitt 3.2): die Erstellung eines Sichtfelds, die selektive Wahrnehmung und die Interpretation der Informationen (Hambrick/Mason 1984). Während sich die Erstellung eines Sichtfelds auf die formelle und informelle Informationssuche der Topmanager bezieht, verweist die selektive Wahrnehmung darauf, dass lediglich ein Teil der gefundenen Informationen durch die Topmanager aktiv wahrgenommen wird. Informationen, die als nicht relevant eingestuft werden, finden demnach keine Berücksichtigung im weiteren Entscheidungsprozess. Die individuelle Interpretation von Informationen bezieht sich auf die Deutung beziehungsweise Sinngebung wahrgenommener Informationen. Der Informationsfilterprozess mündet schließlich in der wahrgenommenen Realität der Topmanager (Finkelstein/Hambrick/Cannella 2009). Im Rahmen dieser Arbeit betrifft dies konkret die Wahrnehmung marktbezogener Entwicklungen. Dieser Logik folgend können strategische Fehlentscheidungen, wie das Übersehen von Marktgefahren, in dem Unterschied zwischen wahrgenommener und tatsächlicher Realität erklärt werden. Insgesamt erlauben die drei Filterphasen eine detaillierte Analyse des Einflusses von Topmanagerselbstkonzepten auf deren Informationsfilterprozess und somit der Entstehung übersehener Marktgefahren.

5.2.2 Bezugsrahmen der Studie

Abbildung 5-1 bietet einen Überblick über den Bezugsrahmen dieser Studie. Insgesamt wird eine kausale Kette untersucht, die von den Topmanagerselbstkonzepten bis zum Erfolg des Unternehmens in der Folgeperiode reicht. Der Effekt der Selbstkonzepte wird durch die Konstrukte übersehene Marktgefahren und Produktprogrammminnovativität mediiert. Mit der Überschätzung und der Selbstzentriertheit werden zwei zentrale Selbstkonzepte von Topmanagern berücksichtigt. Bezüglich der Produktprogrammminnovativität werden der Nutzen und die Neuartigkeit des Produktprogramms unterschieden (Stock/Six/Zacharias 2013). Weiterhin wird ein Moderationseffekt der überschüssigen Ressourcen auf die Beziehung zwischen übersehenen Marktgefahren und der Produktprogrammminnovativität postuliert.

Die empirische Studie enthält weiterhin verschiedene Kontrollvariablen für die zentralen Konstrukte übersehene Marktgefahren und Produktprogrammminnovativität. Hierzu zählen Unternehmensressourcen, wie die Reaktionsfähigkeit des Unternehmens auf Marktveränderungen, die Anpassungsfähigkeit des Unternehmens und die Macht der Marketingabteilung. In einer weiteren Gruppe sind verschiedene marktbezogene Größen zusammengefasst, wie die Wettbewerbsintensität und die technologische Turbulenz. Des Weiteren werden verschiedene Industrieeigenschaften und die Anzahl der Mitarbeiter als Kontrollvariablen berücksichtigt.

Abbildung 5-1: Bezugsrahmen Studie 2

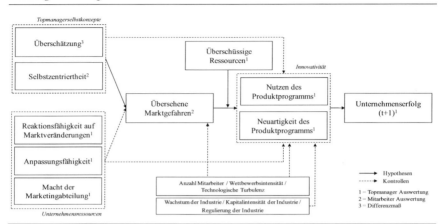

5.3 Hypothesenentwicklung

5.3.1 Direkte Effekte

Das Selbstkonzept von Topmanagern ist ein Sammelbegriff, der verschiedene Persönlichkeitsaspekte sowie das Verhalten von Topmanagern in bestimmten Situationen zusammenfasst (Bollaert/Petit 2010; Finkelstein/Hambrick/Cannella 2009, siehe Abschnitt 3.4.1). Entsprechend wird das Selbstkonzept in dieser Arbeit definiert als „an individual's perception of self, formed through experience with the environment, interactions with significant others, and attributions of his/her own behavior" (Marsh et al. 1984, S. 941). Das Selbstkonzept steht mit der Persönlichkeit von Topmanagern in enger Verbindung, kann aber als weniger grundlegend und stabil eingeschätzt werden (Finkelstein/Hambrick/Cannella 2009).

In dieser Studie werden insbesondere die Überschätzung und die Selbstzentriertheit von Topmanagern untersucht (siehe Abschnitte 3.4.3 und 3.4.4). Dies ist darin begründet, dass Topmanager anfällig für entsprechende Verhaltensweisen sind und diese Selbstkonzepte daher einen guten Erklärungsbeitrag leisten (Bollaert/Petit 2010; Finkelstein/Hambrick/Cannella 2009). Überschätzung kann definiert werden als die Überschätzung der eigenen Fähigkeiten und Leistung (Li/Tang 2010). Selbstzentriertheit ist das Ausmaß in dem Topmanager ihre eigenen Interessen über die Interessen von anderen Stellen (Phares/Erskine 1984). Während Überschätzung ein psychologischer Zustand ist, der wesentlich durch Umgebungseinflüsse geprägt wird, ist eine Selbstzentriertheit stärker in der Persönlichkeit verwurzelt.

Aufbauend auf der „Upper Echelons"-Theorie wird argumentiert, dass die Selbstkonzepte von Topmanagern zu einer veränderten Wahrnehmung der Marktgefahren führen und somit die Marktorientierung von Unternehmen beeinflussen. Überschätzung und Selbstzentriertheit führen zu einem Unterschied zwischen der wahrgenommenen Realität der Topmanager und der tatsächlichen Realität, was in dem Übersehen von Marktgefahren resultiert.

Einfluss der Überschätzung von Topmanagern auf das Übersehen von Marktgefahren. Die Überschätzung von Topmanagern hat einen wesentlichen Einfluss auf den dreistufigen Prozess der Informationsfilterung. In der Literatur werden sich überschätzende Topmanager als resistent gegenüber Kritik und Feedback beschrieben (Hayward/Shepherd/Griffin 2006). Im ersten Schritt (Erstellung des Sichtfelds) ist daher anzunehmen, dass sich überschätzende Topmanager nur die Informationen akzeptieren, die ihre Überzeugungen bestätigen (Hayward/Hambrick 1997). Wenn entsprechende Topmanager ein Unternehmen einmal als ungefährlich eingestuft haben, ist es daher wahrscheinlich, dass keine Informationen über die Aktivitäten des entsprechenden Unternehmens eingeholt werden.

Im zweiten Schritt (selektive Wahrnehmung) kann argumentiert werden, dass Topmanager ihre eigene Fähigkeit zur Lösung von Problemen überschätzen (Li/Tang 2010). Erhalten Topmanager Informationen über potenzielle Gefahren, tendieren sie dazu, Gefahren als nicht kritisch einzustufen (Malmendier/Tate 2005). Im dritten Schritt (Interpretation der Information) werden sich überschätzende Topmanager dazu neigen, schwierige Lösungen einfachen Lösungen vorzuziehen, da sie ihre Leistungsfähigkeit unter Beweis stellen wollen (Hirshleifer/Low/Teoh 2012; Tang/Li/Yang 2012). Dabei werden sie mögliche Erlöse überschätzen und verbundene Risiken unterschätzen (Hirshleifer/Low/Teoh 2012). So wird in einer Studie nachgewiesen, dass sich überschätzende Unternehmensgründer die Stärke von Wettbewerbern nicht korrekt bewerten können (Hayward/Shepherd/Griffin 2006). Insgesamt lässt sich festhalten, dass die Überschätzung von Topmanagern zu Abweichungen der wahrgenommenen Realität von der tatsächlichen Realität führt. Dies erhöht die Gefahr, Marktgefahren zu übersehen. Entsprechend lautet die erste Hypothese:

Hypothese 1a: Die Überschätzung von Topmanagern führt zu einer höheren Anzahl übersehener Marktgefahren.

Einfluss der Selbstzentriertheit von Topmanagern auf übersehene Marktgefahren. Die Selbstzentriertheit von Topmanagern wird den Filterprozess von Topmanagern ebenso auf verschiedenen Ebenen beeinflussen. Dabei kann angenommen werden, dass das Sichtfeld der Topmanager eingeengt ist, da die Selbstzentriertheit von Topmanagern zu einer schlechten Beziehung mit Mitarbeitern führt (Resick et al. 2009). Selbstzentrierte Topmanager reagieren sehr sensibel und stimmungsabhängig auf Kritik (Chatterjee/Hambrick 2007), was den Aufbau einer offenen Kommunikation mit ihren Mitarbeitern erschwert. Daher kann angenommen werden, dass wichtige Informationen von Mitarbeitern bezüglich Wettbewerberaktionen oder veränderten Kundenbedürfnissen nicht weitergegeben werden, insbesondere da sie negative Reaktionen der Topmanager erwarten. Das Ergebnis ist ein eingeschränktes Sichtfeld der Topmanager, was die Identifikation von Marktgefahren erschwert.

Bezüglich der selektiven Wahrnehmung ist zu vermuten, dass selbstzentrierte Topmanager relativ unempfänglich für objektive Leistungsbewertungen sind. Diese sind notwendig, um vergangene Entscheidungen zu bewerten (Chatterjee/Hambrick 2011). Selbstbezogene Topmanager haben des Weiteren die Angewohnheit, sich und ihre Fähigkeiten in den Vordergrund zu stellen und nach Bewunderung zu suchen (Resick et al. 2009). Sie fühlen sich überlegen und sehen daher wenig Raum für Verbesserungen (Chatterjee/Hambrick 2007). Daher werden sie, ähnlich wie sich überschätzende Topmanager, Informationen verdrängen, die nicht ihrem Selbstbild entsprechen. Im Falle von selbstzentrierten Topmanagern betrifft dies vor allem Informationen, die vergangene Entscheidungen als Fehlentscheidungen der Topmanager aussehen lassen. In der Innovationsforschung wurde dabei gezeigt, dass die Korrektur vergangener Entscheidungen notwendig ist, um einen Wettbewerbsvorteil aufrecht zu erhalten und neue Produkte erfolgreich in den Markt einzuführen (Chandy/Tellis 1998; Nijssen et al. 2006).

Die Interpretation von Informationen betreffend kann argumentiert werden, dass die Selbstzentriertheit von Topmanagern zu dem Phänomen der Verhaltenskanalisierung führt (Chatterjee/Hambrick 2007). Wenn ein Topmanager verschiedene gleichwertige Alternativen zur Auswahl hat, werden die Alternativen gewählt, die den persönlichen Präferenzen am ehesten entsprechen (Chatterjee/Hambrick 2007). Im Falle von selbstzentrierten Topmanagern wird dies Alternativen betreffen, bei denen der Topmanager seine Fähigkeiten in den Vordergrund stellen und Einfluss auf andere ausüben kann. Bei der Ableitung der Unternehmensreaktion auf Marktgefahren werden daher am ehesten solche Maßnahmen ergriffen, die das Selbstkonzept des Topmanagers nach außen repräsentieren. Insgesamt wird argumentiert, dass die Selbstzentriertheit von Topmanagern zu einer starken Informationsfilterung führt, die eine verzerrte Wahrnehmung der Realität zur Folge hat. Entsprechend lautet der zweite Teil der ersten Hypothese:

Hypothese 1b: Die Selbstzentriertheit von Topmanagern erhöht die Anzahl übersehener Marktgefahren.

Auswirkungen übersehener Marktgefahren auf die Produktprogramminnovativität. Die Produktprogramminnovativität umfasst die Dimensionen Nutzen des Produktprogramms und Neuartigkeit des Produktprogramms (Stock/Zacharias 2013; Szymanski/Kroff/Troy 2007).

Der Nutzen umfasst den Grad, in dem das Produktprogramm eines Unternehmens den Kunden eine überlegene Qualität und einen überlegenen Mehrwert bieten kann (Stock/Zacharias 2011). Die Neuartigkeit des Produktprogramms bezieht sich dabei auf den Grad, in dem sich das Angebot eines Unternehmens vom Angebot der Wettbewerber unterscheidet (Stock/Zacharias 2011).

Um den Nutzen des Produktprogramms zu erhöhen, wird in der Marketingliteratur die Einnahme einer Kundenorientierung empfohlen (Fang/Palmatier/Evans 2008; Im/Workman 2004). Durch ein überlegenes Verständnis von Kundenbedürfnissen hat die Entwicklung neuer Produkte eine höhere Wahrscheinlichkeit zu nützlichen Produkten zu führen (Fang/Palmatier/Evans 2008). Werden Marktgefahren übersehen, ist es für Unternehmen schwieriger Produkte zu entwickeln, die Kundenbedürfnissen gerecht werden. Zusammenfassend ist anzunehmen, dass das Übersehen von Marktgefahren den Nutzen des Produktprogramms reduziert.

Um die Neuartigkeit des Produktprogramms zu erhöhen, müssen Unternehmen aufmerksam technologische Trends und neue Produkteigenschaften beobachten (Szymanski/Kroff/Troy 2007). Um die Neuartigkeit des Produktprogramms sicherzustellen, hilft insbesondere eine Wettbewerberorientierung (Im/Workman 2004). Dabei kann argumentiert werden, dass durch übersehene Marktgefahren technologische Trends und Wettbewerberaktionen verpasst werden. Kann ein Unternehmen nicht rechtzeitig reagieren, wird dies einen negativen Einfluss auf die Neuartigkeit des Produktprogramms haben. Daher lautet die zweite Hypothese:

Hypothese 2:   Übersehene Marktgefahren haben einen negativen Effekt auf (a) den Nutzen des Produktprogramms und (b) die Neuartigkeit des Produktprogramms.

Mehrere Studien zeigen, dass die Produktprogramminnovativität den Unternehmenserfolg positiv beeinflusst (Droege/Hildebrand/Forcada 2009; Han/Kim/Srivastava 1998). Der Unternehmenserfolg in dieser Studie ist definiert als der finanzielle Erfolg eines Unternehmens im Vergleich zu seinen Hauptwettbewerbern in der Folgeperiode (Homburg/Pflesser 2000). Aus einer ressourcenbasierten Sichtweise ist anzunehmen, dass hierzu sowohl nützliche als auch neue Produkte den Unternehmenserfolg steigern (Calantone/Harmancioglu/Droge 2010). Innovative Produkte sollten insbesondere höhere Verkaufszahlen aufweisen (Kirca/Jayachandran/Bearden 2005). Im Allgemeinen erhöhen innovative Produkte das Ansehen eines Unternehmens und führen so zu einer besseren Marktposition (Rubera/Kirca 2012). Insgesamt wird angenommen, dass eine Erhöhung der Produktprogramminnovativität die Marktposition des Unternehmens verbessert und somit den finanziellen Erfolg in der Folgeperiode beeinflusst. Daher lautet die dritte Hypothese:

Hypothese 3: Eine Erhöhung des Nutzens (a) und der Neuartigkeit (b) des Produktprogramms in t=0 hat einen positiven Einfluss auf den Unternehmenserfolg in t+1.

5.3.2 Moderatorhypothese

Überschüssige Ressourcen spielen sowohl im ressourcenbasierten Ansatz als auch in der „Upper Echelons"-Theorie ein wichtige konzeptionelle Rolle. Aus einer ressourcenbasierten Perspektive ermöglichen sie den Aufbau von Wissen zur Entwicklung von Innovationen (Atuahene-Gima 2005; de Luca/Atuahene-Gima 2007, Skjølsvik et al. 2007). Umfangreiche Ressourcen sind zudem notwendig, um hohe Kosten von Entwicklungsprojekten zu bewältigen (Atuahene-Gima/Murray 2007). Aus einer „Upper Echelons"-Perspektive ermöglichen überschüssige Ressourcen die Handlungsfähigkeit von Topmanagern (Finkelstein/Hambrick 1990) und deren Fähigkeit zur kreativen Problemlösung (Sharma 2000). In ihrer Metaanalyse unterstreichen Daniel und Kollegen (2004), dass überschüssige Ressourcen für Manager wichtig sind, um unerwartete Gefahren oder Chancen zu adressieren. Aufgrund ihrer Bedeutung für die Adressierung von Marktgefahren und Marktchancen und der Innovativität von Unternehmen soll in dieser Arbeit der Moderatoreffekt überschüssiger Ressourcen auf die Innovationsauswirkungen übersehener Marktgefahren betrachtet werden.

Überschüssige Ressourcen sind definiert als ein Puffer an Ressourcen der genutzt werden kann, um in Drucksituationen die Handlungsfähigkeit zu erhalten oder strategische Wechsel zu ermöglichen (Bourgeois III 1981). Es ist anzunehmen, dass Unternehmen durch überschüssige Ressourcen eine mangelhafte Adressierung von Kundenbedürfnissen beziehungsweise Schwächen im Vergleich zu Wettbewerbsangeboten ausgleichen können. Auf Basis überschüssiger Ressourcen kann das Unternehmen Sofortmaßnahmen nutzen, um negative Auswirkungen übersehener Marktgefahren auf das Produktprogramm zu verhindern. Hier ist insbesondere die schnelle Entwicklung neuer Produkte zu nennen. Bezüglich des Nutzens des Produktprogramms besteht die Möglichkeit Vertriebsmaßnahmen einzuleiten, um Kunden die Funktionalitäten der Produkte näher zu bringen oder zusätzliche Dienstleistungen anzubieten. Um die Unterschiede zum Angebot des Wettbewerbs hervorzuheben und somit die Neuartigkeit zu erhöhen, können Unternehmen überschüssige Ressourcen für die Durchführung von Marketingkampagnen einsetzen. Daher lautet die vierte Hypothese:

Hypothese 4: Überschüssige Ressourcen schwächen den negativen Effekt übersehener Marktgefahren auf die Produktprogramminnovativität ab.

5.4 Datensatz und Messungen

5.4.1 Datensatz

Diese Studie basiert auf einem Datensatz mit mehreren Informanden, dessen Erhebung im Rahmen eines Executive-MBA Programms erfolgte. Dieses Vorgehen ist im Bereich der Topmanagementforschung üblich (Day/Nedungadi 1994; Hoffman et al. 2011). Zuerst wurden alle 298 Teilnehmer des Executive-MBA Programms per Email gebeten an einer Fragebogenstudie über das Thema Kreativität und Innovativität teilzunehmen. Ein schriftlicher Fragebogen mit einem rückadressierten und frankierten Umschlag wurde anschließend an die Topmanager übersendet. Gleichzeitig sollten die Topmanager die E-Mailadressen von mindestens fünf ihrer Mitarbeiter bereitstellen, die ebenfalls einen schriftlichen Fragebogen erhielten. Den Mitarbeitern wurde dabei die vertrauliche Behandlung ihrer individuellen Daten versichert.

Der finale Datensatz besteht aus 229 Topmanagern (Antwortrate von 77 %) und 692 ihrer Mitarbeiter (Antwortrate von 55 %). Somit entfallen auf jeden Topmanager 3,02 Mitarbeiter. Die Topmanager haben ein Durchschnittsalter von 39 Jahren und arbeiten in verschiedenen Industrien: professionelle Dienstleistungen (21 %), produzierendes Gewerbe (24 %), IT (18,3 %), Handel (10 %), Maschinenbau und Elektrotechnik (6,1 %) und Banken und Versicherungen (11,8 %). 8,7 % der Topmanager arbeiten in anderen Industrien.

Eine Identifikationsnummer für jeden Topmanager, die auf den Fragebögen der jeweiligen Mitarbeiter vermerkt war, ermöglichte eine Zuordnung der Mitarbeiterinformationen zu den entsprechenden Topmanagern. Vor der Aggregation der Mitarbeiterdaten wurde die Reliabilität der Mitarbeiterantworten durch die Berechnung des r_{wg} Werts getestet (James/Demaree/Wolf 1984). Der Median aller entsprechenden r_{wg} Werte überschritt das vorgeschlagene Minimum von 0,70 (Burke/Finkelstein/Dusig 1999). Daher wurden die Antworten der Mitarbeiter für jeden Topmanager in einem einzigen Wert aggregiert (van Bruggen/Lilien/Kacker 2002).

5.4.2 Messung der Konstrukte

Sofern möglich, erfolgte die Erhebung subjektiver Informationen von Topmanagern und ihren Mitarbeitern durch die Verwendung etablierter Skalen mit mehreren Indikatoren (Tabelle 5-1). Die Auswertung fand dabei immer durch die Person statt, die am besten über das entsprechende Konstrukt informiert ist (siehe Abbildung 5-1). Die Topmanager bewerteten daher ihre eigene Leistung, die Unternehmensstruktur, die Produktprogramminnovativität sowie markt- und industriespezifische Eigenheiten. Ein Jahr nach der ersten Erhebung wurden die

Topmanager gebeten, den Unternehmenserfolg des zurückliegenden Jahres einzuschätzen. Eine vollständige Antwort konnte von 155 Topmanagern generiert werden.

Tabelle 5-1: Konstrukte, Quellen und verwendete Indikatoren Studie 2

Leistung der Topmanager (Maslach/Jackson 1996)
I have accomplished many worthwhile things in this job.
I can effectively solve the problems that arise in my work.
I feel I am making an effective contribution to what this firm does.

Selbstzentriertheit der Topmanager (Phares/Erskine 1984)
To which extent could one of the following sentences be said by your supervisor?
Thinking of yourself first is no sin in this world today.
Call it selfishness if you will, but in this world today we all have to look out for ourselves first.
The trouble with getting too close to people is that they start making emotional demands to you.

Übersehene Marktgefahren (selbstentwickelt)
The following statements relate to strategic actions of your firm. My firm...
... overlooked threats to the firm.
... overlooked the threat implied by changed customer demands.
... overlooked the threat implied by competitor actions.
... recently missed strategic opportunities.
... lost competitive advantage because of top management mistakes.

Nutzen des Produktprogramms (Stock/Zacharias 2011)
The newly developed products/services of our firm ...
... deliver high benefits for our customers.
... offer higher quality than the products/services of our competitors.
... offer unique advantages to our customers.

Neuartigkeit des Produktprogramms (Stock/Zacharias 2011)
The products/services of our firm ...
... are novel.
... are inventive.
... differ significantly in terms of their newness from existing products/services of competitors.

Reaktionsfähigkeit auf Marktveränderungen (Jaworski/Kohli 1993)
If a major competitor were to launch an intensive campaign targeted at our customers, we would implement a response immediately.
When we find out that customers are unhappy with the quality of our product or service, we take corrective action immediately.
When we find that customers would like us to modify a product or service, the departments involved make concerted efforts to do so.
We are quick to respond to significant changes in our competitors' pricing structures.

Anpassungsfähigkeit (García-Morales/Lloréns-Montes/Verdú-Jover 2008)
The firm has a clear division of roles and responsibilities for acquiring new knowledge.

Tabelle 5-1: Konstrukte, Quellen und verwendete Indikatoren Studie 2

The firm has the necessary skills to implement new acquired knowledge.
The firm has the competences to transform the new acquired knowledge.
The firm has the competences to use the new acquired knowledge.
Macht der Marketingabteilung (Atuahene-Gima/Slater/Olson 2005)
Top management considers marketing a more important function than R&D.
Marketing has more power in this SBU than other departments such as R&D.
The marketing department tends to dominate in the affairs of this SBU.
The marketing department is more influential in this SBU than other departments.
Überschüssige Ressourcen (Atuahene-Gima/Slater/Olson 2005)
This SBU has few resources available in the short run to found its initiatives *(invers)*
We are able to obtain resources at short notice to support new strategic initiatives.
Unternehmenserfolg (angepasst von Homburg/Pflesser 2000)
To what extent has your firm achieved better results than the competition in these areas in the last year:
Overall performance
Profitability
Sales
Return on investments
Return on sales

Anmerkung: Verwendete Messskala 1 = strongly disagree, 7 = strongly agree

Die Mitarbeiter bewerteten ebenfalls die Leistung der Topmanager (Maslach/Jackson 1996). Um den Grad der Überschätzung zu bestimmen, wurde ein Differenzmaß gebildet, indem die Mitarbeitereinschätzung der Topmanagerleistung von der Topmanagereinschätzung ihrer Leistung subtrahiert wurde (für ein ähnliches Vorgehen Li/Tang 2010 und Abschnitt 3.4.3). Da anzunehmen ist, dass Topmanager das Ausmaß übersehener Marktgefahren sowie ihrer Selbstzentriertheit nicht wahrheitsgemäß angeben, erfolgte die Bewertung dieser Größen ebenfalls durch die Mitarbeiter.

Konstruktvalidierung übersehene Marktgefahren. Das Ziel dieser Studie ist es, die Interpretation von Marktinformationen zu untersuchen, welche Grundlage für die Identifizierung von Marktgefahren ist. Viele Artikel im Bereich der Marktorientierung betonen die Bedeutung der Identifikation von Marktgefahren (Day/Nedungadi 1994; Hurley/Hult 1998; White/Varadarajan/Dacin 2003). Die Literatur über das Phänomen des Sensemaking belegt, dass im Interpretationsprozess von Topmanagern die Klassifizierung von Situationen als Marktgefahren oder Marktchancen ein typischer Vorgang ist (Thomas/Clark/Gioia 1993). Aufbauend auf diesen Erkenntnissen untersuchen Studien im Marketing den Einfluss der Identifikation von Marktgefahren beziehungsweise Marktchancen (Atuahene-Gima 2005; White/Varadarajan/

Dacin 2003). Insgesamt analysiert jedoch keine Studie, ob die Einschätzung von Marktsituationen korrekt ist oder ob Marktgefahren übersehen werden (Abschnitt 3.3.4).

Das Konstrukt der übersehenen Marktgefahren wird in dieser Arbeit definiert als das Ausmaß in dem ein Unternehmen marktbezogene Gefahren unbeachtet lässt, die den Wettbewerbsvorteil eines Unternehmens schwächen können. Die Entwicklung von Indikatoren für eine Messung des Konstrukts baut auf der Literatur der Marktorientierung von Unternehmen und des strategischen Managements auf. Des Weiteren wurden Interviews mit Praktikern und Wissenschaftlern durchgeführt. Beide Forschungsströme bewerten die Identifizierung von Marktgefahren als eine zentrale Aufgabe für Unternehmen (Day 1994; Li/Tang 2010; Slater/Narver 1999). Daher wurde folgender Indikator in die Skala integriert: „My firm overlooked threats to the firm". Da in vielen Arbeiten übersehene Marktgefahren im Einklang mit verpassten Marktchancen genannt werden (Atuahene-Gima 2005; Hurley/Hult 1998; Wei/Wang 2011), wird dieser Aspekt durch ein separates Item adressiert: „My firm recently missed strategic opportunities".

Weiterhin gelten Kunden und Wettbewerber als die wichtigsten Marktteilnehmer. So wird in der Marktorientierung beispielsweise zwischen einer Kunden- und einer Wettbewerberorientierung unterschieden (Calantone/Harmancioglu/Droge 2010). Dies wird in zwei weiteren Indikatoren berücksichtigt: „My firm overlooked the threat implied by changed customer demands/My firm overlooked the threat implied by competitor actions". Da sich die Definition von Marktgefahren auf den Wettbewerbsvorteil von Unternehmen bezieht, wird dieser Aspekt in einem separaten Item berücksichtigt. Aufgrund der besonderen Bedeutung von Topmanagern in der Interpretation von Marktsituationen ist es wahrscheinlich, dass Mitarbeiter des Unternehmens Fehler in der Marktinterpretation den Topmanagern zuweisen werden. Dieser Aspekt wird somit ebenfalls in diesem Konstrukt berücksichtigt: „My firm lost competitive advantage because of top management mistakes". Insgesamt besteht die Skala zur Erfassung übersehener Marktgefahren aus fünf Indikatoren.

Den Abschluss der Konstruktentwicklung bildete eine Validierungsstudie. Hierfür wurde ein Fragebogen mit der Skala an zufällig ausgewählte Manager aus verschiedenen Industrien verteilt. Dieses Vorgehen führte zu vollständigen Antworten von 131 Managern. Die Ergebnisse der exploratorischen und konfirmatorischen Analyse des Konstrukts sind Tabelle 5-2 zu entnehmen. Alle Gütekriterien erfüllen dabei die in der Literatur üblichen Grenzwerte (Bagozzi/Baumgartner 1994; Nunnally 1978).

Tabelle 5-2: Gütekriterien der Validierungsstudie des Konstrukts übersehene Marktgefahren

Indikatorbezogene Gütekritieren		
Indikatoren	**Item-to-Total Korrelation**	**Indikator Reliabilität**
My firm...		
... overlooked threats to the firm.	0,83	0,76
... overlooked the threat implied by changed customer demands.	0,84	0,78
... overlooked the threat implied by competitor actions.	0,76	0,64
... recently missed strategic opportunities.	0,79	0,69
... lost competitive advantage because of top management mistakes.	0,83	0,75
Faktorbezogene Gütekriterien		
Varianzerklärung durch ersten Faktor:	78%	
Cronbach'sches Alpha:	0,93	
Faktorreliabilität:	0,93	
Durchschnittlich erfasste Varianz:	0,72	

Gütekriterien der verwendeten Skalen. Für alle verwendeten subjektiven Skalen in der Hauptstudie (229 Topmanger und 692 ihrer Mitarbeiter) wurde die Reliabilität und Validität durch exploratorische und konfirmatorische Analysen ermittelt (Bagozzi/Baumgartner 1994). Die Ergebnisse sind Tabelle 5-3 zu entnehmen. Für alle Konstrukte, die mit drei oder mehr Indikatoren gemessen wurden, übersteigt das Cronbach'sche Alpha den häufig zitierten Schwellenwert von 0,70 (Nunnally 1978). Im Fall des Konstrukts der überschüssigen Ressourcen, dass mit nur zwei Indikatoren gemessen wurde, liegt das Cronbach'sche Alpha bei 0,66, was immer noch als akzeptabel bewertet werden kann (Hair et al. 2006). Ein Grund für den verringerten Wert ist hierbei in der geringen Itemanzahl sowie in der Nutzung eines inversen Indikators zu vermuten. Die Diskriminanzvalidität der Konstrukte wurde durch die Verwendung des Kriteriums von Fornell und Larcker (1981) überprüft. Die Diskriminanzvalidität der Konstrukte ist sichergestellt, da die Wurzel der durchschnittlich erklärten Varianz die Korrelationen der Konstrukte untereinander in allen Fällen übersteigt.

Tabelle 5-3: Korrelationen, Gütekriterien und deskriptive Statistiken Studie 2

	1	2	3	4	5	6	7	8	9	10	11	12	13
1. Überschätzung	**0,79**												
2. Selbstzentriertheit	0,17*	**0,77**											
3. Übersehene Marktgefahren	0,22**	0,35**	**0,85**										
4. Nutzen des Produktprogramms	0,13	-0,09	-0,16*	**0,81**									
5. Neuartigkeit des Produktprogramms	0,18**	-0,14*	-0,06	0,65**	**0, 86**								
6. Unternehmenserfolg t+1	0,01	0,04	-0,07	0,28**	0,27**	**0,82**							
7. Reaktionsfähigkeit	0,07	-0,07	-0,05	0,41**	0,23**	0,21**	**0,67**						
8. Anpassungsfähigkeit	0,18**	-0,18**	-0,13	0,53**	0,50**	0,20*	0,51**	**0,86**					
9. Macht der Marketingabteilung	0,01	-0,09	-0,04	0,08	0,24**	-0,04	0,00	0,16*	**0,85**				
10. Anzahl Mitarbeiter	0,08	-0,05	0,09	-0,08	-0,05	-0,12	-0,15*	-0,11	-0,03	-			
11. Technologische Turbulenz	0,05	-0,07	0,02	0,20**	0,27**	0,05	0,03	0,13*	0,24**	0,04	**0,84**		
12. Wettbewerbsintensität	0,08	0,08	0,08	-0,21**	-0,18**	-0,17*	-0,01	-0,22**	-0,03	0,18**	0,10	**0,77**	
13. Überschüssige Ressourcen	0,04	-0,10	-0,12	0,34**	0,28**	0,24**	0,27**	0,33**	0,03	-0,08	-0,04	-0,15*	-
Mittelwert	-0,36	2,97	3,03	5,23	4,62	4,96	5,31	4,91	3,14	4,23	4,35	4,22	4,62
Standardabweichung	0,83	0,88	0,97	1,09	1,23	1,10	0,99	1,11	1,37	2,84	1,53	1,51	1,17
Cronbach'sches Alpha	0,83	0,81	0,93	0,85	0,89	0,91	0,76	0,91	0,91	-	0,88	0,81	0,66
Faktorreliabilität	0,83	0,82	0,93	0,85	0,89	0,91	0,76	0,92	0,91	-	0,88	0,82	-
Fallanzahl	229	229	229	228	228	155	226	226	225	224	228	228	226

Anmerkung: Werte in fetter Schrift entsprechen der Wurzel der durchschnittlich erfassten Varianz.
** $p < 0,01$; * $p < 0,05$
Kategorien für Anzahl Mitarbeiter: 1 = < 100; 2 = 101 – 500; 3 = 501 – 1.000; 4 = 1.001 – 2.500; 5 = 2.501 – 5.000; 6 = 5.001 – 10.000; 7 = 10.001 – 20.000; 8 = 20.001 – 50.000; 9 = 50.001 – 100.000; 10 = > 100.001

5.4.3 Test auf Common Method Bias

Zwei zentrale Maßnahmen in dieser Arbeit sollen sicherstellen, dass die Haupteffekte des Strukturgleichungsmodells nicht durch einen Common Method Bias bedingt sind (Podsakoff et al. 2003). Um die Verzerrung durch dieselbe Informationsquelle auszuschließen (Common Rater Bias), wurden die Daten der unabhängigen und abhängigen Variablen bei unterschiedlichen Informanden abgefragt. So bestimmen die Mitarbeiter das Ausmaß der mediierenden Variable übersehene Marktgefahren, während Topmanager die Produktprogramminnovativität bewerten.

Weiterhin wird ein gemeinsamer Faktor, der eine mögliche Verzerrung abbildet, in das Strukturgleichungsmodell mit allen Haupt- und Kontrolleffekten integriert (Podsakoff et al. 2003). Allen Indikatoren im Untersuchungsmodell ist dabei erlaubt, auf diesen Faktor zu laden. Eine Ausnahme bildet die Anzahl der Mitarbeiter, die eine objektive Größe darstellt und somit ein Common Method Bias als unwahrscheinlich zu bewerten ist (Homburg/Klarmann/Schmitt 2010). Um die Konvergenz des Modells sicherzustellen, wird zusätzlich die Faktorladung für alle Indikatoren gleichgesetzt (Podsakoff et al. 2003). Weitere Spezifikationen gewährleisten, dass der gemeinsame Faktor keine Korrelation mit anderen Konstrukten aufweist (Homburg/Klarmann/Schmitt 2010). Trotz der Berücksichtigung dieses Faktors blieben die Pfadkoeffizienten der Haupteffekte im Strukturgleichungsmodell signifikant (Modell 1, N=229). Daher kann angenommen werden, dass ein Common Method Bias die Resultate der Studie nicht verfälscht.

5.5 Überprüfung der Hypothesen

5.5.1 Testverfahren

Modelldefinition. Die Analyse der hypothetisierten Zusammenhänge erfolgt anhand eines Strukturgleichungsmodells unter der Verwendung einer Maximum-Likelihood-Schätzung. Als Programm wird hierzu MPLUS 5.21 verwendet (Muthén/Muthén 2007). Das Basismodell enthält alle direkten Effekte und die Effekte der Kontrollvariablen. Um Verzerrungen durch ausgeschlossene Variablen zu verhindern (Omitted Variable Bias), werden auf Basis inhaltlicher Überwägungen verschiedene Kontrollvariablen für das Konstrukt der übersehenen Marktgefahren und der Produktprogramminnovativität berücksichtigt. Die Auswahl der Kontrollvariablen richtet sich nach ihrer Innovationsrelevanz sowie dem potenziellen Einfluss auf den Grad übersehener Marktgefahren. In dieser Arbeit finden neben Unternehmensressourcen auch Eigenschaften des Marktes beziehungsweise der Industrie Verwendung.

Als wichtige Unternehmensressource wurde die Reaktionsfähigkeit von Unternehmen aus der MARKOR-Skala als maßgebliche Kontrollvariable ausgewählt (Jaworski/Kohli 1993). Nach Kohli und Jaworski (1990) kann die Reaktionsfähigkeit als die wichtigste Dimension der Marktorientierung angesehen werden, da sie die Fähigkeit eines Unternehmens beschreibt, auf Marktveränderungen zu reagieren. Mehrere Studien haben dabei nachgewiesen, dass eine höhere Reaktionsfähigkeit die Innovativität eines Unternehmens positiv beeinflusst (Carbonell/Rodríguez-Escudero 2010; Jiménez-Jimenez/Valle/Hernandez-Espallardo 2008). Um auf Marktveränderungen reagieren zu können, ist eine flexible Struktur wichtig, die häufig durch das Konstrukt der Anpassungsfähigkeit erfasst wird (García-Morales/Lloréns-Montes/Verdú-Jover 2008). Weiterhin zeigt die Macht der Marketingabteilung an, welchen

Stellenwert das Marketing in einem Unternehmen hat (Atuahene-Gima/Slater/Olson 2005). Dabei kann angenommen werden, dass eine höhere Macht der Marketingabteilung die Identifizierung und Erfüllung von Kundenbedürfnissen ermöglicht und somit einen Einfluss auf die Innovativität hat.

Wie in der Marktorientierungsforschung üblich, wird ebenfalls für die im Markt herrschende technologische Turbulenz sowie für die Wettbewerbsintensität kontrolliert (Jaworski/Kohli 1993). Industriespezifische Einflüsse bilden die Variablen Wachstum, Regulation und Kapitalintensität der Industrie ab. Die Anzahl der Mitarbeiter approximiert die Größe des Unternehmens. Diesbezüglich ist insbesondere anzunehmen, dass sich die Innovationsprozesse von kleinen und großen Unternehmen unterscheiden.

Modellschätzung. Aufgrund unterschiedlicher Rücklaufzahlen der beiden Erhebungsphasen und einzelner Fehlwerte für verschiedene Konstrukte, werden insgesamt drei Modelle im Rahmen der empirischen Studie geschätzt. Während in den meisten Arbeiten einzelne Fehlwerte häufig durch die Eliminierung von Fällen ausgeschlossen werden, verweisen aktuelle Arbeiten auf die Nachteile dieses Vorgehens, die in verzerrten Ergebnissen aufgrund einer Varianzreduktion zu erwarten sind (Enders 2010). Als Alternative zur fallweisen Elimination wird insbesondere die Methode der Maximum-Likelihood-Parameter-Schätzung fehlender Werte angesehen (Enders 2010; Graham 2009; Klarmann 2008). Daher wird gefordert, den Umgang mit fehlenden Werten ausführlich zu berichten, was in dieser Arbeit durch die Schätzung separater Modelle geschieht.

Das erste Modell enthält alle Informationen der ersten Erhebungsphase (t=0; N=229). Vereinzelt fehlende Werte (siehe Tabelle 5-3) werden dabei durch MPLUS geschätzt, in dem die Funktion des listenweisen Fallausschlusses deaktiviert wird. Das zweite Modell enthält alle Informationen aus der ersten und der zweiten Erhebungsphase, wobei fehlende Werte ebenfalls geschätzt werden (t=0 und t=1; N=229). Das dritte Modell enthält Daten aus beiden Erhebungsphasen, wobei fehlende Werte durch fallweisen Ausschluss eliminiert werden (t=0 und t=1; N=144).

Da im ersten Modell die Schätzung fehlender Werte weniger als 5 % der Fälle betrifft, ist dieses Vorgehen als unbedenklich einzustufen (Klarmann 2008). Im zweiten Modell (t=0 und t=1; N=229) wird zusätzlich zu den Konstrukten des ersten Erhebungszeitraums der Unternehmenserfolg berücksichtigt, der ein Jahr später erhoben wurde. Aufgrund der späteren Erhebung stehen zur Auswertung des Unternehmenserfolgs nur 155 Beobachtungen zur Verfügung. Anhand von Simulationsstudien zeigen Newman (2003) und Graham (2009), dass eine Schätzung fehlender Werte dem fallweisen Ausschluss von Beobachtungen auch bei Fehlquoten von 33 % (Enders 2010) überlegen ist.

Voraussetzung für dieses Vorgehen ist, dass kein systematischer Grund für die Entstehung fehlender Werte festzustellen ist. Durch mündliche Befragung einzelner Executive-MBA Teilnehmer, die keine Daten zum Unternehmenserfolg zur Verfügung stellten, konnte dabei kein systematischer Grund für eine fehlende Antwort gefunden werden. Entsprechend wurden im zweiten Modell die 74 fehlenden Werte (32 % der Beobachtungen) über eine Maximum Likelihood-Parameter-Schätzung ersetzt. Diese Schätzung betrifft dabei lediglich den Zusammenhang zwischen Produktprogramminnovativität und Unternehmenserfolg. Die Anwendbarkeit dieses Vorgehens wird dadurch unterstützt, dass die Signifikanzniveaus der Effekte aus Modell 1 stabil bleiben.

Das erste Modell (t=0; N=229) weist zufriedenstellende Gütekriterien auf ($\chi 2/df$ = 1,6; CFI = 0,93; TLI = 0,91; RMSEA = 0,05; SRMR = 0,05). Die Gütekriterien des zweiten Modells sind nur leicht verändert (N = 229; $\chi 2/df$ = 1,61; CFI = 0,91; TLI = 0,90; RMSEA = 0,05; SRMR = 0,06). Im dritten Modell werden longitudinale Daten aus dem Zeitraum t=1 über einen fallweisen Ausschluss in das Modell integriert. Durch dieses Vorgehen reduziert sich die Fallzahl von 229 auf 144 Beobachtungen. Im Vergleich zu Modell 1 und Modell 2 bleiben die Ergebnisse jedoch ebenfalls stabil. Aufgrund der reduzierten Fallzahl weist das Modell allerdings geringfügig schlechtere Gütekriterien auf (N=144; $\chi 2/df$ = 1,48; CFI = 0,89; TLI = 0,88; RMSEA = 0,06; SRMR = 0,07). In Anbetracht möglicher Verzerrungen durch einen fallweisen Ausschluss, werden in dieser Arbeit die Werte des zweiten Modells (t=0 und t=1, N=229) berichtet.

5.5.2 Direkte und Kontrolleffekte

Direkte Effekte. Die standardisierten Pfadkoeffizienten sowie deren Signifikanzniveaus aus Modell 2 (t=0 und t=1, N=229) sind Tabelle 5-4 zu entnehmen. Die Ergebnisse bestätigen dabei nicht alle Hypothesen. In Übereinstimmung mit den Hypothesen 1a und 1b führt die Überschätzung und die Selbstzentriertheit von Topmanagern zu einer Erhöhung übersehener Marktgefahren (0,20; $p < 0,05$ und 0,35; $p < 0,01$). In Hinblick auf den Einfluss übersehener Marktgefahren auf die Produktprogramminnovativität, wird Hypothese 2 nur teilweise bestätigt. Während übersehene Marktgefahren einen negativen Effekt auf den Nutzen des Produktprogramms haben (-0,15; $p < 0,05$; Hypothese 2a), haben sie keinen signifikanten Effekt auf die Neuartigkeit des Produktprogramms (0,00; n.s.; Hypothese 2b).

Weiterhin zeigen die Ergebnisse, dass nur der Nutzen des Produktprogramms einen Einfluss auf den Unternehmenserfolg in der Folgeperiode hat (0,24; $p < 0,05$; Hypothese 3a). Der nicht signifikante Effekt der Neuartigkeit des Produktprogramms (0,11; n.s.; Hypothese 3b) unterstützt die Aussagen anderer Studien, nach denen der Nutzen von Innovationen die bedeutendere Dimension im Vergleich zur Neuartigkeit ist (Six 2011; Szymanski/Kroff/Troy 2007). Somit kann Hypothese 3 ebenfalls nur teilweise bestätigt werden.

Tabelle 5-4: Ergebnisse des Strukturgleichungsmodells Studie 2

	Übersehene Marktgefahren	Nutzen des Produktprogramms	Neuartigkeit des Produktprogramms	Unternehmenserfolg t+1
Topmanagerselbstkonzepte				
Überschätzung	0,20*	0,12	0,17*	-
Selbstzentriertheit	0,35**	0,07	-0,07	-
Übersehene Marktgefahren	-	-0,15*	0,00	-0,03
Innovativität				
Nutzen des Produktprogramms	-	-	-	0,24*
Neuartigkeit des Produktprogramms	-	-	-	0,11
Unternehmensressourcen				
Reaktionsfähigkeit des Unternehmens	0,02	0,44**	0,18	-
Anpassungsfähigkeit	-0,10	0,22*	0,27**	-
Macht der Marketingabteilung	-0,01	-0,09	-0,09	-
Weitere Kontrollvariablen				
Technologische Turbulenz	0,06	0,22**	0,26**	-
Wettbewerbsintensität	-0,01	-0,25**	-0,17*	-
Anzahl Mitarbeiter	0,08	0,07	0,03	-
Regulierung der Industrie	-	0,06	0,08	-
Kapitalintensität der Industrie	-	-0,07	-0,08	-
Wachstum der Industrie	-	0,04	0,07	-

N=229; ** $p < 0,01$; * $p < 0,05$

Kontrolleffekte. Bezüglich der Kontrolleffekte (Tabelle 5-4) werden ebenfalls standardisierte Ergebnisse berichtet. Dabei ist festzustellen, dass die Kontrolleffekte auf übersehene Marktgefahren nicht signifikant sind, während sie einen starken Einfluss auf die Produktprogramminnovativität aufweisen. Insbesondere die Reaktionsfähigkeit und die Anpassungsfähigkeit haben einen starken positiven Einfluss auf den Nutzen und die Neuartigkeit des Produktprogramms. Die starken positiven Effekte der Unternehmensressourcen auf die Produktprogramminnovativität unterstützen die theoretische Argumentation dieser Studie. Die Unternehmensressourcen haben einen positiven Einfluss auf das Angebot des Unternehmens, während Topmanager diesen positiven Effekten jedoch durch das Übersehen von Marktgefahren entgegenwirken können. Um ein komplettes Bild zu erhalten, müssen beide Perspektiven berücksichtigt werden.

Des Weiteren ist der direkte positive Effekt der Topmanagerüberschätzung auf die Neuartigkeit des Produktprogramms hervorzuheben (0,17; $p < 0,05$). Dieser kann beispielsweise dadurch erklärt werden, dass ein sich überschätzender Topmanager im Rahmen von Prestigeprojekten die Entwicklung neuer Produkte erzwingt. Dies führt in der Regel zu neuen Produkten, die nur einen begrenzten Kundennutzen aufweisen. Als Beispiel ist die Entwicklung des Bugatti Veyron zu nennen, die auf den ehemaligen Vorstandsvorsitzenden von Volkswagen, Ferdinand Piëch, zurückzuführen ist (Helmer 2006). Der Supersportwagen war der erste Serienwagen, der über 1.000 PS verfügte. Damit weist er zwar einen hohen Neuigkeitswert auf – ein hoher Nutzen dieses Fahrzeugs kann jedoch bezweifelt werden. Darüber hinaus ist der direkte Effekt ein Indikator dafür, dass die Selbstkonzepte von Topmanagern die Innovativität durch andere Konstrukte, wie ihrem eigenen innovativen Verhalten (Stock et al. 2012), beeinflussen.

5.5.3 Moderatoreffekt

MPLUS (Muthén/Muthén 2007) ermöglicht die Analyse von Moderatoreffekten durch die Berechnung von latenten Interaktionen (Jaccard/Wan 1996). Im Gegensatz zu einem Gruppenvergleich wird dabei das Strukturgleichungsmodell nicht in verschiedene Stichproben aufgeteilt. Um Interaktionseffekte zu berechnen, werden zentrierte Indikatoren miteinander multipliziert (Algina/Moulder 2001). In dieser Arbeit werden dabei Informationen wiederverwendet, um die unterschiedliche Itemanzahl der Konstrukte übersehene Marktgefahren und überschüssige Ressourcen auszugleichen (Homburg/Klarmann/Schmitt 2010). Da der Moderator nicht den longitudinalen Effekt betrifft, wurde die Analyse in Modell 1 (t=0; N=229) vorgenommen. Die Ergebnisse bestätigen die Moderatorhypothese. Demnach reduzieren überschüssige Ressourcen den negativen Effekt übersehener Marktgefahren auf den Nutzen des Produktprogramms (0,14; $p < 0,05$; direkter Effekt 0,21; $p < 0,01$).

5.6 Diskussion der Ergebnisse

Der Schwerpunkt der Marktorientierungsliteratur liegt auf der Identifikation von Kundenbedürfnissen, deren Auswertung sowie der Ableitung entsprechender Unternehmensmaßnahmen (Day 1994; Jaworski/Kohli 1993). Trotz einer großen Anzahl bestehender Veröffentlichungen in diesem Bereich, wurden bislang zwei Aspekte weitestgehend vernachlässigt:

- die Bedeutung der Interpretation von Marktinformationen (Sinkula 1994), insbesondere durch die Identifikation von Marktgefahren und Marktchancen sowie
- der Einfluss von Topmanagern auf grundlegende Entscheidungen der Marktorientierung (White/Varadarajan/Dacin 2003).

In dieser Studie wird die Marktorientierungsliteratur durch die Einführung des Konstrukts der übersehenen Marktgefahren erweitert. Das Konstrukt ermöglicht es den Topmanagereinfluss auf wichtige Entscheidungen im Rahmen der Marktorientierung zu erfassen. Aufbauend auf der „Upper Echelons"-Theorie (Hambrick 2007; Hambrick/Mason 1984) wird gezeigt, dass die Überschätzung und Selbstzentriertheit von Topmanagern die Anzahl übersehener Marktgefahren erhöht, was die Produktprogramminnovativität sowie den Erfolg von Unternehmen reduziert.

5.6.1 Implikationen für die Wissenschaft

Die Ergebnisse dieser Studie liefern mehrere Beiträge für die wissenschaftliche Forschung. *An erster Stelle* ist eine veränderte theoretische Perspektive anzuführen. Die bisherige Forschung im Bereich der Marktorientierung verwendet zumeist einen ressourcenbasierten Ansatz (Hunt/Derozier 2004; Liao et al. 2011). In der Unternehmenspraxis ist jedoch ein erheblicher Einfluss der Topmanager auf strategische Unternehmensentscheidungen festzustellen. Da dieser im ressourcenbasierten Ansatz keine ausreichende Berücksichtigung findet (Finkelstein/Hambrick/Cannella 2009), riskiert die Marktorientierungsforschung den Anschluss an die Unternehmenspraxis zu verlieren.

Dabei wird nicht gegen die Anwendbarkeit des ressourcenbasierten Ansatzes argumentiert, sondern vielmehr aufgezeigt, wie er durch die „Upper Echelons"-Theorie erweitert werden kann. Dieser Argumentation zufolge sind die Ressourcen eines Unternehmens die notwendige Voraussetzung für eine erfolgreiche Marktorientierung von Unternehmen. Aufgrund des Einflusses von Topmanagern, die im schlechtesten Fall die positiven Effekte von Unternehmensressourcen aufheben können, stellen die Aktionen von Topmanagern die hinreichende Bedingung für das Verständnis marktbezogener Aktivitäten von Unternehmen dar. Diese Ansicht wird durch das Ergebnis gestützt, dass Unternehmensressourcen einen direkten positiven Effekt auf die Produktprogramminnovativität haben, aber die Entstehung übersehener Marktgefahren nicht verhindern. Insgesamt führt die Berücksichtigung beider Perspektiven zu einem besseren Verständnis der Marktorientierung.

Ein *zweiter* Beitrag dieser Studie besteht in der Berücksichtigung der Selbstkonzepte von Topmanagern. Die Konstrukte Überschätzung und Selbstzentriertheit werden in der Topmanagementforschung bereits häufig genutzt, um den Einfluss von Topmanagern auf Unternehmen zu erfassen. Die Ergebnisse dieser Arbeit zeigen, dass die Konzepte auch für die Marktorientierungsforschung einen hohen Erklärungsbeitrag leisten.

Ein *dritter* Mehrwert liegt in der Einführung des Konstrukts der übersehenen Marktgefahren, das die Interpretation von Marktinformationen beinhaltet. Trotz umfangreicher Literatur über die Marktorientierung im Allgemeinen und dem Umgang mit Marktinformationen im Speziellen, beziehen sich existierende Messungen auf organisationale Prozesse. Im Gegensatz hierzu wird durch übersehene Marktgefahren die inhaltliche Interpretation von Marktsituationen auf Unternehmensebene erfasst. Da die Interpretation von Informationen eine Kernaufgabe von Topmanagern ist, ermöglicht das Konstrukt gleichzeitig den Einfluss von Topmanagern auf die Marktorientierung von Unternehmen abzubilden.

Als *vierter* Beitrag ist die detaillierte Betrachtung des Informationsfilterprozesses der Topmanager zu nennen. Dieser dient als grundlegender Mechanismus, um den Einfluss der Selbstkonzepte auf die Interpretation von Marktgefahren zu erklären. In der bestehenden Forschung zur Interpretation von Marktinformationen auf Topmanagerebene (Day/Nedungadi 1994; White/Varadarajan/Dacin 2003) wird dieses Konzept bisher nicht berücksichtigt. Der Mechanismus zeigt dabei viele Anknüpfungspunkte für weitere Forschungsdesigns auf. Vielversprechend ist beispielsweise die detaillierte Analyse der Informationssuche durch Topmanager.

Fünftens zeigt diese Studie, dass übersehene Marktgefahren einen negativen Einfluss auf den Nutzen des Produktprogramms haben, während kein Einfluss auf dessen Neuartigkeit festzustellen ist. Dieses Ergebnis scheint auf den ersten Blick überraschend, stimmt jedoch mit den Erkenntnissen konzeptioneller Studien überein, in denen die besondere Bedeutung der Nutzendimension neuer Produkte hervorgehoben wird (Szymanski/Kroff/Troy 2007). Unterstützt wird diese Erkenntnis durch den fehlenden Einfluss der Neuartigkeit des Produktprogramms auf den Unternehmenserfolg der Folgeperiode. Eine mögliche Erklärung für die besondere Bedeutung des Nutzens der Produkte ist dabei, dass Unternehmen mit entsprechendem finanziellem Einsatz jederzeit neuartige Produkte entwickeln können. Der Nutzen dieser Produkte hängt jedoch entscheidend von Veränderungen der Kundenbedürfnisse sowie des Angebots der Wettbewerber ab.

5.6.2 Implikationen für die Unternehmenspraxis

Insbesondere in der populärwissenschaftlichen Literatur ist die Meinung verbreitet, dass innovative Unternehmen auf große Visionen der Topmanager angewiesen sind und daher ihre Überschätzung als notwendiges Übel zu betrachten ist (Hirshleifer/Low/Teoh 2012; Maccoby 2004). Im Gegensatz hierzu zeigt diese Studie, dass die Überschätzung und Selbstzentriertheit von Topmanagern einen negativen Einfluss auf die Produktprogramminnovativität und den Unternehmenserfolg haben. Durch die direkten und indirekten negativen Auswirkungen übersehener Marktgefahren auf unternehmensbezogene Erfolgsgrößen wird deutlich, dass Investitionen in notwendige Ressourcen zur Marktorientierung vergebens sind, wenn die Rolle der Topmanager nicht beachtet wird.

Für Unternehmen bieten sich jedoch mehrere Möglichkeiten, negative Auswirkungen extremer Selbstkonzepte von Topmanagern zu verhindern. Während beispielsweise Persönlichkeitsmerkmale nur schwer zu verändern sind, kann das Selbstkonzept durch spezielle Coachings oder Feedbackmechanismen gezielt beeinflusst werden (Hayward 2007). Die Ergebnisse dieser Studie zeigen, dass die Sensibilisierung der Topmanager für die Bedeutung der Einschätzungen anderer Personen innerhalb oder außerhalb des Unternehmens ein Wettbewerbsvorteil für Unternehmen ist. Des Weiteren können überschüssige Ressourcen die negativen Auswirkungen übersehener Marktgefahren auf den Unternehmenserfolg verhindern, wenn ein besonderer Fokus auf den Nutzen der Produkte gelegt wird.

5.6.3 Limitationen und zukünftige Forschung

Der Neuigkeitswert dieser Studie besteht insbesondere in der Einführung des Konstrukts der übersehenen Marktgefahren und der Berücksichtigung von Topmanagerselbstkonzepten im Marketingbereich. Die erstmalige Verwendung der Konstrukte bedingt Limitationen verschiedener Art. *Erstens* wird durch den Fokus auf Überschätzung und Selbstzentriertheit ein insgesamt negatives Bild von Topmanagern und ihrem Verhalten gezeichnet (Resick et al. 2009). Eine Erweiterung der Betrachtung um positive Aspekte, wie dem Selbstvertrauen oder Sachverstand von Topmanagern (Bollaert/Petit 2010), ist ein konsequenter nächster Schritt.

Zweitens wird in der Managementliteratur belegt, dass der Informationsfilterprozess von Topmanagern durch verschiedene Faktoren beeinflusst wird. Von besonderem Interesse sind dabei das gesamte Topmanagement-Team (Finkelstein 1992) sowie die Art der Zusammenarbeit der Topmanager mit ihren Mitarbeitern. Weiterhin können übersehene Marktgefahren auch durch andere Faktoren erklärt werden, die in dieser Studie nicht erfasst wurden. Als Beispiel ist hier der Aufbau einer Marktorientierung sowie die Rolle der Unternehmenskultur zu erwähnen (Gebhardt/Carpenter/Sherry 2006).

Eine *dritte* Limitation besteht in der weitestgehend isolierten Betrachtung übersehener Marktgefahren von etablierten Messungen der Marktorientierung (Jaworski/Kohli 1993; Narver/Slater 1990). Der Startpunkt dieser Arbeit ist die Beobachtung, dass bestehende Konstrukte den Aspekt der Informationsinterpretation nicht berücksichtigen und durch einen Schwerpunkt auf organisationale Prozesse den Einfluss von Topmanagern kaum erfassen. Da das Ziel dieser Studie die Einführung und Validierung des Konstrukts der übersehenen Marktgefahren ist, gilt es in einem nächsten Schritt zu untersuchen, welcher Zusammenhang mit bestehenden Messungen festzustellen ist. Weiterhin ist die Entwicklung neuer Konstrukte zu begrüßen, die den Einfluss der „Upper Echelons"-Theorie auf die Marktorientierung von Unternehmen ermöglichen.

6 Fazit und Implikationen

Um ein Fazit zu ziehen, werden im Folgenden der Ausgangspunkt, die Erkenntnisse aus dem Grundlagenteil und die empirischen Ergebnisse der vorliegenden Arbeit aufgezeigt. Der *Ausgangspunkt* dieser Arbeit ist die Feststellung, dass schnelle Veränderungen in der Umwelt von Unternehmen deren Marktorientierung sowie die darauf aufbauende Entwicklung von Innovationen erschweren (Abschnitt 1.1). Herausforderungen betreffen insbesondere die Generierung und Interpretation relevanter Marktinformationen. Die umfassende Literatur im Bereich der Marktorientierung weist widersprüchliche Ergebnisse zu den Innovationsauswirkungen der Informationsgenerierung auf, während die Interpretation von Marktinformationen bisher kaum untersucht ist (Abschnitt 1.2). Um bestehende Erkenntnisse zu erweitern, wurden Parallelen zur Dienstleistungs- und Topmanagementforschung aufgezeigt (Abschnitt 1.3). Eine Dienstleistungssicht wirft die konkrete Frage auf, ob Unternehmen innovationsrelevante Informationen über Kundenbedürfnisse durch die Interaktion mit Kunden zur Dienstleistungserstellung gewinnen können. Bei der Betrachtung von Topmanagern ist zu hinterfragen, welche Rolle diese bei der Entstehung marktbezogener Fehlentscheidungen haben.

Im *Grundlagenteil* zur Dienstleistungsperspektive wurde anhand der Service-Dominant Logic erarbeitet, dass die Kundeninteraktion zur Dienstleistungserstellung am besten mit dem Konstrukt der Co-Production zu erfassen ist (Abschnitt 2.6). Dabei stellt die Service-Dominant Logic den Austausch von Dienstleistungen in den Mittelpunkt aller Betrachtungen und hebt die Vorteile einer engen Zusammenarbeit von Kunden und Unternehmen hervor (Abschnitt 2.5). Aus einer Topmanagerperspektive legt die „Upper Echelons"-Theorie den grundlegenden Einfluss von Topmanagern auf die Entscheidungen von Unternehmen dar (Abschnitt 3.2). Auf Basis von Studien der Marketing- und Managementliteratur wurde hergeleitet, dass die Interpretation von Marktsituationen inhaltlich durch die Identifikation von Marktgefahren geschieht (Abschnitt 3.3). Zu zentralen Topmanagereigenschaften, die einen Einfluss auf die Interpretation haben, zählen deren Überschätzung und Selbstzentrierung (Abschnitt 3.4).

Die Ergebnisse beider *empirischer Studien* bestätigen die Forschungsthesen aus Abschnitt 1.3 weitestgehend. Forschungsthese 1 besagt, dass die Kundeninteraktion zur Dienstleistungserstellung (Co-Production) klassischen Befragungsmethoden für die Generierung von Dienstleistungsinnovationen überlegen ist. Die These wird durch die Erkenntnis gestützt, dass

Co-Production insbesondere bei mittleren Intensitäten einen starken positiven Einfluss auf die Dienstleistungsinnovativität besitzt. Bei einfachen Angeboten sind klassische Befragungsmethoden jedoch als vorteilhafter einzustufen, weswegen Forschungsthese 1 nur eingeschränkt zu bestätigen ist. Forschungsthese 2 postuliert die Relevanz nicht-linearer Beziehungen. Da Co-Production einen umgekehrt U-förmigen Einfluss auf die Dienstleistungsinnovativität hat, während klassische Befragungsmethoden einen U-förmigen Effekt aufweisen, ist Forschungsthese 2 vollständig anzunehmen.

Forschungsthese 3 sagt einen direkten Effekt der Interpretation von Marktinformationen auf die Innovativität des Unternehmens voraus. Entsprechend wurde gezeigt, dass die Fehlinterpretation strategischer Marktinformationen, erfasst durch das Ausmaß übersehener Marktgefahren, einen negativen Einfluss auf den Nutzen des Produktprogramms von Unternehmen nimmt. Forschungsthese 3 ist ebenfalls nur bedingt zu bestätigen, da das Übersehen von Marktgefahren keinen signifikanten Effekt auf die Neuartigkeit des Produktprogramms hat. Forschungsthese 4 postuliert den Einfluss persönlicher Topmanagereigenschaften auf die Interpretation von Marktinformationen. Die empirische Untersuchung des Topmanagereinflusses belegt, dass die Überschätzung und Selbstzentriertheit von Topmanagern das Übersehen von Marktgefahren erklären, während Unternehmensressourcen, wie die Macht der Marketingabteilung oder die Anpassungsfähigkeit der Struktur, keinen Einfluss nehmen. Somit kann Forschungsthese 4 bestätigt werden. Die Erkenntnisse zu den Forschungsthesen aus der Einleitung werden in Abbildung 6-1 zusammengefasst.

Abbildung 6-1: Forschungsthesen und Erkenntnisse dieser Arbeit

	Forschungsthesen	*Erkenntnisse*	*Bewertung*
1.	Informationen aus der Kundeninteraktion bei der Dienstleistungserstellung sind relevanter für die Dienstleistungsinnovativität als klassische Befragungsmethoden.	Co-Production ist vor allem in mittleren Intensitäten klassischen Befragungsmethoden überlegen, die jedoch vorteilhafter bei Angeboten mit niedriger Komplexität sind.	(✔)
2.	Durch die Berücksichtigung nicht-linearer Effekte kann der Einfluss verschiedener Methoden der Informationsgenerierung auf die Dienstleistungsinnovativität besser erklärt werden.	Co-Production besitzt einen umgekehrt U-förmigen Zusammenhang mit der Dienstleistungsinnovativität, während klassische Befragungsmethoden einen U-förmigen Effekt aufweisen.	✔
3.	Die korrekte Interpretation strategischer Marktinformationen steigert die Innovativität von Unternehmen unmittelbar.	Die Fehleinschätzung von Marktgefahren verringert den Nutzen des Produktprogramms, während sie keinen Einfluss auf die Neuartigkeit des Produktprogramms hat.	(✔)
4.	Die Interpretation strategischer Marktinformationen wird in hohem Maße durch persönliche Eigenschaften der Topmanager begründet.	Topmanagerüberschätzung und Selbstzentriertheit führen zur Fehleinschätzung von Marktsituationen.	✔

6.1 Implikationen für die Wissenschaft

Der zentrale wissenschaftliche Beitrag der vorliegenden Arbeit ist die Betrachtung der Marktorientierung von Unternehmen aus zwei Sichtweisen, die in der betriebswirtschaftlichen Forschung von steigender Bedeutung sind. Aus einer *Dienstleistungsperspektive*, die seit Jahren als wichtiges Wachstumsfeld des Marketings gilt (Bitner et al. 1997; Johne/Storey 1998), ist insbesondere die Untersuchung von B2B-Dienstleistungen relevant. Trotz einer zunehmenden Anzahl wissenschaftlicher Publikationen, sind B2B-Dienstleistungen bisher weitestgehend vernachlässigt worden (Kunz/Hogreve 2011; Ostrom et al. 2010). Des Weiteren wurde erstmals umfassend der Effekt der notwendigen Kundeninteraktion zur Dienstleistungserstellung (Co-Production) auf die Dienstleistungsprogramminnovativität untersucht. Dabei ist die Betrachtung nicht-linearer Effekte, der Vergleich zu klassischen Befragungsmethoden und die Berücksichtigung der Angebotskomplexität als Moderator hervorzuheben (Abschnitt 4.6). Dadurch erlaubt die Studie ein detailliertes Verständnis über die Innovationsauswirkungen verschiedener Arten der Identifikation von Kundenbedürfnissen.

Aus einer *Topmanagerperspektive*, die sich seit den 1980er Jahren als eigenständiges Gebiet der Managementliteratur etabliert hat (Finkelstein/Hambrick/Cannella 2009; Hambrick 2007), liegt der wesentliche Beitrag in der Kombination von Topmanagement- und Marktorientierungskonstrukten. In der Topmanagementforschung wird die Marktorientierung von Unternehmen kaum betrachtet und die Innovativität von Unternehmen nur unzureichend gemessen (z. B. Tang/Li/Yang 2012). Während die Unterstützung von Topmanagern als Erfolgsfaktor in frühen empirischen Arbeiten der Marktorientierung betont wird (Jaworski/Kohli 1993), ist die Erforschung des Topmanagereinflusses seitdem überraschenderweise vernachlässigt worden. Als weitere Beiträge sind die Erhebung persönlicher Topmanagereigenschaften anhand eines dyadischen Forschungsdesigns, die Einführung des Konstrukts der übersehenen Marktgefahren sowie die Schätzung eines mehrstufigen Strukturgleichungsmodells hervorzuheben (Abschnitt 5.6). Insgesamt wird ein erstes Verständnis über erklärende Faktoren und Auswirkungen strategischer Fehlinterpretationen von Marktsituationen geschaffen.

Über die Implikationen der jeweiligen Studien hinaus (Abschnitt 4.6 und 5.6), sollen im Folgenden inhaltliche, konzeptionelle und methodische Beiträge aus *einer Gesamtbetrachtung beider Studien* gewürdigt werden. Der erste *inhaltliche Beitrag* der vorliegenden Arbeit ist die getrennte Betrachtung einzelner Aspekte der Marktorientierung. Wie eingangs dieser Arbeit erwähnt, finden in den meisten Studien aggregierte Sichtweisen Anwendung, wobei nicht zwischen den Dimensionen der Marktorientierung unterschieden wird (siehe Tabellen A-1 bis A-3 im Anhang). Diese Arbeit widmet sich gezielt einzelnen Perspektiven, um einen Erkenntnisgewinn zu realisieren. In der zweiten Studie erfolgt dies beispielsweise durch die

Einführung eines neuen Konstrukts, das den bis dahin weitestgehend vernachlässigten Aspekt der Interpretation von Marktinformationen in den Vordergrund der Betrachtung stellt.

Ein *zweiter inhaltlicher Beitrag* ist die umfassende Konzeptionalisierung der Produktprogramminnovativität. Im Grundlagenteil der Arbeit wurde aufgezeigt, dass insbesondere im Dienstleistungsbereich unterschiedliche und oft eindimensionale Messungen der Innovativität des Angebots von Unternehmen verwendet werden (Abschnitt 2.4.3). In den letzten Jahren wurden in der Marketingforschung jedoch die Vorteile eines umfassenden Verständnisses der Produktprogramminnovativität etabliert, bei dem mindestens zwischen den Dimensionen Nutzen und Neuartigkeit des Produktprogramms unterschieden wird (Stock/Zacharias 2013). Wahlweise kann dieses Verständnis auch um den Aspekt der Häufigkeit neuer Produkte erweitert werden (z. B. Stock/Zacharias 2011). Diese umfassende Konzeptionalisierung ermöglicht es, ein detaillierteres Verständnis über die Innovativität von Unternehmen zu entwickeln.

Aus *methodischer Sicht* sind die verwendeten Untersuchungsdesigns hervorzuheben. Um die Validität der Ergebnisse zu unterstützen, wird in dieser Arbeit die weitläufige Forderung nach der Verwendung von Konstrukten mit mehreren Indikatoren, die Befragung mehrerer Informanden pro Unternehmen sowie die umfassende Berücksichtigung von Kontrollvariablen adressiert (Bono/McNamara 2011; Kohli 2011). Ein Beitrag der zweiten Studie ist die Verwendung longitudinaler Daten, deren Abwesenheit als gängige Limitation empirischer Studien gilt (Bono/McNamara 2011).

Ein wesentlicher Beitrag von einem *konzeptionellen Standpunkt* ist der Überblick und Vergleich grundlegender Konzepte. Sowohl in der allgemeinen Marketing-, Dienstleistungs-, als auch in der Topmanagementforschung sind gravierende Inkonsistenzen in der Benennung und inhaltlichen Belegung zentraler Konstrukte festzustellen. In der Marketing- und Dienstleistungsforschung betrifft dies vor allem die Interaktion von Kunden und Unternehmen, da Konstrukte über die notwendige Kundeninteraktion zur Dienstleistungserstellung und dem Generieren von Innovationen vermischt werden (Abschnitt 2.6). In dieser Arbeit wird herausgestellt, dass die notwendige Kundeninteraktion zur Dienstleistungserstellung am besten mit dem Begriff Co-Production zu bezeichnen ist. Die Interaktion zur gezielten Innovationsentwicklung kann mit dem Begriff Co-Development umschrieben werden. Inkonsistenzen in der Topmanagementforschung betreffen die persönlichen Eigenschaften von Topmanagern, die in dieser Arbeit unter dem Begriff der Selbstkonzepte zusammengefasst werden (Abschnitt 3.4). Weiterhin wurde gezeigt, dass der häufig genutzte Begriff Hybris keine nennenswerte Unterscheidung zum Konzept der Überschätzung aufweist. Von einer Verwendung des Begriffs Hybris in empirischen Studien ist daher abzuraten.

Ein *zweiter konzeptioneller Beitrag* dieser Arbeit ist der Literaturüberblick über Self-Service Technologien und Service Infusion (Abschnitte 2.3.1 und 2.3.2). Sowohl in der Praxis als auch in der Wissenschaft ist eine steigende Relevanz dieser Themengebiete festzustellen (Evanschitzky/Wangenheim/Woisetschläger 2011; Ostrom et al. 2010). Aufgrund der Eigenheiten der jeweiligen Phänomene, müssen jedoch gesonderte Untersuchungsdesigns gewählt werden, um Erfolgsfaktoren zur Innovationsgenerierung zu analysieren. Bei Self-Service Technologien unterscheidet sich vor allem die Art der Kundeninteraktion bei der Dienstleistungserstellung, während Unternehmensangebote bei hoher Service Infusion eine Kombination von Dienstleistungen und Sachgütern sind, die nur unzureichend mit klassischen Skalen erfasst werden können. Weiterhin bietet diese Arbeit einen umfassenden Überblick über die Innovationsauswirkungen der Marktorientierung (Tabellen A-1 bis A-3 im Anhang) und empirischen Arbeiten zu Co-Development im Dienstleistungsbereich (Tabelle A-8 im Anhang).

Ein *dritter konzeptioneller Beitrag* dieser Studie besteht in der ausführlichen Betrachtung theoretischer Grundlagen. Diesbezüglich sind insbesondere die Ausführungen der Service-Dominant Logic hervorzuheben, die aufgrund ihres offenen und grundlegenden Charakters in der wissenschaftlichen Literatur oft falsch gedeutet wird (Vargo/Lusch 2006). Dies lässt sich durch die Proliferation und häufig unpassende Verwendung der Begriffe Co-Production und Co-Creation feststellen (z. B. Hoyer et al. 2010; Vargo/Maglio/Akaka 2008; Zhang/Chen 2008). Auf Basis einer umfassenden Literaturanalyse werden in dieser Arbeit die Unterschiede zwischen Co-Production und Co-Creation erarbeitet. Während Co-Production die gemeinsame Erstellung von Unternehmensangeboten zum Gegenstand hat, bezieht sich der Begriff Co-Creation auf die kundenseitige Wertgenerierung (Vargo 2008). Neben der Service-Dominant Logic wurde in dieser Arbeit die „Upper Echelons"-Theorie im Detail betrachtet. Insbesondere der dreistufige Mechanismus der Informationsfilterung, bestehend aus Informationssuche, Wahrnehmung und Interpretation (Hambrick/Mason 1984), bietet Anknüpfungspunkte, um das Verständnis der Marktorientierung von Unternehmen auf der individuellen sowie organisationalen Ebene zu erweitern.

Als *vierter konzeptioneller Beitrag* ist die Einnahme einer kritischen Perspektive der Marktorientierung zu nennen. Bestehende Arbeiten konzentrieren sich in der Regel auf die Untersuchung von Erfolgsfaktoren der Marktorientierung. Angesichts des widersprüchlichen Einflusses auf die Innovativität von Unternehmen ist dieser Ansatz jedoch limitiert. Insbesondere im Zusammenspiel mit dynamischen Umweltveränderungen scheint es insgesamt schwierig, ein universelles Verständnis der Marktorientierung zu erlangen. In Anlehnung an die Forschung aus dem Bereich der Behavioral Decision Theory ist es ein vielversprechender Ansatz, gezielt die Entstehung von Fehlern zu betrachten (Moore/Flynn 2008). Die Untersuchung von Situationen, in denen eine Marktorientierung fehlschlägt, führt zu aufschlussreichen Erkenntnissen über Wirkungszusammenhänge verschiedener Faktoren und ihrem Geltungsbereich. Diese Sichtweise wird durch die Einführung des Konstrukts der übersehenen Marktgefahren verfolgt, welches strategische Fehlentscheidungen von Unternehmen erfasst. Insgesamt kann durch die Analyse von Fehlern die Unternehmensrealität besser abgebildet werden und die Praxisrelevanz der wissenschaftlichen Forschung erhöht werden.

6.2 Implikationen für die Unternehmenspraxis

Diese Arbeit zeigt konkrete Maßnahmen für Unternehmen auf, um eine Marktorientierung und eine entsprechende Innovativität in turbulenten Umwelten sicherzustellen. *Aus einer Dienstleistungsperspektive* wurde in der ersten empirischen Studie erarbeitet, dass Unternehmen durch die Interaktion mit Kunden zur Dienstleistungserstellung (Co-Production) innovationsrelevante Informationen generieren können (Kapitel 4). Dies ist insbesondere für B2B-Unternehmen wichtig, da der Einsatz klassischer Befragungsmethoden im B2B-Kontext nur bedingt möglich ist. B2B-Unternehmen sollten vielmehr die Individualisierung von Angeboten anstreben, um Kundenbedürfnisse zu befriedigen und die Innovativität des Angebots zu steigern. Diese Methode der Informationsgenerierung ist dabei am effektivsten, wenn ein gewisser Grad an Standardisierung beibehalten wird. Bei einfachen Dienstleistungen sind jedoch klassische Befragungsmethoden vorzuziehen.

Aus einer *Topmanagerperspektive* wurde in der zweiten empirischen Studie aufgezeigt, dass nicht ein Mangel an Unternehmensressourcen, sondern eine Überschätzung und Selbstzentrierung von Topmanagern zur Fehlinterpretation von Marktinformationen führt (Kapitel 5). Fehlinterpretationen äußern sich im Übersehen von Marktgefahren. Um dies zu vermeiden, sollten Unternehmen ihre Topmanager im Rahmen von Coachings oder Schulungen sensibilisieren, die Einschätzung ihrer Mitarbeiter stärker in Entscheidungen einzubinden (Hayward 2007). Das Übersehen von Marktgefahren reduziert darüber hinaus die Neuartigkeit des Produktprogramms. Einem negativen Effekt können Unternehmen gezielt durch den Einsatz überschüssiger Ressourcen entgegenwirken.

Neben diesen Ergebnissen zu den Fragestellungen der jeweiligen Studien, sollen an dieser Stelle übergeordnete Empfehlungen für die Unternehmenspraxis *durch die Gesamtbetrachtung beider Studien* ausgesprochen werden. Die drei zentralen Praxisimplikationen betreffen

- die Grenzen klassischer Prinzipien der Marktorientierung,
- das Bewusstsein über Stärken und Schwächen von Marketingmaßnahmen sowie
- die Bedeutung der Produktprogramminnovativität als zentrale Erfolgsgröße der Marktorientierung.

Beide Studien haben gemeinsam, dass sie die *Grenzen klassischer Prinzipien der Marktorientierung* aufzeigen. Die Ergebnisse belegen, dass es für Unternehmen oft nicht mehr ausreicht, sich auf das einfache, stichpunktartige Abfragen von Kundenbedürfnissen beziehungsweise der Interpretation einzelner Topmanager zu verlassen. Stattdessen ist Unternehmen zu empfehlen, einen engen Kontakt zu Kunden zu suchen und für einen Austausch der Mitglieder im Unternehmen bis hin zu der Topmanagerebene zu sorgen. Der Aufbau enger Bindungen innerhalb und außerhalb des Unternehmens ist notwendig, um der Komplexität und der Kurzlebigkeit von Informationen gerecht zu werden. Diese Arbeit zeigt auf, dass die Innovationsgenerierung im Rahmen eines engen Kundenkontakts über die Individualisierung von Unternehmensangeboten erreicht werden kann. Darüber hinaus wird belegt, dass Topmanager eigene Einschätzungen stärker reflektieren müssen und persönliche Interessen in den Hintergrund rücken sollten. Erfolgreiche Topmanager, die durch dominantes Verhalten und dem Verfolgen eigener Visionen die Innovativität und den Erfolg von Unternehmen bestimmen, scheinen die Ausnahme in der Unternehmenspraxis zu sein.

Weiterhin kann aus den Ergebnissen abgeleitet werden, dass sich Unternehmen den *Stärken und Schwächen von Marketingmaßnahmen* bewusst sein müssen. Durch die Betrachtung nicht-linearer Effekte beziehungsweise der Entstehung von Fehlentscheidungen wird deutlich, dass die meisten Maßnahmen mit Vor- und Nachteilen einhergehen und somit bei falschem Einsatz gegenteilige Folgen hervorrufen können. Bezüglich der Informationsgenerierung wird beispielsweise gezeigt, dass der positive Effekt der Individualisierung von Angeboten durch Co-Production auf die Dienstleistungsinnovativität begrenzt ist. Trotz ihrer Nachteile, können klassische Befragungsmethoden bei einfachen Angeboten effektiv genutzt werden. Insgesamt ist der Einsatz verschiedener Methoden der Informationsgenerierung in Anbetracht der speziellen Situation sorgfältig abzuwägen, wie in dieser Arbeit am Beispiel der Komplexität des Unternehmensangebots gezeigt wird. Bezüglich der Informationsinterpretation wurde die Bedeutung der Topmanager unterstrichen und somit belegt, dass Investitionen in die Ressourcenausstattung eines Unternehmens keine Selbstläufer sind. Vielmehr muss zu der Steigerung der Marktorientierung und somit der Innovativität von Unternehmen ein holistischer Ansatz gewählt werden, in dem neben dem Aufbau von Ressourcen auch die Rolle und das Wirken der Topmanager betrachtet werden sollte.

Beide Studien haben weiterhin die *besondere Rolle der Produktprogramminnovativität* bestätigt. Die einzelnen Elemente der Marktorientierung haben signifikante Änderungen der Produktprogramminnovativität zur Folge. Eine besondere Bedeutung ergibt sich dadurch, dass sich das Innovativitätsverständnis in dieser Arbeit nicht auf einzelne Produkte, sondern auf das gesamte Produktprogramm bezieht. In der zweiten Studie wird aufgezeigt, dass insbesondere der Nutzen von Produkten einen Einfluss auf den Unternehmenserfolg hat. Anstatt sich zu sehr auf einzelne Produkte zu versteifen, sollten Unternehmen zudem immer die Innovativität des gesamten Angebots im Auge behalten. Dabei sollte nicht nur auf die Neuartigkeit der Produkte geachtet werden, sondern die kontinuierliche Erweiterung des Angebots um neue Produkte ebenfalls Berücksichtigung finden.

6.3 Limitationen und zukünftige Forschung

Nachfolgend sollen methodische und konzeptionelle Limitationen der empirischen Untersuchungen aufgezeigt werden. Die Limitationen dienen als Grundlage, um diese Arbeit mit der Ableitung zukünftiger Forschungsthemen abzuschließen.

Zu den in der aktuellen betriebswirtschaftlichen Literatur am häufigsten genannten *methodischen Limitationen* gehört eine mögliche Endogenität der Variablen (Echambadi et al. 2006; Echambadi/Campbell/Agarwal 2006; Franses 2005; Hamilton/Nickerson 2003; Kohli 2011; Shugan 2004). Während theoretisch verschiedene Gründe zur Endogenität führen, sind am häufigsten Verzerrungen durch den Ausschluss relevanter Variablen als Fehlerquelle zu vermuten (Bascle 2008). Dies wird als Omitted Variable Bias bezeichnet. Besonders schwerwiegend ist der Ausschluss von Variablen, die hohe Korrelationen mit der unabhängigen und/oder der abhängigen Variablen aufweisen (Bascle 2008; Klarmann 2008). Dieser Ausschluss kann im Extremfall dazu führen, dass die dem Modell zu entnehmenden Zusammenhänge in Wahrheit gegenläufig sind. Anhand einer Datensimulation zeigt Stocker (2013) einen negativen Effekt der Vorbereitungszeit für eine Prüfung auf die Prüfungsnote. Wird jedoch für die Intelligenz der Probanden kontrolliert, kann ein positiver Effekt der Vorbereitungszeit für die Prüfungsnote festgestellt werden. Dieses Beispiel zeigt, dass bei einer möglichen Endogenität von Variablen die Aussagekraft der Modelleffekte grundsätzlich zu hinterfragen ist.

Trotz der potenziellen Verzerrungen, ist die Wahrscheinlichkeit einer Endogenität für jeden Untersuchungsgegenstand individuell zu betrachten (Kohli 2011; Shugan 2004). Im Folgenden sollen daher mögliche Maßnahmen, mit denen eine Endogenität ausgeschlossen werden soll, aufgezeigt und bewertet werden. Eine gängige Methode, um die Endogenität durch einen Omitted Variable Bias zu verhindern, ist die Verwendung von *Kontrollvariablen* (Becker 2005; Bono/McNamara 2011). Relevante Kontrollvariablen sind insbesondere die, bei denen eine Korrelation mit der unabhängigen und/oder abhängigen Variablen vermutet werden kann (Klarmann 2008). In dieser Arbeit wird die Gefahr eines Omitted Variable Bias durch den Einschluss mehrerer Kontrollvariablen auf Basis inhaltlicher Überlegungen adressiert (Becker 2005). Trotz der Berücksichtigung dieser Variablen, blieben die Effekte stabil, was auf die Abwesenheit von Endogenitätsproblemen schließen lässt.

Weiterhin kann eine Verzerrung aktiv durch die Verwendung von *Instrumentvariablen* im Rahmen einer zweistufigen Regression ausgeschlossen werden (Bascle 2008; Larcker/ Rusticus 2010). In der ersten Stufe wird anhand einer oder mehrerer Instrumentvariablen, welche hohe Überschneidungen mit der unabhängigen Variablen und geringe Überschneidungen mit der abhängigen Variable aufweisen sollten (Bascle 2008; Larcker/Rusticus 2010), der einzigartige Varianzanteil der unabhängigen Variable geschätzt. Mit diesem Wert wird anschließend eine zweite Regression mit den zu untersuchenden Effekten berechnet.

In der betriebswirtschaftlichen Literatur wird auf den *schwierigen Einsatz von Instrumentvariablen* verwiesen. Zum einen geht durch die zweistufige Schätzung ein Großteil der Varianz der unabhängigen Variablen verloren (Bascle 2008; Larcker/Rusticus 2010). Zum anderen sind geeignete Instrumentvariablen, die lediglich mit der unabhängigen und nicht mit der abhängigen Variablen korrelieren, schwer zu identifizieren (Larcker/Rusticus 2010). Bei der Wahl ungeeigneter Instrumentvariablen besteht die Gefahr, die Aussagekraft der Ergebnisse zu verschlechtern anstatt zu verbessern (Larcker/Rusticus 2010). Der Einsatz solcher Methoden ist insbesondere in der strategischen Managementforschung bei großzahligen ökonometrischen Modellen zu verzeichnen (ähnlich Bascle 2008, beispielhaft Arikan/Capron 2010; Capron/Shen 2007; Ceccagnoli 2009; Gómez/Maícas 2011; Kumar 2009). Aufgrund der Anwendung von Fragebögen in dieser Arbeit sowie erzielten Stichprobengrößen von 113 beziehungsweise 229 Beobachtungen, scheint eine Verwendung von Instrumentvariablen nicht praktikabel zu sein.

Insgesamt ist festzustellen, dass ein Omitted Variable Bias aufgrund der vorliegenden Stichprobengrößen sowie der verwendeten Analysemethoden nicht gänzlich auszuschließen ist, jedoch auch keine konkreten Anzeichen für eine mögliche Gefährdung vorliegen. Die Berücksichtigung von Kontrollvariablen in dieser Studie entspricht dem gängigen Vorgehen in vergleichbaren Studien (z. B. Atuahene-Gima/Ko 2001). Zudem wird in der Literatur festgestellt, dass Endogenitätsprobleme vor allem bei ökonometrischen Modellen zu erwarten sind, die auf objektiven Quellen, wie Finanzmarktdaten, aufbauen (z. B. Arikan/Capron 2010; Capron/Shen 2007). Die in dieser Arbeit verwendeten fragebogenbasierten Umfragen hingegen sind in der Regel nicht so stark von diesem Phänomen betroffen (Shugan 2004). Für eine abschließende Klärung ist die Verwendung von Datengrundlagen und Analyseverfahren zu empfehlen, die eine direkte Adressierung von Endogenitätsproblemen erlauben. Dies ist beispielsweise bei der Berücksichtigung objektiver Daten oder der Durchführung von Experimenten möglich.

Eine weitere methodische Limitation von Querschnittstudien, die insbesondere in der ersten Studie Anwendung finden, sind unzureichende Auskünfte über die *Kausalität der Effekte* (Echambadi/Campbell/Agarwal 2006). Anhand der Regressionsanalyse sowie des Strukturgleichungsmodells können lediglich Aussagen über die Effektstärke getroffen werden, während die Effektrichtung nicht zu klären ist. Bei der Analyse von Querschnittsdaten ermöglicht keine empirische Methode, eine umgekehrte oder gleichzeitige Kausalität auszuschließen. Zur Klärung der Kausalität wird in der Literatur die Anwendung theoretischer Fundierungen empfohlen (Echambadi/Campbell/Agarwal 2006). Dies geschieht in der vorliegenden Arbeit durch die Verwendung der Service-Dominant Logic sowie der „Upper Echelons"-Theorie. Da die Erhöhung der Innovativität ein erklärtes Ziel für Unternehmen und ihre Topmanager ist (Rubera/Kirca 2012), sind umgekehrte Kausalitäten jedoch als eher unwahrscheinlich einzustufen. Effekte der Innovativität als unabhängige Variable lassen sich insbesondere auf Kundenwahrnehmungen vermuten (Stock/Zacharias 2013). Um die Kausalität der untersuchten Fragestellung final zu klären, ist für die zukünftige Forschung ein longitudinales Forschungsdesign sowie die Durchführung von Experimenten zu empfehlen (Echambadi/ Campbell/Agarwal 2006).

Konzeptionelle Limitationen der vorliegenden Arbeit bestehen vor allem in der notwendigen Begrenzung verwendeter Konstrukte bei Fragebogenstudien. Das Ziel dieser Arbeit war es, die generelle Relevanz der Phänomene Co-Production und übersehene Marktgefahren für die Marktorientierung von Unternehmen zu belegen. Auf Basis der Service-Dominant Logic sowie der „Upper Echelons"-Theorie wurden dabei zentrale Mechanismen abgeleitet und untersucht. Um das Verständnis über die Phänomene zu erweitern, sind in einem nächsten Schritt verstärkt Variablen zu berücksichtigen, die Grundüberzeugungen der theoretischen Grundlagen konsequent verfolgen. Dies betrifft sowohl erklärende Faktoren, Moderatoren als auch weitere abhängige Variablen.

Anhand der vorliegenden Arbeiten lassen sich *vielversprechende zukünftige Forschungsthemen* ableiten. Aus einer *Dienstleistungsperspektive*, die in dieser Arbeit anhand der Service-Dominant Logic entwickelt wurde, ist insbesondere die Berücksichtigung von Kundeneinschätzungen interessant. Während Co-Production die gemeinsame Produktion von Unternehmensangeboten zum Gegenstand hat, bezieht sich Co-Creation auf die Wertgenerierung durch den Kunden. Hierbei ist zu hinterfragen, welche Auswirkungen Co-Production auf den Kundennutzen hat und wie Unternehmen die Kundenwahrnehmung positiv beeinflussen können. Im Grundlagenteil der Arbeit wurde zudem die inhaltliche Nähe von Co-Production und Co-Development bei B2B-Dienstleistungen aufgezeigt. Nachdem in dieser Arbeit Co-Production mit klassischen Befragungsmethoden verglichen wurde, ist die gemeinschaftliche Betrachtung von Co-Production und Co-Development in einer Studie ein sinnvoller nächster Schritt.

Für viele Industriegüterunternehmen ist die Unterscheidung von Sachgütern und Dienstleistungen nur noch schwer möglich, da für sie das Angebot von Lösungen im Vordergrund steht (Tuli/Kohli/Bharadwaj 2007). Ein interessantes Forschungsthema betrifft den Einfluss der Service Infusion auf die Innovationsfähigkeit von Unternehmen. Die Ergebnisse der ersten Studie implizieren die Frage, ob eine Service Infusion einen nicht-linearen Effekt auf die Innovationsfähigkeit von Unternehmen hat. Da die Service-Dominant Logic nicht zwischen Sachgütern und Dienstleistungen unterscheidet, ist aus konzeptioneller Sicht weiterhin zu klären, ob eine inhaltliche Unterscheidung von Sachgütern und Dienstleistungen in empirischen Studien für den B2B-Bereich generell noch sinnvoll ist, oder ob vielmehr der Lösungscharakter des Unternehmensangebots über neue Konstrukte erfasst werden sollte.

Aus einer *Topmanagementperspektive*, die auf den Überlegungen der „Upper Echelons"-Theorie aufbaut, scheint eine separate Untersuchung verschiedener Schritte der Informationsfilterung vielversprechend. Exemplarisch kann analysiert werden, wie Topmanager innovationsrelevante Informationen suchen und wie dieser Prozess durch gesetzte Anreize oder unternehmensbezogene Faktoren beeinflusst wird. Aus den empirischen Ergebnissen des Topmanagereinflusses lässt sich weiterhin vermuten, dass Topmanagerselbstkonzepte die Innovativität von Unternehmen nicht nur durch ihre Interpretation von Marktinformationen beeinflussen. In Anlehnung an die Innovationsliteratur ist insbesondere das innovative Verhalten von Topmanagern zu untersuchen (Stock et al. 2012), das bisher lediglich auf Mitarbeiterebene betrachtet wurde.

Das übergeordnete Thema dieser Arbeit ist *die Betrachtung ausgewählter Problemfelder der Marktorientierung*. Entsprechend wurde die wissenschaftliche Relevanz anhand eines umfassenden Überblicks über den Effekt der Marktorientierung auf die Innovativität von Unternehmen entwickelt. Der Fokus lag dabei auf der Generierung von Kundeninformationen und deren Interpretation durch Topmanager. Zukünftige Studien könnten diese Betrachtung konsequent erweitern, indem sie weitere Aspekte der Marktorientierung im Detail untersuchen. In einem nächsten Schritt könnte insbesondere die Reaktionsfähigkeit von Unternehmen im Vordergrund stehen, da sie eine große Relevanz für die Marktorientierung von Unternehmen besitzt (Kohli/Jaworski 1990; Wei/Wang 2011). Dies könnte beispielsweise durch die Berücksichtigung konkreter strategischer Aktionen von Unternehmen geschehen. Strategische Aktionen von Unternehmen sind in der Managementliteratur häufig Gegenstand empirischer Untersuchungen, werden in der Marketingliteratur bisher jedoch kaum betrachtet (Ketchen/Slater/Hult 2007). Insgesamt ist festzuhalten, dass trotz der bereits intensiven Erforschung ein großes Potenzial besteht, durch neue Perspektiven Erkenntnisse über die Marktorientierung und Innovativität von Unternehmen zu gewinnen.

Literaturverzeichnis

Achrol, R. S./Kotler, P. (2006), The Service-Dominant Logic for Marketing: A Critique, in: Lusch, R. F./Vargo, S. L. (Hrsg.), The Service-Dominant Logic of Marketing - Dialog, Debate, and Directions, New York, 320-333.

Agarwal, S./Erramilli, M. K./Dev, C. S. (2003), Market Orientation and Performance in Service Firms: Role of Innovation, Journal of Services Marketing, 17, 1, 68-82.

Aiken, L. S./West, S. G. (1991), Multiple Regression: Testing and Interpreting Interactions, Newbury Park, CA.

Akamavi, R. K. (2005), A Research Agenda for Investigation of Product Innovation in the Financial Services Sector, Journal of Services Marketing, 19, 6, 359-378.

Alam, I. (2002), An Exploratory Investigation of User Involvement in New Service Development, Journal of the Academy of Marketing Science, 30, 3, 250-261.

Alam, I. (2006), Removing the Fuzziness From the Fuzzy Front-End of Service Innovations through Customer Interactions, Industrial Marketing Management, 35, 4, 468-480.

Alam, I./Perry, C. (2002), A Customer-Oriented New Service Development Process, Journal of Services Marketing, 16, 6, 515-534.

Alba, J. W./Hasher, L. (1983), Is Memory Schematic?, Psychological Bulletin, 93, 2, 203-231.

Aldas-Manzano, J./Küster, I./Vila, N. (2005), Market Orientation and Innovation: An Inter-Relationship Analysis, European Journal of Innovation Management, 8, 4, 437-452.

Algina, J./Moulder, B. C. (2001), A Note on Estimating the Jöreskog-Yang Model for Latent Variable Interaction Using LISREL 8.3, Structural Equation Modeling: A Multidisciplinary Journal, 8, 1, 40-52.

Amara, N./Landry, R./Doloreux, D. (2009), Patterns of Innovation in Knowledge-Intensive Business Services, Service Industries Journal, 29, 4, 407-430.

Amara, N./Landry, R./Traoré, N. (2008), Managing the Protection of Innovations in Knowledge-Intensive Business Services, Research Policy, 37, 9, 1530-1547.

Amason, A. C. (1996), Distinguishing the Effects of Functional and Dysfunctional Conflict on Strategic Decision Making: Resolving a Paradox for Top Management Teams, Academy of Management Journal, 39, 1, 123-148.

Anderson, J. C./Narus, J. A. (1995), Capturing the Value of Supplementary Services, Harvard Business Review, 73, 1, 75-83.

Andrews, K. R. (1971), The Concept of Corporate Strategy, New York.

Appiah-Adu, K. (1998), Market Orientation and Performance: Do the Findings Established in Large Firms Hold in the Small Business Sector?, Journal of Euromarketing, 6, 3, 1-26.

Arikan, A. M./Capron, L. (2010), Do Newly Public Acquirers Benefit or Suffer from Their Pre-IPO Affiliations with Underwriters and VCs?, Strategic Management Journal, 31, 12, 1257-1289.

Armstrong, S. J./Overton, T. S. (1977), Estimating Nonresponse Bias in Mail Surveys, Journal of Marketing Research, 14, 3, 396-402.

Atuahene-Gima, K. (1995), An Exploratory Analysis of the Impact of Market Orientation on New Product Performance, Journal of Product Innovation Management, 12, 4, 275-293.

Atuahene-Gima, K. (1996a), Differential Potency of Factors Affecting Innovation Performance in Manufacturing and Services Firms in Australia, Journal of Product Innovation Management, 13, 1, 35-52.

Atuahene-Gima, K. (1996b), Market Orientation and Innovation, Journal of Business Research, 35, 2, 93-103.

Atuahene-Gima, K. (2005), Resolving the Capability-Rigidity Paradox in New Product Innovation, Journal of Marketing, 69, 4, 61-83.

Atuahene-Gima, K./Ko, A. (2001), An Empirical Investigation of the Effect of Market Orientation and Entrepreneurship Orientation Alignment on Product Innovation, Organization Science, 12, 1, 54-74.

Atuahene-Gima, K./Murray, J. Y. (2007), Exploratory and Exploitative Learning in New Product Development: A Social Capital Perspective on New Technology Ventures in China, Journal of International Marketing, 15, 2, 1-29.

Atuahene-Gima, K./Slater, S. F./Olson, E. M. (2005), The Contingent Value of Responsive and Proactive Market Orientations for New Product Program Performance, Journal of Product Innovation Management, 22, 6, 464-482.

Augusto, M./Coelho, F. (2009), Market Orientation and New-to-the-World Products: Exploring the Moderating Effects of Innovativeness, Competitive Strength, and Environmental Forces, Industrial Marketing Management, 38, 1, 94-108.

Auh, S./Bell, S. J./McLeod, C. S./Shih, E. (2007), Co-Production and Customer Loyalty in Financial Services, Journal of Retailing, 83, 3, 359-370.

Bagozzi, R. P./Baumgartner, H. (1994), The Evaluation of Structural Equation Models and Hypothesis Testing, Cambridge, MA.

Bagozzi, R. P./Youjae, Y./Phillips, L. W. (1991), Assessing Construct Validity in Organizational Research, Administrative Science Quarterly, 36, 3, 421-458.

Bain, J. S. (1968), Industrial Organization, 2. Auflage, New York.

Baines, T. S./Lightfoot, H. W./Benedettini, O./Kay, J. M. (2009), The Servitization of Manufacturing: A Review of Literature and Reflection on Future Challenges, Journal of Manufacturing Technology Management, 20, 5, 547-567.

Baker, W. E./Sinkula, J. M. (1999), Learning Orientation, Market Orientation, and Innovation: Integrating and Extending Models of Organizational Performance, Journal of Market-Focused Management, 4, 4, 295-308.

Baker, W. E./Sinkula, J. M. (2005), Market Orientation and the New Product Paradox, Journal of Product Innovation Management, 22, 6, 483-502.

Baker, W. E./Sinkula, J. M. (2007), Does Market Orientation Facilitate Balanced Innovation Programs? An Organizational Learning Perspective, Journal of Product Innovation Management, 24, 4, 316-334.

Ballantyne, D./Varey, R. J. (2006), Creating Value-in-Use through Marketing Interaction: The Exchange Logic of Relating, Communicating and Knowing, Marketing Theory, 6, 3, 335-348.

Bantel, K. A./Jackson, S. E. (1989), Top Management and Innovations in Banking: Does the Composition of the Top Team Make a Difference?, Strategic Management Journal, 10, 107-124.

Barney, J. (1991), Firm Resources and Sustained Competitive Advantage, Journal of Management, 17, 1, 99-120.

Barras, R. (1986), Towards a Theory of Innovation in Services, Research Policy, 15, 4, 161-173.

Bascle, G. (2008), Controlling for Endogeneity with Instrumental Variables in Strategic Management Research, Strategic Organization, 6, 3, 285-327.

Bateson, J. E. G. (1977), Do We Need Service Marketing?, in: Czepiel, J. A./Solomon, M. R./Suprenant, C. (Hrsg.), Marketing consumer services: new insights, 77-115.

Bateson, J. E. G. (1985), Self-Service Consumer: An Exploratory Study, Journal of Retailing, 61, 3, 49-76.

Beatson, A./Coote, L. V./Rudd, J. M. (2006), Determining Consumer Satisfaction and Commitment Through Self-Service Technology and Personal Service Usage, Journal of Marketing Management, 22, 7/8, 853-882.

Becker, T. E. (2005), Potential Problems in the Statistical Control of Variables in Organizational Research: A Qualitative Analysis With Recommendations, Organizational Research Methods, 8, 3, 274-289.

Bendapudi, N./Leone, R. P. (2003), Psychological Implications of Customer Participation in Co-Production, Journal of Marketing, 67, 1, 14-28.

Berry, L. L. (1980), Services Marketing Is Different, Business, 30, 6, 24-29.

Bertrand, M./Schoar, A. (2003), Managing with Style: The Effect of Managers on Firm Policies, Quarterly Journal of Economics, 118, 4, 1169-1208.

Bettencourt, L. A. (1997), Customer Voluntary Performance: Customers as Partners in Service Delivery, Journal of Retailing, 73, 3, 383-406.

Bettencourt, L. A./Ostrom, A. L./Brown, S. W./Roundtree, R. I. (2002), Client Co-Production in Knowledge-Intensive Business Services, California Management Review, 44, 4, 100-128.

Bhappu, A. D./Schultze, U. (2006), The Role of Relational and Operational Performance in Business-to-Business Customers' Adoption of Self-Service Technology, Journal of Service Research, 8, 4, 372-385.

Birkinshaw, J./Hamel, G./Mol, M. J. (2008), Management Innovation, Academy of Management Review, 33, 4, 825-845.

Bitner, M. J. (1990), Evaluating Service Encounters: The Effects of Physical Surroundings and Employee Responses, Journal of Marketing, 54, 2, 69-82.

Bitner, M. J./Booms, B. H./Tetreault, M. S. (1990), The Service Encounter: Diagnosing Favorable and Unfavorable Incidents, Journal of Marketing, 54, 1, 71-84.

Bitner, M. J./Brown, S. W./Meuter, M. L. (2000), Technology Infusion in Service Encounters, Journal of the Academy of Marketing Science, 28, 1, 138-149.

Bitner, M. J./Faranda, W. T./Hubbert, A. R./Zeithaml, V. A. (1997), Customer Contributions and Roles in Service Delivery, International Journal of Service Industry Management, 8, 3, 193-205.

Bitner, M. J./Ostrom, A. L./Meuter, M. L. (2002), Implementing Successful Self-Service Technologies, Academy of Management Executive, 16, 4, 96-108.

Bitner, M. J./Ostrom, A. L./Morgan, F. N. (2008), Service Blueprinting: A Practical Technique for Service Innovation, California Management Review, 50, 3, 66-94.

Blazevic, V./Lievens, A. (2008), Managing Innovation through Customer Coproduced Knowledge in Electronic Services: An Exploratory Study, Journal of the Academy of Marketing Science, 36, 1, 138-151.

Boal, K. B./Hoojberg, R. (2001), Strategic Leadership Research: Moving On, Leadership Quarterly, 11, 4, 515-549.

Bogner, W. C./Barr, P. S. (2000), Making Sense in Hypercompetitive Environments: A Cognitive Explanation for the Persistence of High Velocity Competition, Organization Science, 11, 2, 212-226.

Bollaert, H./Petit, V. (2010), Beyond the Dark Side of Executive Psychology: Current Research and New Directions, European Management Journal, 28, 5, 362-376.

Bolton, R. N. (1998), A Dynamic Model of the Duration of the Customer's Relationship with a Continuous Service Provider: The Role of Satisfaction, Marketing Science, 17, 1, 45-65.

Bolton, R. N. (2011), Comment: Customer Engagement: Opportunities and Challenges for Organizations, Journal of Service Research, 14, 3, 272-274.

Bolton, R. N./Day, G. S./Deighton, J./Narayandas, D./Gummesson, E./Hunt, S. D./Prahalad, C. K./Rust, R. T./Shugan, S. M. (2004), Invited Commentaries on "Evolving to a New Dominant Logic for Marketing", Journal of Marketing, 68, 1, 18-27.

Bolton, R. N./Drew, J. H. (1991), A Multistage Model of Customers' Assessments of Service Quality and Value, Journal of Consumer Research, 17, 4, 375-384.

Bolton, R. N./Lemon, K. N. (1999), A Dynamic Model of Customers' Usage of Services: Usage as an Antecedent and Consequence of Satisfaction, Journal of Marketing Research (JMR), 36, 2, 171-186.

Bolton, R. N./Saxena-Iyer, S. (2009), Interactive Services: A Framework, Synthesis and Research Directions, Journal of Interactive Marketing, 23, 1, 91-104.

Bono, J. E./McNamara, G. (2011), From the Editors: Publishing in AMJ - Part 2: Research Design, Academy of Management Journal, 54, 657-660.

Boso, N./Cadogan, J. W./Story, V. M. (2012), Complementary Effect of Entrepreneurial and Market Orientations on Export New Product Success Under Differing Levels of Competitive Intensity and Financial Capital, International Business Review, 21, 4, 667-681.

Boström, G.-O. (1995), Successful Cooperation in Professional Services: What Characteristics Should the Customer Have?, Industrial Marketing Management, 24, 3, 151-165.

Boulding, W./Kalra, A./Staelin, R./Zeithaml, V. A. (1993), A Dynamic Process Model of Service Quality: From Expectations to Behavioral Intentions, Journal of Marketing Research, 30, 1, 7-27.

Bourgeois III, L. J. (1981), On the Measurement of Organizational Slack, Academy of Management Review, 6, 1, 29-39.

Bowen, D. E./Siehl, C./Schneider, B. (1989), A Framework for Analyzing Customer Service Orientations in Manufacturing, The Academy of Management Review, 14, 1, 75-95.

Brax, S. (2005), A Manufacturer Becoming Service Provider - Challenges and a Paradox, Managing Service Quality, 15, 2, 142-155.

Brodie, R. J./Hollebeek, L. D./Jurić, B./Ilić, A. (2011), Customer Engagement, Journal of Service Research, 14, 3, 252-271.

Brown, A. D./Fisk, R. P./Bitner, M. J. (1994), The Development and Emergence of Services Marketing Thought, International Journal of Service Industry Management, 5, 1, 21-48.

Bryson, J. R./Monnoyer, M. C. (2004), Understanding the Relationship between Services and Innovation: The RESER Review of the European Service Literature on Innovation, 2002, Service Industries Journal, 24, 1, 205-222.

Burke, M. J./Finkelstein, L. M./Dusig, M. S. (1999), On Average Deviation Indices for Estimating Interrater Agreement, Organizational Research Methods, 2, 1, 49-68.

Burrows, P./Ben-Aaron, D./Bass, D. (2011), Elop's Fable, Bloomberg Businessweek, 4232, 56-61.

Büttgen, M./Schumann, J. H./Ates, Z. (2012), Service Locus of Control and Customer Coproduction: The Role of Prior Service Experience and Organizational Socialization, Journal of Service Research, 15, 2, 166-181.

Calantone, R. J./Harmancioglu, N./Droge, C. (2010), Inconclusive Innovation 'Returns': A Meta-Analysis of Research on Innovation in New Product Development, Journal of Product Innovation Management, 27, 7, 1065-1081.

Camarero, C./Garrido, M. J. (2012), Fostering Innovation in Cultural Contexts: Market Orientation, Service Orientation, and Innovations in Museums, Journal of Service Research, 15, 1, 39-58.

Campbell, A. J./Cooper, R. G. (1999), Do Customer Partnerships Improve New Product Success Rates?, Industrial Marketing Management, 28, 5, 507-519.

Campbell, W. K./Goodie, A. S./Foster, J. D. (2004), Narcissism, Confidence, and Risk Attitude, Journal of Behavioral Decision Making, 17, 4, 297-311.

Cannella, A. A. (2001), Upper Echelons: Donald Hambrick on Executives and Strategy, Academy of Management Executive, 15, 3, 36-42.

Capron, L./Shen, J.-C. (2007), Acquisitions of Private vs. Public Firms: Private Information, Target Selection, and Acquirer Returns, Strategic Management Journal, 28, 9, 891-911.

Carbonell, P./Rodríguez-Escudero, A. I. (2010), The Effect of Market Orientation on Innovation Speed and New Product Performance, Journal of Business & Industrial Marketing, 25, 7, 501-513.

Carbonell, P./Rodríguez-Escudero, A. I./Pujari, D. (2009), Customer Involvement in New Service Development: An Examination of Antecedents and Outcomes, Journal of Product Innovation Management, 26, 5, 536-550.

Carpenter, M. A./Geletkanycz, M. A./Sanders, W. G. (2004), Upper Echelons Research Revisited: Antecedents, Elements, and Consequences of Top Management Team Composition, Journal of Management, 30, 6, 749-778.

Carpenter, M. A./Sanders, W. G./Gregersen, H. B. (2001), Bundling Human Capital with Organizational Context: The Impact of International Assignment Experience on Multinational Firm Performance and CEO Pay, Academy of Management Journal, 44, 3, 493-511.

Ceccagnoli, M. (2009), Appropriability, Preemption, and Firm Performance, Strategic Management Journal, 30, 1, 81-98.

Celuch, K. G./Kasouf, C. J./Peruvemba, V. (2002), The Effects of Perceived Market and Learning Orientation on Assessed Organizational Capabilities, Industrial Marketing Management, 31, 6, 545-554.

Cermak, D. S. P./File, K. M. (1994), Customer Participation in Service Specification and Delivery, Journal of Applied Business Research, 10, 2, 90-97.

Chan, K. W./Yim, C. K./Lam, S. S. K. (2010), Is Customer Participation in Value Creation a Double-Edged Sword? Evidence from Professional Financial Services Across Cultures, Journal of Marketing, 74, 3, 48-64.

Chandy, R. K./Tellis, G. J. (1998), Organizing for Radical Product Innovation: The Overlooked Role of Willingness to Cannibalize, Journal of Marketing Research (JMR), 35, 4, 474-487.

Chatterjee, A./Hambrick, D. C. (2007), It's All about Me: Narcissistic Chief Executive Officers and Their Effects on Company Strategy and Performance, Administrative Science Quarterly, 52, 3, 351-386.

Chatterjee, A./Hambrick, D. C. (2011), Executive Personality, Capability Cues, and Risk Taking: How Narcissistic CEOs React to Their Successes and Stumbles, Administrative Science Quarterly, 56, 2, 202-237.

Chen, J.-S./Tsou, H. T./Huang, A. Y.-H. (2009), Service Delivery Innovation, Journal of Service Research, 12, 1, 36-55.

Chen, J.-S./Tsou, H.-T./Ching, R. K. H. (2011), Co-Production and Its Effects on Service Innovation, Industrial Marketing Management, 40, 8, 1331-1346.

Chien, S.-H./Chen, J.-j. (2010), Supplier Involvement and Customer Involvement Effect on New Product Development Success in the Financial Service Industry, Service Industries Journal, 30, 2, 185-201.

Christensen, C. M./Bower, J. L. (1996), Customer Power, Strategic Investment, and the Failure of Leading Firms, Strategic Management Journal, 17, 3, 197-218.

Claycomb, C./Lengnick-Hall, C. A./Inks, L. W. (2001), The Customer as a Productive Resource: A Pilot Study and Strategic Implications, Journal of Business Strategies, 18, 47-69.

Colby, C. L./Parasuraman, A. (2003), Technology Still Matters, Marketing Management, 12, 4, 28-33.

Collier, J. E./Sherrell, D. L. (2010), Examining the Influence of Control and Convenience in a Self-Service Setting, Journal of the Academy of Marketing Science, 38, 4, 490-509.

Cooper, R. G./de Brentani, U. (1991), New Industrial Financial Services: What Distinguishes the Winners, Journal of Product Innovation Management, 8, 2, 75-90.

Cooper, R. G./Kleinschmidt, E. J. (1987), New Products: What Separates Winners from Losers?, Journal of Product Innovation Management, 4, 3, 169-184.

Cooper, R. G./Kleinschmidt, E. J. (1995), Benchmarking the Firm's Critical Success Factors in New Product Development, Journal of Product Innovation Management, 12, 5, 374-391.

Corrocher, N./Cusmano, L./Morrison, A. (2009), Modes of Innovation in Knowledge-Intensive Business Services Evidence from Lombardy, Journal of Evolutionary Economics, 19, 2, 173-196.

Corsten, H. (1990), Betriebswirtschaftslehre der Dienstleistungsunternehmungen: Einführung, 2. Auflage, München.

Cronin Jr, J. J./Taylor, S. A. (1992), Measuring Service Quality: A Reexamination and Extension, Journal of Marketing, 56, 3, 55-68.

Crosby, L. A./Stephens, N. (1987), Effects of Relationship Marketing on Satisfaction, Retention, and Prices in the Life Insurance Industry, Journal of Marketing Research (JMR), 24, 4, 404-411.

Curran, J. M./Meuter, M. L. (2005), Self-Service Technology Adoption: Comparing Three Technologies, Journal of Services Marketing, 19, 2, 103-113.

Curran, J. M./Meuter, M. L./Surprenant, C. F. (2003), Intentions to Use Self-Service Technologies: A Confluence of Multiple Attitudes, Journal of Service Research, 5, 3, 209-224.

Cyert, R. M./March, J. G. (1963), A Behavioral Theory of the Firm, Englewood Cliffs, N.J.

Dabholkar, P. (1990), How to Improve Perceived Service Quality by Improving Customer Participation, in: Dunlap, B. J. (Hrsg.), Developments in Marketing Science, Cullowhee, NC, 483-487.

Dabholkar, P. A. (1996), Consumer Evaluations of New Technology-Based Self-Service Options: An Investigation of Alternative Models of Service Quality, International Journal of Research in Marketing, 13, 1, 29-51.

Dabholkar, P. A./Bagozzi, R. P. (2002), An Attitudinal Model of Technology-Based Self-Service: Moderating Effects of Consumer Traits and Situational Factors, Journal of the Academy of Marketing Science, 30, 3, 184-201.

Daft, R. L./Weick, K. E. (1984), Toward a Model of Organizations as Interpretation Systems, Academy of Management Review, 9, 2, 284-295.

Damanpour, F./Walker, R. M./Avellaneda, C. N. (2009), Combinative Effects of Innovation Types and Organizational Performance: A Longitudinal Study of Service Organizations, Journal of Management Studies, 46, 4, 650-675.

Danaher, P. J./Mattson, J. (1998), A Comparison of Service Delivery Processes of Different Complexity, International Journal of Service Industry Management, 9, 1, 48-63.

Daniel, F./Lohrke, F. T./Fornaciari, C. J./Turner Jr, R. A. (2004), Slack Resources and Firm Performance: A Meta-Analysis, Journal of Business Research, 57, 6, 565-574.

D'Aveni, R. (1994), Hypercompetition: Managing the Dynamics of Strategic Maneuvering, New York.

Davies, A. (2004), Moving base into high-value integrated solutions: a value stream approach, Industrial and Corporate Change, 13, 5, 727-756.

Davis, F. D. (1989), Perceived Usefulness, Perceived Ease of Use, and User Acceptance of Information Technology, MIS Quarterly, 13, 3, 319-340.

Davis, F. D./Bagozzi, R. P./Warshaw, P. R. (1989), User Acceptance of Computer Technology: A Comparison of Two Theoretical Models, Management Science, 35, 8, 982-1003.

Davis, F. W./Manrodt, K. (1996), Customer Responsive Management: The Flexible Advantage, Cambridge, MA.

Davis, P. S./Babakus, E./Englis, P. D./Pett, T. (2010), The Influence of CEO Gender on Market Orientation and Performance in Service Small and Medium-Sized Service Businesses, Journal of Small Business Management, 48, 4, 475-496.

Day, G. S. (1970), Buyer Attitudes and Brand Choice Behavior, New York.

Day, G. S. (1994), The Capabilities of Market-Driven Organizations, Journal of Marketing, 58, 4, 37-52.

Day, G. S. (2004), Achieving Advantage with a New Dominant Logic, Journal of Marketing, 68, 1, 18-19.

Day, G. S./Nedungadi, P. (1994), Managerial Representations of Competitive Advantage, Journal of Marketing, 58, 2, 31-44.

de Brentani, U. (1989), Success and Failure in New Industrial Services, Journal of Product Innovation Management, 6, 4, 239-258.

de Brentani, U. (1991), Success Factors in Developing New Business Services, European Journal of Marketing, 25, 2, 33-59.

de Brentani, U./Cooper, R. G. (1992), Developing Successful New Financial Services for Businesses, Industrial Marketing Management, 21, 3, 231-241.

de Jong, J. P. J./Vermeulen, P. A. M. (2003), Organizing Successful New Service Development: A Literature Review, Management Decision, 41, 9, 844-858.

de Luca, L. M./Atuahene-Gima, K. (2007), Market Knowledge Dimensions and Cross-Functional Collaboration: Examining the Different Routes to Product Innovation Performance, Journal of Marketing, 71, 1, 95-112.

de Luca, L. M./Verona, G./Vicari, S. (2010), Market Orientation and R&D Effectiveness in High-Technology Firms: An Empirical Investigation in the Biotechnology Industry, Journal of Product Innovation Management, 27, 3, 299-320.

de Vries, E. J. (2006), Innovation in Services in Networks of Organizations and in the Distribution of Services, Research Policy, 35, 7, 1037-1051.

de Vries, M. F. R. K. (1994), The Leadership Mystique, Academy of Management Executive, 8, 3, 73-89.

de Vries, M. F. R. K./Miller, D. (1985), Narcissism and Leadership: An Object Relations Perspective, Human Relations, 38, 6, 583-601.

Deeter-Schmelz, D. R./Ramsey, R. P. (2003), An Investigation of Team Information Processing in Service Teams: Exploring the Link Between Teams and Customers, Journal of the Academy of Marketing Science, 31, 4, 409-424.

Dibrell, C./Craig, J. B./Hansen, E. N. (2011), How Managerial Attitudes Toward the Natural Environment Affect Market Orientation and Innovation, Journal of Business Research, 64, 4, 401-407.

Djellal, F./Gallouj, F. (2001), Patterns of Innovation Organisation in Service Firms: Postal Survey Results and Theoretical Models, Science and Public Policy, 28, 1, 57-67.

Djellal, F./Gallouj, F. (2007), Innovation and Employment Effects in Services: A Review of the Literature and an Agenda for Research, Service Industries Journal, 27, 3, 193-214.

Dreher, S./Stock-Homburg, R./Zacharias, N. (2011), Dienstleistungsinnovationen - Bedeutung, Herausforderungen und Perspektiven, in: Bruhn, M./Hadwich, K. (Hrsg.), Dienstleistungsproduktivität, Heidelberg, 35-57.

Drejer, I. (2004), Identifying Innovation in Surveys of Services: A Schumpeterian Perspective, Research Policy, 33, 3, 551-562.

Droege, H./Hildebrand, D./Forcada, M. A. H. (2009), Innovation in Services: Present Findings and Future Pathways, Journal of Service Management, 20, 2, 131-155.

Dutton, J. E./Jackson, S. E. (1987), Categorizing Strategic Issues: Links to Organizational Action, Academy of Management Review, 12, 1, 76-90.

Echambadi, R./Arroniz, I./Reinartz, W./Lee, J. (2006), Empirical Generalizations from Brand Extension Research: How Sure Are We?, International Journal of Research in Marketing, 23, 3, 253-261.

Echambadi, R./Campbell, B./Agarwal, R. (2006), Encouraging Best Practice in Quantitative Management Research: An Incomplete List of Opportunities, Journal of Management Studies, 43, 8, 1801-1820.

Eddy, S./Hamilton, C. (2012), Understand Greek Mythology: Teach Yourself, Reading.

Edvardsson, B./Gustafsson, A./Enquist, B. (2007), Success Factors in New Service Development and Value Creation through Services, in: Spath, D./Fähnrich, K.-P. (Hrsg.), Advances in services innovations, 165-183.

Edvardsson, B./Gustafsson, A./Kristensson, P./Witell, L. (2010), Service Innovation and Customer Co-development, in: Maglio, P. P./Kieliszewski, C. A./Spohrer, J. C. (Hrsg.), Handbook of Service Science, New York, 561-577.

Edvardsson, B./Gustafsson, A./Roos, I. (2005), Service Portraits in Service Research: A Critical Review, International Journal of Service Industry Management, 16, 1, 107-121.

Edvardsson, B./Tronvoll, B./Gruber, T. (2011), Expanding Understanding of Service Exchange and Value Co-Creation: A Social Construction Approach, Journal of the Academy of Marketing Science, 39, 2, 327-339.

Eggert, A./Hogreve, J./Ulaga, W./Muenkhoff, E. (2011), Industrial Services, Product Innovations, and Firm Profitability: A Multiple-Group Latent Growth Curve Analysis, Industrial Marketing Management, 40, 5, 661-670.

Ehrenthal, J. C. F. (2012), A Service-Dominant Logic View of Retail On-Shelf Availability, Winterthur.

Eisenhardt, K. M./Bourgeois III, L. J. (1988), Politics of Strategic Decision Making in High-Velocity Environments: Toward a Midrange Theory, Academy of Management Journal, 31, 4, 737-770.

Eisenhardt, K. M./Schoonhoven, C. B. (1990), Organizational Growth: Linking Founding Team, Strategy, Environment, and Growth among U.S. Semiconductor Ventures, 1978-1988, Administrative Science Quarterly, 35, 3, 504-529.

Emmons, R. A. (1984), Factor Analysis and Construct Validity of the Narcissistic Personality Inventory, Journal of Personality Assessment, 48, 3, 291-300.

Emmons, R. A. (1987), Narcissism: Theory and Measurement, Journal of Personality and Social Psychology, 52, 1, 11-17.

Enders, C. K. (2010), Applied Missing Data Analysis, New York.

Enkel, E./Kausch, C./Gassmann, O. (2005), Managing the Risk of Customer Integration, European Management Journal, 23, 2, 203-213.

Epp, A. M./Price, L. L. (2011), Designing Solutions Around Customer Network Identity Goals, Journal of Marketing, 75, 2, 36-54.

Etgar, M. (2006), Co-Production of Services: A Managerial Extension, in: Lusch, R. F./Vargo, S. L. (Hrsg.), The Service-Dominant Logic of Marketing - Dialog, Debate, and Directions, New York, 128-138.

Etgar, M. (2008), A Descriptive Model of the Consumer Co-Production Process, Journal of the Academy of Marketing Science, 36, 1, 97-108.

European Commission (2012), Science, Technology and Innovation in Europe, Luxemburg.

Evanschitzky, H./Wangenheim, F. V./Woisetschläger, D. M. (2011), Service & Solution Innovation: Overview and Research Agenda, Industrial Marketing Management, 40, 5, 657-660.

Fahy, J./Smithee, A. (1999), Strategic Marketing and the Resource Based View of the Firm, Academy of Marketing Science Review, 1999, 10, 1-20.

Fang, E. (2008), Customer Participation and the Trade-Off between New Product Innovativeness and Speed to Market, Journal of Marketing, 72, 4, 90-104.

Fang, E./Palmatier, R. W./Evans, K. R. (2008), Influence of Customer Participation on Creating and Sharing of New Product Value, Journal of the Academy of Marketing Science, 36, 3, 322-336.

Fang, E./Palmatier, R. W./Steenkamp, J.-B. E. M. (2008), Effect of Service Transition Strategies on Firm Value, Journal of Marketing, 72, 5, 1-14.

Feng, T./Sun, L./Zhu, C./Sohal, A. S. (2012), Customer Orientation for Decreasing Time-to-Market of New Products: IT Implementation as a Complementary Asset, Industrial Marketing Management, 41, 6, 929-939.

Finkelstein, S. (1992), Power in Top Management Teams: Dimensions, Measurement, and Validation, Academy of Management Journal, 35, 3, 505-538.

Finkelstein, S./Hambrick, D. C. (1990), Top-Management-Team Tenure and Organizational Outcomes: The Moderating Role of Managerial Discretion, Administrative Science Quarterly, 35, 3, 484-503.

Finkelstein, S./Hambrick, D. C./Cannella, A. A. (2009), Strategic Leadership: Theory and Research on Executives, Top Management Teams, and Boards, New York.

Fischer, H./Oertel, J. (2009), Dienstleistungen, Wirtschaft und Statistik, 3, 232-240.

Fisk, R. P./Brown, S. W./Bitner, M. J. (1993), Tracking the Evolution of Services Marketing Literature, Journal of Retailing, 69, 1, 61-103.

Flikkema, M./Jansen, P./van der Sluis, L. (2007), Identifying Neo-Schumpeterian Innovation in Service Firms: A Conceptual Essay with a Novel Classification, Economics of Innovation & New Technology, 16, 7, 541-558.

Flint, D. J. (2006), Innovation, Symbolic Interaction and Customer Valuing: Thoughts Stemming from a Service-Dominant Logic of Marketing, Marketing Theory, 6, 3, 349-362.

Fornell, C./Larcker, D. F. (1981), Evaluating Structural Equation Models with Unobservable Variables and Measurement Error, Journal of Marketing Research, 18, 1, 39-50.

Foss, N. J./Laursen, K./Pedersen, T. (2011), Linking Customer Interaction and Innovation: The Mediating Role of New Organizational Practices, Organization Science, 22, 4, 980-999.

Frambach, R. T./Prabhu, J./Verhallen, T. M. M. (2003), The Influence of Business Strategy on New Product Activity: The Role of Market Orientation, International Journal of Research in Marketing, 20, 4, 377-397.

Franses, P. H. (2005), Diagnostics, Expectations, and Endogeneity, Journal of Marketing Research (JMR), 42, 1, 27-29.

Galasso, A./Simcoe, T. S. (2011), CEO Overconfidence and Innovation, Management Science, 57, 8, 1469-1484.

Galbraith, J. R. (2002), Organizing to Deliver Solutions, Organizational Dynamics, 31, 2, 194-207.

Gallouj, F./Savona, M. (2009), Innovation in Services: A Review of the Debate and a Research Agenda, Journal of Evolutionary Economics, 19, 2, 149-172.

Galunic, D. C./Rodan, S. (1998), Resource Recombinations in the Firm: Knowledge Structures and the Potential for Schumpeterian Innovation, Strategic Management Journal, 19, 12, 1193-1201.

García-Morales, V. J./Lloréns-Montes, F. J./Verdú-Jover, A. J. (2008), The Effects of Transformational Leadership on Organizational Performance through Knowledge and Innovation, British Journal of Management, 19, 4, 299-319.

Gassmann, O./Kausch, C./Enkel, E. (2010), Negative Side Effects of Customer Integration, International Journal of Technology Management, 50, 1, 43-63.

Gatignon, H./Xuereb, J.-M. (1997), Strategic Orientation of the Firm and New Product Performance, Journal of Marketing Research (JMR), 34, 1, 77-90.

Gavetti, G. (2011), The New Psychology of Strategic Leadership, Harvard Business Review, 89, 7/8, 118-125.

Gavetti, G./Rivkin, J. W. (2005), How Strategists Really Think (Cover Story), Harvard Business Review, 83, 4, 54-63.

Gebauer, H. (2009), An attention-based view on service orientation in the business strategy of manufacturing companies, Journal of Managerial Psychology, 24, 1, 79-98.

Gebauer, H./Edvardsson, B./Gustafsson, A./Witell, L. (2010), Match or Mismatch: Strategy-Structure Configurations in the Service Business of Manufacturing Companies, Journal of Service Research, 13, 2, 198-215.

Gebauer, H./Fleisch, E./Friedli, T. (2005), Overcoming the Service Paradox in Manufacturing Companies, European Management Journal, 23, 1, 14-26.

Gebauer, H./Gustafsson, A./Witell, L. (2011), Competitive Advantage through Service Differentiation by Manufacturing Companies, Journal of Business Research, 64, 12, 1270-1280.

Gebhardt, G. F./Carpenter, G. S./Sherry, J. F. (2006), Creating a Market Orientation: A Longitudinal, Multifirm, Grounded Analysis of Cultural Transformation, Journal of Marketing, 70, 4, 37-55.

Gerstner, W.-C./König, A./Enders, A./Hambrick, D. C. (2011), CEO Narcissism and Incumbent Response to Technological Discontinuities, Academy of Management Annual Meeting Proceedings, 1-6.

Gervais, S./Heaton, J. B./Odean, T. (2011), Overconfidence, Compensation Contracts, and Capital Budgeting, Journal of Finance, 66, 5, 1735-1777.

Ghosh, M./Dutta, S./Stremersch, S. (2006), Customizing Complex Products: When Should the Vendor Take Control?, Journal of Marketing Research, 43, 4, 664-679.

Gioia, D. A./Chittipeddi, K. (1991), Sensemaking and Sensegiving in Strategic Change Initiation, Strategic Management Journal, 12, 6, 433-448.

Glick, W. H./Miller, C. C./Huber, G. P. (1993), The Impact of Upper-Echelon Diversity on Organizational Performance, in: Huber, G. P./Glick, W. H. (Hrsg.), Organizational Change and Redesign: Ideas and Insights for Improving Performancev, New York, 176-214.

Globerson, S./Maggard, M. J. (1991), A Conceptual Model of Self-Service, International Journal of Operations & Production Management, 11, 4, 33-43.

Goffin, K./Lemke, F./Koners, U. (2010), Identifying Hidden Needs: Creating Breakthrough Products, New York.

Goldstein, S. M./Johnston, R./Duffy, J./Rao, J. (2002), The Service Concept: The Missing Link in Service Design Research?, Journal of Operations Management, 20, 2, 121-134.

Gómez, J./Maícas, J. P. (2011), Do Switching Costs Mediate the Relationship between Entry Timing and Performance?, Strategic Management Journal, 32, 12, 1251-1269.

Goodwin, C. (1988), 'I Can Do It Myself:' Training the Service Consumer to Contribute to Service Productivity, Journal of Services Marketing, 2, 4, 71-78.

Gotteland, D./Boulé, J.-M. (2006), The Market Orientation – New Product Performance Relationship: Redefining the Moderating Role of Environmental Conditions, International Journal of Research in Marketing, 23, 2, 171-185.

Govindarajan, V./Kopalle, P. K./Danneels, E. (2011), The Effects of Mainstream and Emerging Customer Orientations on Radical and Disruptive Innovations, Journal of Product Innovation Management, s1, 121-132.

Graham, J. W. (2009), Missing Data Analysis: Making It Work in the Real World, Annual Review of Psychology, 60, 1, 549-576.

Greenwald, A. G./Leavitt, C. (1985), Cognitive Theory and Audience Involvement, in: Alwitt, L. F./Mitchell, A. A. (Hrsg.), Psychological processes and advertising effects: theory, research, and applications, Hilldale, NJ, 221-240.

Griffin, D./Tversky, A. (1992), The Weighing of Evidence and the Determinants of Confidence, Cognitive Psychology, 24, 3, 411-435.

Grimm, C. M./Lee, H./Smith, K. G. (2006), Strategy As Action : Competitive Dynamics and Competitive Advantage, Oxford.

Grinstein, A. (2008), The Effect of Market Orientation and Its Components on Innovation Consequences: A Meta-Analysis, Journal of the Academy of Marketing Science, 36, 2, 166-173.

Grönroos, C. (1990), Service Management and Marketing: Managing the Moments of Truth in Service Competition, Lexington, MA.

Grönroos, C./Ravald, A. (2011), Service as Business Logic: Implications for Value Creation and Marketing, Journal of Service Management, 22, 1, 5-22.

Gruner, K. E./Homburg, C. (2000), Does Customer Interaction Enhance New Product Success?, Journal of Business Research, 49, 1, 1-14.

Gummesson, E. (2004), Service Provision Calls for Partners Instead of Parties, Journal of Marketing, 68, 1, 20-21.

Gustafsson, A./Brax, S./Witell, L. (2010), Guest Editorial, Journal of Service Management, 21, 5, -.

Gustafsson, A./Ekdahl, F./Edvardsson, B. (1999), Customer Focused Service Development in Practice - A Case Study at Scandinavian Airlines System (SAS), International Journal of Service Industry Management, 10, 4, 344-359.

Gustafsson, A./Kristensson, P./Witell, L. (2012), Customer Co-Creation in Service Innovation: A Matter of Communication?, Journal of Service Management, 23, 3, 311-327.

Gwinner, K. P./Gremler, D. D./Bitner, M. J. (1998), Relational Benefits in Services Industries: The Customer's Perspective, Journal of the Academy of Marketing Science, 26, 2, 101-114.

Hair, J. F./Black, W./Babin, B./Anderson, R. E./Tatham, R. L. (2006), Multivariate Data Analysis, 6. Auflage, Upper Saddle River, New Jersey.

Haleblian, J./Finkelstein, S. (1993), Top Management Team Size, CEO Dominance, and Firm Performance: The Moderating Roles of Environmental Turbulence and Discretion, Academy of Management Journal, 36, 4, 844-863.

Hambrick, D. C. (1989), Guest Editor's Introduction: Putting Top Managers Back in the Strategy Picture, Strategic Management Journal, 10, 5-15.

Hambrick, D. C. (2007), Upper Echelon Theory: An Update, Academy of Management Review, 32, 2, 334-343.

Hambrick, D. C./D'Aveni, R. A. (1992), Top Team Deterioration as Part of the Downward Spiral of Large Corporate Bankruptcies, Management Science, 38, 10, 1445-1466.

Hambrick, D. C./Finkelstein, S. (1987), Managerial Discretion: A Bridge between Polar Views of Organizational Outcomes, Research in Organizational Behavior, 9, 369-406.

Hambrick, D. C./Finkelstein, S./Mooney, A. C. (2005), Executive Job Demands: New Insights for Explaining Strategic Decisions and Leader Behaviors, Academy of Management Review, 30, 3, 472-491.

Hambrick, D. C./Mason, P. A. (1984), Upper Echelons: The Organization as a Reflection of Its Top Managers, The Academy of Management Review, 9, 2, 193-206.

Hamel, G./Prahalad, C. K. (1994), Competing for the Future, 3. Auflage, Boston, Mass.

Hamilton, B. H./Nickerson, J. A. (2003), Correcting for Endogeneity in Strategic Management Research, Strategic Organization, 1, 1, 51-78.

Han, J. K./Kim, N./Srivastava, R. K. (1998), Market Orientation and Organizational Performance: Is Innovation a Missing Link?, Journal of Marketing, 62, 4, 30-45.

Hannan, M. T./Freeman, J. (1977), The Population Ecology of Organizations, American Journal of Sociology, 82, 5, 929-964.

Hansen, W. F. (2004), Handbook of Classical Mythology, Santa Barbara, CA.

Harmancioglu, N./Grinstein, A./Goldman, A. (2010), Innovation and Performance Outcomes of Market Information Collection Efforts: The Role of Top Management Team Involvement, International Journal of Research in Marketing, 27, 1, 33-43.

Hayward, M. L. A. (2007), Ego Check: Why Executive Hubris is Wrecking Companies and Careers and How to Avoid the Trap, Chicago.

Hayward, M. L. A./Hambrick, D. C. (1997), Explaining the Premiums Paid for Large Acquisitions: Evidence of CEO Hubris, Administrative Science Quarterly, 42, 1, 103-127.

Hayward, M. L. A./Shepherd, D. A./Griffin, D. (2006), A Hubris Theory of Entrepreneurship, Management Science, 52, 2, 160-172.

Heinonen, K./Strandvik, T./Mickelsson, K.-J./Edvardsson, B./Sundström, E./Andersson, P. (2010), A Customer-Dominant Logic of Service, Journal of Service Management, 21, 4, 531-548.

Helmer, W. (2006), Unberührt und Ungerührt, URL: http://www.faz.net/aktuell/-wirtschaft/un ternehmen/ferdinand-piech-unberuehrt-und-ungeruehrt-1381535.html [19.04.2013].

Hillebrand, B./Kemp, R. G. M./Nijssen, E. J. (2011), Customer Orientation and Future Market Focus in NSD, Journal of Service Management, 22, 1, 67-84.

Hiller, N. J./Hambrick, D. C. (2005), Conceptualizing Executive Hubris: The Role of (Hyper-) Core Self-Evaluations in Strategic Decision-Making, Strategic Management Journal, 26, 4, 297-319.

Hipp, C./Grupp, H. (2005), Innovation in the Service Sector: The Demand for Service-Specific Innovation Measurement Concepts and Typologies, Research Policy, 34, 4, 517-535.

Hirshleifer, D./Low, A./Teoh, S. H. (2012), Are Overconfident CEOs Better Innovators?, Journal of Finance, 67, 4, 1457-1498.

Hmieleski, K. M./Baron, R. A. (2009), Entrepreneurs' Optimism and New Venture Performance: A Social Cognitive Perspective, Academy of Management Journal, 52, 3, 473-488.

Hoffman, B. J./Bynum, B. H./Piccolo, R. F./Sutton, A. W. (2011), Person-Organization Value Congruence: How Transformational Leaders Influence Work Group Effectiveness, Academy of Management Journal, 54, 4, 779-796.

Homburg, C./Fassnacht, M./Guenther, C. (2003), The Role of Soft Factors in Implementing a Service-Oriented Strategy in Industrial Marketing Companies, Journal of Business-to-Business Marketing, 10, 2, 23-49.

Homburg, C./Garbe, B. (1999), Towards an Improved Understanding of Industrial Services: Quality Dimensions and Their Impact on Buyer-Seller Relationships, Journal of Business-to-Business Marketing, 6, 2, 39-71.

Homburg, C./Klarmann, M./Schmitt, J. (2010), Brand Awareness in Business Markets: When Is It Related to Firm Performance?, International Journal of Research in Marketing, 27, 3, 201-212.

Homburg, C./Krohmer, H. (2003), Marketingmanagement: Strategie, Instrumente, Umsetzung, Unternehmensführung, 1. Auflage, Wiesbaden.

Homburg, C./Müller, M./Klarmann, M. (2011), When Should the Customer Really Be King? On the Optimum Level of Salesperson Customer Orientation in Sales Encounters, Journal of Marketing, 75, 2, 55-74.

Homburg, C./Pflesser, C. (2000), A Multiple-Layer Model of Market-Oriented Organizational Culture: Measurement Issues and Performance Outcomes, Journal of Marketing Research (JMR), 37, 4, 449-462.

Homburg, C./Stock, R. M. (2004), The Link between Salespeople's Job Satisfaction and Customer Satisfaction in a Business-to-Business Context: A Dyadic Analysis, Journal of the Academy of Marketing Science, 32, 2, 144-158.

Hoskisson, R. E./Hitt, M. A./Wan, W. P./Yiu, D. (1999), Theory and Research in Strategic Management: Swings of a Pendulum, Journal of Management, 25, 3, 417-456.

Howcroft, B./Hamilton, R./Hewer, P. (2007), Customer Involvement and Interaction in Retail Banking: An Examination of Risk and Confidence in the Purchase of Financial Products, Journal of Services Marketing, 21, 7, 481-491.

Howells, J. (2000), Innovation and Services: New Conceptual Frameworks, Manchester.

Hoyer, W. D./Chandy, R./Dorotic, M./Krafft, M./Singh, S. S. (2010), Consumer Cocreation in New Product Development, Journal of Service Research, 13, 3, 283-296.

Hsieh, A.-T./Yen, C.-H./Chin, K.-C. (2004), Participative Customers as Partial Employees and Service Provider Workload, International Journal of Service Industry Management, 15, 2, 187-199.

Hsieh, M.-H./Tsai, K.-H./Wang, J.-R. (2008), The Moderating Effects of Market Orientation and Launch Proficiency on the Product Advantage-Performance Relationship, Industrial Marketing Management, 37, 5, 580-592.

Hult, G. T. M./Hurley, R. F./Knight, G. A. (2004), Innovativeness: Its Antecedents and Impact on Business Performance, Industrial Marketing Management, 33, 5, 429-438.

Hult, G. T. M./Ketchen, D. J./Slater, S. F. (2005), Market Orientation and Performance: An Integration of Disparate Approaches, Strategic Management Journal, 26, 12, 1173-1181.

Hultink, E. J./Talke, K./Griffin, A./Veldhuizen, E. (2011), Market Information Processing in New Product Development: The Importance of Process Interdependency and Data Quality, IEEE Transactions on Engineering Management, 58, 2, 199-211.

Hunt, S. D. (2004), On the Service-Centered Dominant Logic for Marketing, Journal of Marketing, 68, 1, 21-22.

Hunt, S. D./Derozier, C. (2004), The Normative Imperatives of Business and Marketing Strategy: Grounding Strategy in Resource-Advantage Theory, Journal of Business & Industrial Marketing, 19, 1, 5-22.

Hunt, S. D./Lambe, C. J. (2000), Marketing's Contribution to Business Strategy: Market Orientation, Relationship Marketing and Resource-Advantage Theory, International Journal of Management Reviews, 2, 1, 17-43.

Hurley, R. F./Hult, G. T. M. (1998), Innovation, Market Orientation, and Organizational Learning: An Integration and Empirical Examination, Journal of Marketing, 62, 3, 42-54.

Im, S./Hussain, M./Sengupta, S. (2008), Testing Interaction Effects of the Dimensions of Market Orientation on Marketing Program Creativity, Journal of Business Research, 61, 8, 859-867.

Im, S./Workman, J. P. (2004), Market Orientation, Creativity, and New Product Performance in High-Technology Firms, Journal of Marketing, 68, 2, 114-132.

Ingenbleek, P. T. M./Frambach, R. T./Verhallen, T. M. M. (2010), The Role of Value-Informed Pricing in Market-Oriented Product Innovation Management, Journal of Product Innovation Management, 27, 7, 1032-1046.

Ireland, R. D./Hitt, M. A. (2005), Achieving and Maintaining Strategic Competitiveness in the 21st Century: The Role of Strategic Leadership, Academy of Management Executive, 19, 4, 63-77.

Jaccard, J./Wan, C. K. (1996), LISREL Approaches to Interaction Effects in Multiple Regression, Thousand Oaks.

James, L. R./Demaree, R. G./Wolf, G. (1984), Estimating Within-Group Interrater Reliability with and without Response Bias, Journal of Applied Psychology, 69, 1, 85-98.

Jaworski, B./Kohli, A. (1996), Market Orientation: Review, Refinement, and Roadmap, Journal of Market-Focused Management, 1, 2, 119-135.

Jaworski, B. J./Kohli, A. K. (1993), Market Orientation: Antecedents and Consequences, Journal of Marketing, 57, 3, 53-73.

Jaworski, B. J./Kohli, A. K. (2006), Co-Creating the Voice of the Customer, in: Lusch, R. F./Vargo, S. L. (Hrsg.), The service-dominant logic of marketing: dialog, debate, and directions, New York, 109-118.

Jiménez-Jimenez, D./Valle, R. S./Hernandez-Espallardo, M. (2008), Fostering Innovation: The Role of Market Orientation and Organizational Learning, European Journal of Innovation Management, 11, 3, 389-412.

John, O. P./Robins, R. W. (1994), Accuracy and Bias in Self-Perception: Individual Differences in Self-Enhancement and the Role of Narcissism, Journal of Personality and Social Psychology, 66, 1, 206-219.

Johne, A. (1999), Using Market Vision to Steer Innovation, Technovation, 19, 4, 203-207.

Johne, A./Storey, C. (1998), New Service Development: A Review of the Literature and Annotated Bibliography, European Journal of Marketing, 32, 3/4, 184-251.

Johnson, W. H. A./Piccolotto, Z./Filippini, R. (2009), The Impacts of Time Performance and Market Knowledge Competence on New Product Success: An International Study, IEEE Transactions on Engineering Management, 56, 2, 219-228.

Joshi, A. W. (2010), Salesperson Influence on Product Development: Insights from a Study of Small Manufacturing Organizations, Journal of Marketing, 74, 1, 94-107.

Joshi, A. W./Sharma, S. (2004), Customer Knowledge Development: Antecedents and Impact on New Product Performance, Journal of Marketing, 68, 4, 47-59.

Judd, R. C. (1964), The Case for Redefining Services, Journal of Marketing, 28, 1, 58-59.

Judge, T. A./Erez, A./Bono, J. E. (1998), The Power of Being Positive: The Relation Between Positive Self-Concept and job Performance, Human Performance, 11, 2/3, 167-187.

Kahn, K. B. (2001), Market Orientation, Interdepartmental Integration, and Product Development Performance, Journal of Product Innovation Management, 18, 5, 314-323.

Kahneman, D./Lovallo, D. (1993), Timid Choices and Bold Forecasts: A Cognitive Perspective on Risk Taking, Management Science, 39, 1, 17-31.

Kalaignanam, K./Varadarajan, R. (2006), Customers as Co-Producers: Implications for Marketing Strategy Effectiveness and Marketing Operations Efficiency, in: Lusch, R. F./Vargo, S. L. (Hrsg.), The Service-Dominant Logic of Marketing - Dialog, Debate, and Directions, New York, 166-179.

Kawakami, T./MacLachlan, D. L./Stringfellow, A. (2012), New Venture Performance in China, Japan, and the United States: The Impact of Formalized Market Information Processes, Journal of Product Innovation Management, 29, 2, 275-287.

Keck, S. L./Tushman, M. L. (1993), Environmental and Organizational Context and Executive Team Structure, Academy of Management Journal, 36, 6, 1314-1344.

Kelley, S. W./Donnelly Jr, J. H./Skinner, S. J. (1990), Customer Participation in Service Production and Delivery, Journal of Retailing, 66, 3, 315-335.

Kernis, M. H./Sun, C.-R. (1994), Narcissism and Reactions to Interpersonal Feedback, Journal of Research in Personality, 28, 1, 4-13.

Keskin, H. (2006), Market Orientation, Learning Orientation, and Innovation Capabilities in SMEs: An Extended Model, European Journal of Innovation Management, 9, 4, 396-417.

Ketchen, D. J./Hult, G. T. M./Slater, S. F. (2007), Toward Greater Understanding of Market Orientation and the Resource-Based View, Strategic Management Journal, 28, 9, 961-964.

Kim, N./Atuahene-Gima, K. (2010), Using Exploratory and Exploitative Market Learning for New Product Development, Journal of Product Innovation Management, 27, 4, 519-536.

Kirca, A. H./Jayachandran, S./Bearden, W. O. (2005), Market Orientation: A Meta-Analytic Review and Assessment of Its Antecedents and Impact on Performance, Journal of Marketing, 69, 2, 24-41.

Klaes, M./Sent, E.-M. (2005), A Conceptual History of the Emergence of Bounded Rationality, History of Political Economy, 37, 1, 27-59.

Klarmann, M. (2008), Methodische Problemfelder der Erfolgsfaktorenforschung: Bestandsaufnahme und empirische Analysen, Wiesbaden.

Kleinschmidt, E. J./Cooper, R. G. (1995), The Relative Importance of New Product Success Determinants—Perception Versus Reality, R&D Management, 25, 3, 281-298.

Knight, D./Pearce, C. L./Smith, K. G./Olian, J. D./Sims, H. P./Smith, K. A./Flood, P. (1999), Top Management Team Diversity, Group Process, and Strategic Consensus, Strategic Management Journal, 20, 5, 445-465.

Koelling, M./Neyer, A.-K./Moeslein, K. M. (2010), Strategies Towards Innovative Services: Findings from the German Service Landscape, Service Industries Journal, 30, 4, 609-620.

Kohli, A. K. (2011), From the Editor: Reflections on the Review Process, Journal of Marketing, 75, 6, 1-4.

Kohli, A. K./Jaworski, B. J. (1990), Market Orientation: The Construct, Research Propositions, and Managerial Implications, Journal of Marketing, 54, 2, 1-18.

Kohli, A. K./Jaworski, B. J./Kumar, A. (1993), MARKOR: A Measure of Market Orientation, Journal of Marketing Research (JMR), 30, 4, 467-477.

König, A./Enders, A./Hambrick, D. C. (2011), Who Will Appreciate My Narcisissm? Social Inference Processes in New Directors Selections, Academy of Management Annual Meeting Proceedings, 1-6.

Kor, Y. Y. (2006), Direct and Interaction Effects of Top Management Team and Board Compositions on R&D Investment Strategy, Strategic Management Journal, 27, 11, 1081-1099.

Kowalkowski, C./Kindström, D./Alejandro, T. B./Brege, S./Biggemann, S. (2012), Service Infusion as Agile Incrementalism in Action, Journal of Business Research, 65, 6, 765-772.

Kristensson, P./Magnusson, P. R./Matthing, J. (2002), Users as a Hidden Resource for Creativity: Findings from an Experimental Study on User Involvement, Creativity & Innovation Management, 11, 1, 55-61.

Kumar, M. V. S. (2009), The Relationship between Product and International Diversification: The Effects of Short-Run Constraints and Endogeneity, Strategic Management Journal, 30, 1, 99-116.

Kumar, V./Jones, E./Venkatesan, R./Leone, R. P. (2011), Is Market Orientation a Source of Sustainable Competitive Advantage or Simply the Cost of Competing?, Journal of Marketing, 75, 1, 16-30.

Kunz, W. H./Hogreve, J. (2011), Toward a Deeper Understanding of Service Marketing: The Past, the Present, and the Future, International Journal of Research in Marketing, 28, 3, 231-247.

Lado, N./Maydeu-Olivares, A. (2001), Exploring the Link between Market Orientation and Innovation in the European and US Insurance Markets, International Marketing Review, 18, 2, 130-145.

Laforet, S. (2008), Size, Strategic, and Market Orientation Affects on Innovation, Journal of Business Research, 61, 7, 753-764.

Lamberti, L./Noci, G. (2009), Marketing Power and CMO Power: Could Market Orientation Break the Link? An Exploratory Case Study, Journal of Strategic Marketing, 17, 5, 327-343.

Langeard, E./Bateson, J./Lovelock, C. H./Eiglier, P. (1981), Services Marketing: New Insights from Consumers and Managers, Cambridge.

Langerak, F./Hultink, E. J./Robben, H. S. J. (2004), The Impact of Market Orientation, Product Advantage, and Launch Proficiency on New Product Performance and Organizational Performance, Journal of Product Innovation Management, 21, 2, 79-94.

Larcker, D. F./Rusticus, T. O. (2010), On the Use of Instrumental Variables in Accounting Research, Journal of Accounting and Economics, 49, 3, 186-205.

Larsson, R./Bowen, D. E. (1989), Organization and Customer: Managing Design and Coordination of Services, Academy of Management Review, 14, 2, 213-233.

Lau, A. K. W./Tang, E./Yam, R. C. M. (2010), Effects of Supplier and Customer Integration on Product Innovation and Performance: Empirical Evidence in Hong Kong Manufacturers, Journal of Product Innovation Management, 27, 5, 761-777.

Ledwith, A./O'Dwyer, M. (2009), Market Orientation, NPD Performance, and Organizational Performance in Small Firms, Journal of Product Innovation Management, 26, 6, 652-661.

Lee, J./Allaway, A. (2002), Effects of Personal Control on Adoption of Self-Service Technology Innovations, Journal of Services Marketing, 16, 6, 553-572.

Leonard-Barton, D. (1995), Wellsprings of Knowledge: Building and Sustaining the Sources on Innovation, Boston.

Levitt, T. (1981), Marketing Intangible Products and Product Intangibles, Harvard Business Review, 59, 3, 94-102.

Levy, S. J. (2006), How New, How Dominant?, in: Lusch, R. F./Vargo, S. L. (Hrsg.), The Service-Dominant Logic of Marketing - Dialog, Debate, and Directions, New York, 57-64.

Li, J./Tang, Y. I. (2010), CEO Hubris and Firm Risk Taking in China: The Moderating Role of Managerial Discretion, Academy of Management Journal, 53, 1, 45-68.

Li, T./Calantone, R. J. (1998), The Impact of Market Knowledge Competence on New Product Advantage: Conceptualization and Empirical Examination, Journal of Marketing, 62, 4, 13-29.

Liao, S.-H./Chang, W.-J./Wu, C.-C./Katrichis, J. M. (2011), A Survey of Market Orientation Research (1995–2008), Industrial Marketing Management, 40, 2, 301-310.

Lisboa, A./Skarmeas, D./Lages, C. (2011), Innovative Capabilities: Their Drivers and Effects on Current and Future Performance, Journal of Business Research, 64, 11, 1157-1161.

Lovelock, C./Gummesson, E. (2004), Whither Services Marketing? In Search of a New Paradigm and Fresh Perspectives, Journal of Service Research, 7, 1, 20-41.

Lovelock, C. H. (1979), Theoretical Contributions from Services and Non-Business Marketing, in: Ferrell, O. C./Brown, S. W./Lamb, C. W. (Hrsg.), Conceptual and theoretical development in marketing, Chicago, 147-165.

Lovelock, C. H. (1981), Why Marketing Management Needs to be Different for Services, in: Donnelly, J. H./George, W. R. (Hrsg.), Marketing of services, Chicago, 5-9.

Lovelock, C. H./Young, R. F. (1979), Look to Consumers to Increase Productivity, Harvard Business Review, 57, 3, 168-178.

Low, D. R./Chapman, R. L./Sloan, T. R. (2007), Inter-Relationships between Innovation and Market Orientation in SMEs, Management Research News, 30, 12, 878-891.

Lubit, R. (2002), The Long-Term Organizational Impact of Destructively Narcissistic Managers, Academy of Management Executive, 16, 1, 127-138.

Lukas, B. A./Ferrell, O. C. (2000), The Effect of Market Orientation on Product Innovation, Journal of the Academy of Marketing Science, 28, 2, 239-247.

Lundkvist, A./Yakhlef, A. (2004), Customer Involvement in New Service Development: A Conversational Approach, Managing Service Quality, 14, 2/3, 249-257.

Lung-Far, H./Chen, S. K. (2005), Incorporating Voice of the Consumer: Does It Really Work?, Industrial Management & Data Systems, 105, 6, 769-785.

Lusch, R. F./Vargo, S. L. (2006a), The Service-Dominant Logic of Marketing: Dialog, Debate, and Directions, New York.

Lusch, R. F./Vargo, S. L. (2006b), Service-Dominant Logic: Reactions, Reflections and Refinements, Marketing Theory, 6, 3, 281-288.

Lusch, R. F./Vargo, S. L. (2011), Service-Dominant Logic: A Necessary Step, European Journal of Marketing, 45, 7/8, 1298-1309.

Lusch, R. F./Vargo, S. L./O'Brien, M. (2007), Competing through Service: Insights from Service-Dominant Logic, Journal of Retailing, 83, 1, 5-18.

Lyon, D. W./Ferrier, W. J. (2002), Enhancing Performance with Product-Market Innovation: The Influence of the Top Management Team, Journal of Managerial Issues, 14, 4, 452-469.

Maccoby, M. (2004), Narcissistic Leaders: The Incredible Pros, the Inevitable Cons, Harvard Business Review, 82, 1, 92-101.

MacCrimmon, K. R./Wehrung, D. A. (1990), Characteristics of Risk Taking Executives, Management Science, 36, 4, 422-435.

Magnusson, P. R. (2003), Benefits of Involving Users in Service Innovation, European Journal of Innovation Management, 6, 4, 228-238.

Magnusson, P. R. (2009), Exploring the Contributions of Involving Ordinary Users in Ideation of Technology-Based Services, Journal of Product Innovation Management, 26, 5, 578-593.

Maitlis, S. (2005), The Social Processes of Organizational Sensemaking, Academy of Management Journal, 48, 1, 21-49.

Malmendier, U./Tate, G. (2005), CEO Overconfidence and Corporate Investment, Journal of Finance, 60, 6, 2661-2700.

Malmendier, U./Tate, G. (2008), Who Makes Acquisitions? CEO Overconfidence and the Market's Reaction, Journal of Financial Economics, 89, 1, 20-43.

Malmendier, U./Tate, G./Yan, J. O. N. (2011), Overconfidence and Early-Life Experiences: The Effect of Managerial Traits on Corporate Financial Policies, Journal of Finance, 66, 5, 1687-1733.

March, J. G./Shapira, Z. (1987), Managerial Perspectives On Risk and Risk Taking, Management Science, 33, 11, 1404-1418.

March, J. G./Simon, H. A. (1958), Organizations, New York.

Marinova, D. (2004), Actualizing Innovation Effort: The Impact of Market Knowledge Diffusion in a Dynamic System of Competition, Journal of Marketing, 68, 3, 1-20.

Marsh, H. W./Barnes, J./Cairns, L./Tidman, M. (1984), Self-Description Questionnaire: Age and Sex Effects in the Structure and Level of Self-Concept for Preadolescent Children, Journal of Educational Psychology, 76, 5, 940-956.

Martin, C. R./Horne, D. A. (1995), Level of Success Inputs for Service Innovations in the Same Firm, International Journal of Service Industry Management, 6, 4, 40-56.

Martin, C. R./Horne, D. A./Schultz, A. M. (1999), The Business-to-Business Customer in the Service Innovation Process, European Journal of Innovation Management, 2, 2, 55-62.

Maslach, C./Jackson, S. E. (1996), The Maslach Burnout Inventory Manual, Palo Alto, CA.

Matear, S./Osborne, P./Garrett, T./Gray, B. J. (2002), How Does Market Orientation Contribute to Service Firm Performance? An Examination of Alternative Mechanisms, European Journal of Marketing, 36, 9/10, 1058-1075.

Mathieu, V. (2001a), Product Services: From a Service Supporting the Product to a Service Supporting the Client, Journal of Business & Industrial Marketing, 16, 1, 39-58.

Mathieu, V. (2001b), Service Strategies within the Manufacturing Sector: Benefits, Costs and Partnership, International Journal of Service Industry Management, 12, 5, 451-476.

Matsuno, K./Mentzer, J. T./Özsomer, A. (2002), The Effects of Entrepreneurial Proclivity and Market Orientation on Business Performance, Journal of Marketing, 66, 3, 18-32.

Matthing, J./Kristensson, P./Gustafsson, A./Parasuraman, A. (2006), Developing Successful Technology-Based Services: The Issue of Identifying and Involving Innovative Users, Journal of Services Marketing, 20, 5, 288-297.

Matthing, J./Sandén, B./Edvardsson, B. (2004), New Service Development Learning from and with Customers, International Journal of Service Industry Management, 15, 5, 479-498.

Mattila, A. S./Cho, W./Ro, H. (2011), The Role of Self-Service Technologies in Restoring Justice, Journal of Business Research, 64, 4, 348-355.

Mavondo, F. T./Chimhanzi, J./Stewart, J. (2005), Learning Orientation and Market Orientation: Relationship with Innovation, Human Resource Practices and Performance, European Journal of Marketing, 39, 11/12, 1235-1263.

Maydeu-Olivares, A. (2003), Market Orientation and Business Economic Performance, International Journal of Service Industry Management, 14, 3, 284-309.

Meffert, A./Bruhn, M. (2009), Dienstleistungsmarketing - Grundlagen - Konzepte - Methoden, Wiesbaden.

Melancon, J. P./Griffith, D. A./Noble, S. M./Qimei, C. (2010), Synergistic Effects of Operant Knowledge Resources, Journal of Services Marketing, 24, 5, 400-411.

Melton, H. L./Hartline, M. D. (2010), Customer and Frontline Employee Influence on New Service Development Performance, Journal of Service Research, 13, 4, 411-425.

Mendonça, S./Pereira, T. S./Godinho, M. M. (2004), Trademarks as an Indicator of Innovation and Industrial Change, Research Policy, 33, 9, 1385-1404.

Menor, L. J./Tatikonda, M. V./Sampson, S. E. (2002), New Service Development: Areas for Exploitation and Exploration, Journal of Operations Management, 20, 2, 135-157.

Meuter, M. L./Bitner, M. J./Ostrom, A. L./Brown, S. W. (2005), Choosing Among Alternative Service Delivery Modes: An Investigation of Customer Trial of Self-Service Technologies, Journal of Marketing, 69, 2, 61-83.

Meuter, M. L./Ostrom, A. L./Bitner, M. J./Roundtree, R. (2003), The Influence of Technology Anxiety on Consumer Use and Experiences with Self-Service Technologies, Journal of Business Research, 56, 11, 899-906.

Meuter, M. L./Ostrom, A. L./Roundtree, R. I./Bitner, M. J. (2000), Self-Service Technologies: Understanding Customer Satisfaction with Technology-Based Service Encounters, Journal of Marketing, 64, 3, 50-64.

Michel, J. G./Hambrick, D. C. (1992), Diversification Posture and Top Management Team Characteristics, Academy of Management Journal, 35, 1, 9-37.

Michel, S./Brown, S. W./Gallan, A. S. (2008), An Expanded and Strategic View of Discontinuous Innovations: Deploying a Service-Dominant Logic, Journal of the Academy of Marketing Science, 36, 1, 54-66.

Miller, D./Hope, Q./Eisenstat, R./Foote, N./Galbraith, J. (2002), The Problem of Solutions: Balancing Clients and Capabilities, Business Horizons, 45, 2, 3-12.

Mintzberg, H. (1979), The Structuring of Organizations: A Synthesis of the Research, Englewood Cliffs, NJ.

Moeller, S. (2008), Customer Integration - A Key to an Implementation Perspective of Service Provision, Journal of Service Research, 11, 2, 197-210.

Moeller, S. (2010), Characteristics of Services - A New Approach Uncovers Their Value, Journal of Services Marketing, 24, 5, 359-368.

Molinari, L. K./Abratt, R./Dion, P. (2008), Satisfaction, Quality and Value and Effects on Repurchase and Positive Word-of-Mouth Behavioral Intentions in a B2B Services Context, Journal of Services Marketing, 22, 4/5, 363-373.

Mont, O. (2001), Introducing and Developing a PSS in Sweden, Lund.

Moore, D. A./Flynn, F. J. (2008), Chapter 9: The Case for Behavioral Decision Research in Organizational Behavior, Academy of Management Annals, 2, 399-431.

Moorman, C. (1995), Organizational Market Information Processes: Cultural Antecedents and New Product Outcomes, Journal of Marketing Research (JMR), 32, 3, 318-335.

Moorman, C./Miner, A. S. (1997), The Impact of Organizational Memory on New Product Performance and Creativity, Journal of Marketing Research (JMR), 34, 1, 91-106.

Moorman, C./Rust, R. T. (1999), The Role of Marketing, Journal of Marketing, 63, 4, 180-197.

Morf, C. C./Rhodewalt, F. (1993), Narcissism and Self-Evaluation Maintenance: Explorations in Object Relations, Personality and Social Psychology Bulletin, 19, 6, 668-676.

Mu, J./Di Benedetto, C. A. (2011), Strategic Orientations and New Product Commercialization: Mediator, Moderator, and Interplay, R&D Management, 41, 4, 337-359.

Murray, J. Y./Gao, G. Y./Kotabe, M. (2011), Market Orientation and Performance of Export Ventures: The Process Through Marketing Capabilities and Competitive Advantages, Journal of the Academy of Marketing Science, 39, 2, 252-269.

Muthén, L. K./Muthén, B. O. (2007), Mplus User's Guide, 6. Auflage, Los Angeles.

Nadkarni, S./Herrmann, P. O. L. (2010), Ceo Personality, Strategic Flexibility, and Firm Performance: The Case of the Indian Business Process Outsourcing Industry, Academy of Management Journal, 53, 5, 1050-1073.

Narver, J. C./Slater, S. F. (1990), The Effect of a Market Orientation on Business Profitability, Journal of Marketing, 54, 4, 20-35.

Narver, J. C./Slater, S. F./MacLachlan, D. L. (2004), Responsive and Proactive Market Orientation and New-Product Success, Journal of Product Innovation Management, 21, 5, 334-347.

Nasution, H. N./Mavondo, F. T./Matanda, M. J./Ndubisi, N. O. (2011), Entrepreneurship: Its Relationship With Market Orientation and Learning Orientation and as Antecedents to Innovation and Customer Value, Industrial Marketing Management, 40, 3, 336-345.

Nath, P./Mahajan, V. (2011), Marketing in the C-Suite: A Study of Chief Marketing Officer Power in Firms' Top Management Teams, Journal of Marketing, 75, 1, 60-77.

Neale, M. B./Corkindale, D. B. (1998), Co-developing Products: Involving Customers Earlier and More Deeply, Long Range Planning, 31, 3, 418-425.

Neely, A. (2008), Exploring the Financial Consequences of the Servitization of Manufacturing, Operations Management Research, 1, 2, 103-118.

Neill, S./McKee, D./Rose, G. M. (2007), Developing the Organization's Sensemaking Capability: Precursor to an Adaptive Strategic Marketing Response, Industrial Marketing Management, 36, 6, 731-744.

Neu, W. A./Brown, S. W. (2005), Forming Successful Business-to-Business Services in Goods-Dominant Firms, Journal of Service Research, 8, 1, 3-17.

Newman, D. A. (2003), Longitudinal Modeling with Randomly and Systematically Missing Data: A Simulation of Ad Hoc, Maximum Likelihood, and Multiple Imputation Techniques, Organizational Research Methods, 6, 3, 328-362.

Ngo, L. V./O'Cass, A. (2012), In Search of Innovation and Customer-related Performance Superiority: The Role of Market Orientation, Marketing Capability, and Innovation Capability Interactions, Journal of Product Innovation Management, 29, 5, 861-877.

Nijssen, E. J./Hillebrand, B./Vermeulen, P. A. M./Kemp, R. G. M. (2006), Exploring Product and Service Innovation Similarities and Differences, International Journal of Research in Marketing, 23, 3, 241-251.

Nilsson, D. (2007), A Cross-Cultural Comparison of Self-Service Technology Use, European Journal of Marketing, 41, 3/4, 367-381.

Nilsson, L./Johnson, M. D./Gustafsson, A. (2001), The Impact of Quality Practices on Customer Satisfaction and Business Results: Product Versus Service Organizations, Journal of Quality Management, 6, 1, 5-27.

Noble, C. H./Sinha, R. K./Kumar, A. (2002), Market Orientation and Alternative Strategic Orientations: A Longitudinal Assessment of Performance Implications, Journal of Marketing, 66, 4, 25-39.

Nonaka, I. (1994), A Dynamic Theory of Organizational Knowledge Creation, Organization Science, 5, 1, 14-37.

Noordhoff, C. S./Kyriakopoulos, K./Moorman, C./Pauwels, P./Dellaert, B. G. C. (2011), The Bright Side and Dark Side of Embedded Ties in Business-to-Business Innovation, Journal of Marketing, 75, 5, 34-52.

Nordin, F./Kowalkowski, C. (2010), Solutions Offerings: A Critical Review and Reconceptualisation, Journal of Service Management, 21, 4, 441-459.

Nunnally, J. C. (1978), Psychometric Theory, 2. Auflage, New York.

O'Hern, M./Rindfleisch, A. (2010), Customer Co-Creation: A Typology and Research Agenda, Review of Marketing Research, 6, 84-106.

O'Reilly, C. A., III/Snyder, R. C./Boothe, J. N. (1993), Executive Team Demography and Organizational Change, in: Huber, G. P./Glick, W. H. (Hrsg.), Organizational Change and Redesign: Ideas and Insights for Improving Performancev, New York, 147-175.

Oghazi, P./Mostaghel, R./Hultman, M./Parida, V. (2012), Antecedents of Technology-Based Self-Service Acceptance: A Proposed Model, Services Marketing Quarterly, 33, 3, 195-210.

Oliva, R./Kallenberg, R. (2003), Managing the Transition from Products to Services, International Journal of Service Industry Management, 14, 2, 160-172.

Oliveira, P./Roth, A. V. (2012), The Influence of Service Orientation on B2B E-Service Capabilities: An Empirical Investigation, Production and Operations Management, 21, 3, 423-443.

Olson, E. M./Slater, S. F./Hult, G. T. M. (2005), The Performance Implications of Fit Among Business Strategy, Marketing Organization Structure, and Strategic Behavior, Journal of Marketing, 69, 3, 49-65.

Olson, E. M./Walker, J./Ruekert, R. W. (1995), Organizing for Effective New Product Development: The Moderating Role of Product Innovativeness, Journal of Marketing, 59, 1, 48-63.

Ordanini, A./Parasuraman, A. (2011), Service Innovation Viewed Through a Service-Dominant Logic Lens: A Conceptual Framework and Empirical Analysis, Journal of Service Research, 14, 1, 3-23.

Ostrom, A. L./Bitner, M. J./Brown, S. W./Burkhard, K. A./Goul, M./Smith-Daniels, V./Demirkan, H./Rabinovich, E. (2010), Moving Forward and Making a Difference: Research Priorities for the Science of Service, Journal of Service Research, 13, 1, 4-36.

Ottum, B. D./Moore, W. L. (1997), The Role of Market Information in New Product Success/Failure, Journal of Product Innovation Management, 14, 4, 258-273.

Paladino, A. (2007), Investigating the Drivers of Innovation and New Product Success: A Comparison of Strategic Orientations, Journal of Product Innovation Management, 24, 6, 534-553.

Paladino, A. (2008), Analyzing the Effects of Market and Resource Orientations on Innovative Outcomes in Times of Turbulence, Journal of Product Innovation Management, 25, 6, 577-592.

Papadakis, V. M./Barwise, P. (2002), How Much Do CEOs and Top Managers Matter in Strategic Decision-Making?, British Journal of Management, 13, 1, 83-95.

Parasuraman, A. (2000), Technology Readiness Index (TRI): A Multiple-Item Scale to Measure Readiness to Embrace New Technologies, Journal of Service Research, 2, 4, 307-321.

Parasuraman, A./Zeithaml, V. A./Berry, L. L. (1985), A Conceptual Model of Service Quality and Its Implications for Future Research, Journal of Marketing, 49, 4, 41-50.

Parasuraman, A./Zeithaml, V. A./Berry, L. L. (1988), SERVQUAL: A Multiple-Item Scale for Measuring Consumer Perceptions of Service Quality, Journal of Retailing, 64, 1, 12-40.

Parker, D. D. (1960), The Marketing of Consumer Services, Seattle.

Parry, M. E./Song, M. (2010), Market Information Acquisition, Use, and New Venture Performance, Journal of Product Innovation Management, 27, 7, 1112-1126.

Payne, A. F./Storbacka, K./Frow, P. (2008), Managing the Co-Creation of Value, Journal of the Academy of Marketing Science, 36, 1, 83-96.

Perks, H./Gruber, T./Edvardsson, B. (2012), Co-creation in Radical Service Innovation: A Systematic Analysis of Microlevel Processes, Journal of Product Innovation Management, 29, 6, 935-951.

Phares, E. J./Erskine, N. (1984), The Measurement of Selfism, Educational and Psychological Measurement, 44, 3, 597-608.

Podsakoff, P. M./MacKenzie, S. B./Jeong-Yeon, L./Podsakoff, N. P. (2003), Common Method Biases in Behavioral Research: A Critical Review of the Literature and Recommended Remedies, Journal of Applied Psychology, 88, 5, 879-903.

Porter, M. E. (1980), Competitive Strategy: Techniques for Analyzing Industry and Competitions, New York.

Prahalad, C. K./Ramaswamy, V. (2000), Co-Opting Customer Competence, Harvard Business Review, 78, 1, 79-87.

Prahalad, C. K./Ramaswamy, V. (2004a), Co-Creation Experiences: The Next Practice in Value Creation, Journal of Interactive Marketing, 18, 3, 5-14.

Prahalad, C. K./Ramaswamy, V. (2004b), The Future of Competition: Co-Creating Value with Customers, Boston, MA.

Priem, R. L./Lyon, D. W./Dess, G. G. (1999), Inherent Limitations of Demographic Proxies in Top Management Team Heterogeneity Research, Journal of Management, 25, 6, 935-953.

Ramaseshan, B./Caruana, A./ Pang, L. S. (2002), The Effect of Market Orientation on New Product Performance: A Study Among Singaporean Firms, Journal of Product & Brand Management, 11, 6/7, 399-409.

Raskin, R./Terry, H. (1988), A Principal-Components Analysis of the Narcissistic Personality Inventory and Further Evidence of Its Construct Validity, Journal of Personality and Social Psychology, 54, 5, 890-902.

Raskin, R. N./Hall, C. S. (1979), A Narcissistic Personality Inventory, Psychological Reports, 45, 2, 590-590.

Rathmell, J. M. (1966), What Is Meant by Services?, Journal of Marketing, 30, 4, 32-36.

Reichheld, F. F./Sasser Jr, W. E. (1990), Zero Defections: Quality Comes to Services, Harvard Business Review, 68, 5, 105-111.

Reichwald, R. (2008), Services Made in Germany: Ein Reiseführer, Leipzig.

Reinders, M. J./Dabholkar, P. A./Frambach, R. T. (2008), Consequences of Forcing Consumers to Use Technology-Based Self-Service, Journal of Service Research, 11, 2, 107-123.

Renko, M./Carsrud, A./Brännback, M. (2009), The Effect of a Market Orientation, Entrepreneurial Orientation, and Technological Capability on Innovativeness: A Study of Young Biotechnology Ventures in the United States and in Scandinavia, Journal of Small Business Management, 47, 3, 331-369.

Resick, C. J./Weingarden, S. M./Whitman, D. S./Hiller, N. J. (2009), The Bright-Side and the Dark-Side of CEO Personality: Examining Core Self-Evaluations, Narcissism, Transformational Leadership, and Strategic Influence, Journal of Applied Psychology, 94, 6, 1365-1381.

Rhodewalt, F./Morf, C. C. (1998), On Self-Aggrandizement and Anger: A Temporal Analysis of Narcissism and Affective Reactions to Success and Failure, Journal of Personality and Social Psychology, 74, 3, 672-685.

Richter, A./Thiele, M. (2007), Was Unterscheidet Innovative von Nicht Innovativen Dienstleistungsunternehmen? – Ein Überblick zum Aktuellen Stand der Forschung, in: Schmidt, K./Gleich, R./Richter, A. (Hrsg.), Innovationsmanagement in der Serviceindustrie. Grundlagen, Praxisbeispiele und Perspektiven, Freiburg, 47-72.

Rijsdijk, S. A./Hultink, E. J./Diamantopoulos, A. (2007), Product Intelligence: Its Conceptualization, Measurement and Impact on Consumer Satisfaction, Journal of the Academy of Marketing Science, 35, 3, 340-356.

Rishe-Rodie, A./Kleine, S. S. (2000), Customer Participation in Services Production and Delivery, in: Swartz, T. A./Iacobucci, D. (Hrsg.), The Handbook of Services Marketing and Management, Thousand Oaks, 111-126.

Robertson, N./Shaw, R. N. (2009), Predicting the Likelihood of Voiced Complaints in the Self-Service Technology Context, Journal of Service Research, 12, 1, 100-116.

Rodríguez-Pinto, J./Carbonell, P./Rodríguez-Escudero, A. I. (2011), Speed or Quality? How the Order of Market Entry Influences the Relationship between Market Orientation and New Product Performance, International Journal of Research in Marketing, 28, 2, 145-154.

Rogelberg, S. G./Stanton, J. M. (2007), Introduction Understanding and Dealing with Organizational Survey Nonresponse, Organizational Research Methods, 10, 2, 195-209.

Rubera, G./Kirca, A. H. (2012), Firm Innovativeness and Its Performance Outcomes: A Meta-Analytic Review and Theoretical Integration, Journal of Marketing, 76, 3, 130-147.

Rueda-Manzanares, A./Aragon-Correa, J. A./Sharma, S. (2008), The Influence of Stakeholders on the Environmental Strategy of Service Firms: The Moderating Effects of Complexity, Uncertainty and Munificence, British Journal of Management, 19, 2, 185-203.

Rust, R. T. (2004), If Everything Is Service, Why Is This Happening Now, and What Difference Does It Make?, Journal of Marketing, 68, 1, 18-27.

Salavou, H./Baltas, G./Lioukas, S. (2004), Organizational Innovation in SMEs: The Importance of Strategic Orientation and Competitive Structure, European Journal of Marketing, 38, 9, 1091-1112.

Salomo, S./Steinhoff, F./Trommsdorff, V. (2003), Customer Orientation in Innovation Projects and New Product Development Success - The Moderating Effect of Product Innovativeness, International Journal of Technology Management, 26, 5/6, 442-463.

Salonen, A. (2011), Service Transition Strategies of Industrial Manufacturers, Industrial Marketing Management, 40, 5, 683-690.

Sandvik, I. L./Sandvik, K. (2003), The Impact of Market Orientation on Product Innovativeness and Business Performance, International Journal of Research in Marketing, 20, 4, 355-376.

Sawhney, M./Balasubramanian, S./Krishnan, V. V. (2004), Creating Growth with Services, MIT Sloan Management Review, 45, 2, 34-43.

Schepers, J./Wetzels, M./de Ruyter, K. (2005), Leadership Styles in Technology Acceptance: Do Followers Practice What Leaders Preach?, Managing Service Quality, 15, 6, 496-508.

Schrand, C. M./Zechman, S. L. C. (2012), Executive Overconfidence and the Slippery Slope to Financial Misreporting, Journal of Accounting & Economics, 53, 1/2, 311-329.

Schulteß, P./Wegener, S./Neus, A./Satzger, G. (2010), Innovating for and with Your Service Customers: An Assessment of the Current Practice of Collaborative Service Innovation in Germany, Procedia - Social and Behavioral Sciences, 2, 4, 6503-6515.

Shankar, V./Berry, L. L./Dotzel, T. (2009), A Practical Guide to Combining Products and Services, Harvard Business Review, 87, 11, 94-99.

Sharma, S. (2000), Managerial Interpretations and Organizational Context as Predictors of Corporate Choice of Environmental Strategy, Academy of Management Journal, 43, 4, 681-697.

Sharp, S. (2009), Competitive Intelligence Advantage: How to Minimize Risk, Avoid Surprises, and Grow Your Business in a Changing World, Hoboken, New Jersey.

Shostack, G. L. (1977), Breaking Free from Product Marketing, Journal of Marketing, 41, 2, 73-80.

Shostack, G. L. (1987), Service Positioning through Structural Change, Journal of Marketing, 51, 1, 34-43.

Shostack, G. L. (1992), Understanding services through blueprinting, Advances in Services Marketing and Management, 1, 1, 75-90.

Shugan, S. M. (2004), Endogeneity in Marketing Decision Models

Simon, F./Usunier, J.-C. (2007), Cognitive, Demographic, and Situational Determinants of Service Customer Preference for Personnel-in-Contact over Self-Service Technology, International Journal of Research in Marketing, 24, 2, 163-173.

Simon, M./Houghton, S. M. (2003), The Relationship between Overconfidence and the Introduction of Risky Products: Evidence from a Field Study, Academy of Management Journal, 46, 2, 139-149.

Simsek, Z./Heavey, C./Veiga, J. F. (2010), The Impact of CEO Core Self-Evaluation on the Firm's Entrepreneurial Orientation, Strategic Management Journal, 31, 1, 110-119.

Sinkula, J. M./Baker, W. E./Noordewier, T. (1997), A Framework for Market-Based Organizational Learning: Linking Values, Knowledge, and Behavior, Journal of the Academy of Marketing Science, 25, 4, 305-318.

Sinkula, J. M. (1994), Market Information Processing and Organizational Learning, Journal of Marketing, 58, 1, 35-45.

Six, B. (2011), Strategische Innovationsorientierung von Business-to-Business-Unternehmen, Wiesbaden.

Skjølsvik, T./Løwendahl, B. R./Kvålshaugen, R./Fosstenløkken, S. M. (2007), Choosing to Learn and Learning to Choose: Strategies for Client Co-Production and Knowledge Development, California Management Review, 49, 3, 110-128.

Slater, S. F./Narver, J. C. (1995), Market Orientation and the Learning Organization, Journal of Marketing, 59, 3, 63-74.

Slater, S. F./Narver, J. C. (1998), Customer-Led and Market-Oriented: Let's Not Confuse the Two, Strategic Management Journal, 19, 10, 1001-1006.

Slater, S. F./Narver, J. C. (1999), Market-Oriented Is More Than Being Customer-Led, Strategic Management Journal, 20, 12, 1165-1168.

Slater, S. F./Narver, J. C. (2000), Intelligence Generation and Superior Customer Value, Journal of the Academy of Marketing Science, 28, 1, 120-127.

Slater, S. F./Narver, J. C. (2000), The Positive Effect of a Market Orientation on Business Profitability: A Balanced Replication, Journal of Business Research, 48, 1, 69-73.

Smart, C./Vertinsky, I. (1984), Strategy and the Environment: A Study of Corporate Responses to Crises, Strategic Management Journal, 5, 3, 199-213.

Smith, K. G./Smith, K. A./Sims Jr, H. P./O'Bannon, D. P./Scully, J. A./Olian, J. D. (1994), Top Management Team Demography and Process: The Role of Social Integration and Communication, Administrative Science Quarterly, 39, 3, 412-438.

Solomon, M. R./Surprenant, C./Czepiel, J. A./Gutman, E. G. (1985), A Role Theory Perspective on Dyadic Interactions: The Service Encounter, Journal of Marketing, 49, 1, 99-111.

Song, M./Di Benedetto, C. A./Parry, M. E. (2009), The Impact of Formal Processes for Market Information Acquisition and Utilization on the Performance of Chinese New Ventures, International Journal of Research in Marketing, 26, 4, 314-323.

Song, M./Di Benedetto, C. A./Parry, M. E. (2010), Market Information and New Venture Performance: Differences Between Established and Emerging Technology Standards, IEEE Transactions on Engineering Management, 57, 1, 22-38.

Song, M./Montoya-Weiss, M. M. (2001), The Effect of Perceived Technological Uncertainty on Japanese New Product Development, Academy of Management Journal, 44, 1, 61-80.

Song, M./Thieme, J. (2009), The Role of Suppliers in Market Intelligence Gathering for Radical and Incremental Innovation, Journal of Product Innovation Management, 26, 1, 43-57.

Song, M./Wang, T./Parry, M. E. (2010), Do Market Information Processes Improve New Venture Performance?, Journal of Business Venturing, 25, 6, 556-568.

Sousa, C. M. P./Ruzo, E./Losada, F. (2010), The Key Role of Managers' Values in Exporting: Influence on Customer Responsiveness and Export Performance, Journal of International Marketing, 18, 2, 1-19.

Spanjol, J./Qualls, W. J./Rosa, J. A. (2011), How Many and What Kind? The Role of Strategic Orientation in New Product Ideation, Journal of Product Innovation Management, 28, 2, 236-250.

Stewart, A. M./Mullarkey, G. W./Craig, J. L. (2003), Innovation or Multiple Copies of the Same Lottery Ticket: The Effect of Widely Shared Knowledge on Organizational Adaptability, Journal of Marketing Theory & Practice, 11, 3, 25-45.

Stock, R. M. (2006), Interorganizational Teams as Boundary Spanners between Supplier and Customer Companies, Journal of the Academy of Marketing Science, 34, 4, 588-599.

Stock, R. M. (2010), How Does Product Program Innovativeness Affect Customer Satisfaction? A Comparison of Goods and Services, Journal of the Academy of Marketing Science, 39, 6, 813-827.

Stock, R. M./Dreher, S. (2012), The Impact of Different Modes of Customer Involvement on Service Innovativeness, AMA Winter Educators' Conference Proceedings, 23, 118-119.

Stock, R. M./Six, B./Zacharias, N. A. (2013), Linking Multiple Layers of Innovation-Oriented Corporate Culture, Product Program Innovativeness, and Business Performance: A Contingency Approach, Journal of the Academy of Marketing Science, 41, 3, 283-299.

Stock, R. M./Totzauer, F./Dreher, S./Xin, K. (2012), Self-Concept as Key to Top Executive Innovativeness: Evidence from China, SMS Special Conference Proceedings.

Stock, R. M./Zacharias, N. A. (2011), Patterns and Performance Outcomes of Innovation Orientation, Journal of the Academy of Marketing Science, 39, 6, 870-888.

Stock, R. M./Zacharias, N. A. (2013), Two Sides of the Same Coin: How Do Different Dimensions of Product Program Innovativeness Affect Customer Loyalty?, Journal of Product Innovation Management, 30, 3, 516-532.

Stocker, H. (2013), Volkswirtschaftliche Analysemethoden (Einführung in die Ökonometrie), URL: http://www.uibk.ac.at/econometrics/einf/15p.pdf [24.04.2013].

Stremersch, S./Tellis, G. J. (2002), Strategic Bundling of Products and Prices: A New Synthesis for Marketing, Journal of Marketing, 66, 1, 55-72.

Subramanian, R./Gopalakrishna, P. (2001), The Market Orientation - Performance Relationship in the Context of a Developing Economy an Empirical Analysis, Journal of Business Research, 53, 1, 1-13.

Sundbo, J. (2007), Innovation and Learning in Services - The Involvement of Employees, in: Spath, D./Fähnrich, K.-P. (Hrsg.), Advances in services innovations, 131-150.

Surprenant, C. F./Solomon, M. R. (1987), Predictability and Personalization in the Service Encounter, Journal of Marketing, 51, 2, 86-96.

Sutcliffe, K. M. (1994), What Executives Notice: Accurate Perceptions in Top Management Teams, Academy of Management Journal, 37, 5, 1360-1378.

Svenson, O. (1981), Are We All Less Risky and More Skillful Than Our Fellow Drivers?, Acta Psychologica, 47, 2, 143-148.

Swan, J. E./Bowers, M. R./Grover, R. (2002), Customer Involvement in the Selection of Service Specifications, Journal of Services Marketing, 16, 1, 88-103.

Szymanski, D. M./Kroff, M. W./Troy, L. C. (2007), Innovativeness and New Product Success: Insights from the Cumulative Evidence, Journal of the Academy of Marketing Science, 35, 1, 35-52.

Tajeddini, K./Trueman, M./Larsen, G. (2006), Examining the Effect of Market Orientation on Innovativeness, Journal of Marketing Management, 22, 5/6, 529-551.

Talke, K./Salomo, S./Kock, A. (2011), Top Management Team Diversity and Strategic Innovation Orientation: The Relationship and Consequences for Innovativeness and Performance, Journal of Product Innovation Management, 28, 6, 819-832.

Tang, Y./Li, J./Yang, H. (2012), What I See, What I Do: How Executive Hubris Affects Firm Innovation, Journal of Management, first published on April 17, 2012, doi: 10.1177/ 0149206312441211.

Tax, S. S./Brown, S. W./Chandrashekaran, M. (1998), Customer Evaluations of Service Complaint Experiences: Implications for Relationship Marketing, Journal of Marketing, 62, 2, 60-76.

Tether, B. S. (2005), Do Services Innovate (Differently)? Insights from the European Innobarometer Survey, Industry & Innovation, 12, 2, 153-184.

Thomas, J. B./Clark, S. M./Gioia, D. A. (1993), Strategic Sensemaking and Organizational Performance: Linkages among Scanning, Interpretation, Action, and Outcomes, Academy of Management Journal, 36, 2, 239-270.

Thomke, S./von Hippel, E. (2002), Customers as Innovators: A New Way to Create Value, Harvard Business Review, 80, 4, 74-81.

Tianjiao, Q. (2008), Scanning for Competitive Intelligence: A Managerial Perspective, European Journal of Marketing, 42, 7/8, 814-835.

Trott, P. (2008), Innovation Management and New Product Development, 4. Auflage, Harlow.

Tsai, K.-H./Chou, C./Kuo, J.-H. (2008), The Curvilinear Relationships between Responsive and Proactive Market Orientations and New Product Performance: A Contingent Link, Industrial Marketing Management, 37, 8, 884-894.

Tukker, A./Tischner, U. (2006), Product-Services as a Research Field: Past, Present and Future. Reflections from a Decade of Research, Journal of Cleaner Production, 14, 17, 1552-1556.

Tuli, K. R./Kohli, A. K./Bharadwaj, S. G. (2007), Rethinking Customer Solutions: From Product Bundles to Relational Processes, Journal of Marketing, 71, 3, 1-17.

Ulaga, W./Reinartz, W. J. (2011), Hybrid Offerings: How Manufacturing Firms Combine Goods and Services Successfully, Journal of Marketing, 5-23.

Umashankar, N./Srinivasan, R./Hindman, D. (2011), Developing Customer Service Innovations for Service Employees: The Effects of NSD Characteristics on Internal Innovation Magnitude, Journal of Service Research, 14, 2, 164-179.

Urban, G. I./von Hippel, E. (1988), Lead User Analyses for the Development of New Industrial Products, Management Science, 34, 5, 569-582.

van Beuningen, J./de Ruyter, K./Wetzels, M./Streukens, S. (2009), Customer Self-Efficacy in Technology-Based Self-Service: Assessing Between- and Within-Person Differences, Journal of Service Research, 11, 4, 407-428.

van Bruggen, G. H./Lilien, G. L./Kacker, M. (2002), Informants in Organizational Marketing Research: Why Use Multiple Informants and How to Aggregate Responses, Journal of Marketing Research (JMR), 39, 4, 469-478.

van Riel, A. C. R./Lemmink, J./Ouwersloot, H. (2004), High-Technology Service Innovation Success: A Decision-Making Perspective, Journal of Product Innovation Management, 21, 5, 348-359.

Vandermerwe, S./Matthews, W. H./Rada, J. F. (1989), European Manufacturers Shape Up for Services, Journal of Business Strategy, 10, 6, 42-46.

Vandermerwe, S./Rada, J. (1988), Servitization of Business: Adding Value by Adding Services, European Management Journal, 6, 4, 314-324.

Vargo, S. L. (2008), Customer Integration and Value Creation: Paradigmatic Traps and Perspectives, Journal of Service Research, 11, 2, 211-215.

Vargo, S. L. (2009), Foundations of Service-Dominant Logic, Vortrag an der Freien Universität Berlin, URL: http://lms.fu-berlin.de/bbcswebdav/orgs/WiWiss_OM_Ecommerce/E-Lectures%20-%20Vortraege/Vargo-2009-06-05/index.htm [03.05.2013].

Vargo, S. L. (2011), On Marketing Theory and Service-Dominant Logic: Connecting Some Dots, Marketing Theory, 11, 1, 3-8.

Vargo, S. L./Lusch, R. F. (2004a), Evolving to a New Dominant Logic for Marketing, Journal of Marketing, 68, 1, 1-17.

Vargo, S. L./Lusch, R. F. (2004b), The Four Service Marketing Myths: Remnants of a Goods-Based, Manufacturing Model, Journal of Service Research, 6, 4, 324-335.

Vargo, S. L./Lusch, R. F. (2006), Service-Dominant Logic: What It Is, What It Is Not, What It Might Be, in: Lusch, R. F./Vargo, S. L. (Hrsg.), The Service-Dominant Logic of Marketing - Dialog, Debate, and Directions, New York, 43-56.

Vargo, S. L./Lusch, R. F. (2008a), From Goods to Service(s): Divergences and Convergences of Logics, Industrial Marketing Management, 37, 3, 254-259.

Vargo, S. L./Lusch, R. F. (2008b), Service-Dominant Logic: Continuing the Evolution, Journal of the Academy of Marketing Science, 36, 1, 1-10.

Vargo, S. L./Lusch, R. F. (2011a), Service-Dominant Logic: Foundations and Directions, Präsentation im Rahmen des Westminster Workshop on Service-Dominant Logic, Service Marketing SIG, Academy of Marketing, URL: http://www.sdlogic.net/Westminster.pdf [03.05.2013].

Vargo, S. L./Lusch, R. F. (2011b), Stepping Aside and Moving on: A Rejoinder to a Rejoinder, European Journal of Marketing, 45, 7/8, 1319-1321.

Vargo, S. L./Lusch, R. F. (2013), Service-Dominant Logic: Prologue And Prospects, Die Betriebswirtschaft, 2, 91-93.

Vargo, S. L./Maglio, P. P./Akaka, M. A. (2008), On Value and Value Co-Creation: A Service Systems and Service Logic Perspective, European Management Journal, 26, 3, 145-152.

Vázquez, R./Santos, M. L./Álvarez, L. I. (2001), Market Orientation, Innovation and Competitive Strategies in Industrial Firms, Journal of Strategic Marketing, 9, 1, 69-90.

Veldhuizen, E./Hultink, E. J./Griffin, A. (2006), Modeling Market Information Processing in New Product Development: An Empirical Analysis, Journal of Engineering & Technology Management, 23, 4, 353-373.

Verhees, F. J. H. M./Meulenberg, M. T. G. (2004), Market Orientation, Innovativeness, Product Innovation, and Performance in Small Firms, Journal of Small Business Management, 42, 2, 134-154.

Verhoef, P. C./Reinartz, W. J./Krafft, M. (2010), Customer Engagement as a New Perspective in Customer Management, Journal of Service Research, 13, 3, 247-252.

von Hippel, E. (1990), Task Partitioning: An Innovation Process Variable, Research Policy, 19, 5, 407-418.

von Nordenflycht, A. (2010), What Is a Professional Service Firm? Toward a Theory and Taxonomy of Knowledge-Intensive Firms, Academy of Management Review, 35, 1, 155-174.

Wagner III, J. A./Gooding, R. Z. (1997), Equivocal Information and Attribution: An Investigation of Patterns of Managerial Sensemaking, Strategic Management Journal, 18, 4, 275-286.

Wagner, W. G./Pfeffer, J./O'Reilly III, C. A. (1984), Organizational Demography and Turnover in Top-Management Groups, Administrative Science Quarterly, 29, 1, 74-92.

Wang, C./Harris, J./Patterson, P. G. (2012), Customer Choice of Self-Service Technology: The Roles of Situational Influences and Past Experience, Journal of Service Management, 23, 1, 54-78.

Wei, Y./Frankwick, G. L./Nguyen, B. H. (2012), Should Firms Consider Employee Input in Reward System Design? The Effect of Participation on Market Orientation and New Product Performance, Journal of Product Innovation Management, 29, 4, 546-558.

Wei, Y./Morgan, N. A. (2004), Supportiveness of Organizational Climate, Market Orientation, and New Product Performance in Chinese Firms, Journal of Product Innovation Management, 21, 6, 375-388.

Wei, Y./Wang, Q. (2011), Making Sense of a Market Information System for Superior Performance: The Roles of Organizational Responsiveness and Innovation Strategy, Industrial Marketing Management, 40, 2, 267-277.

Weick, K. E. (1979), The Social Psychology of Organizing, 2. Auflage, New York.

Weick, K. E. (1995), Sensemaking in Organizations, Beverly Hills, CA.

Weick, K. E./Sutcliffe, K. M./Obstfeld, D. (2005), Organizing and the Process of Sensemaking, Organization Science, 16, 4, 409-421.

Weijters, B./Rangarajan, D./Falk, T./Schillewaert, N. (2007), Determinants and Outcomes of Customer's Use of Self-Service Technology in a Retail Setting, Journal of Service Research, 10, 1, 3-21.

Wernerfelt, B. (1984), A Resource-Based View of the Firm, Strategic Management Journal, 5, 2, 171-180.

White, J. C./Conant, J. S./Echambadi, R. (2003), Marketing Strategy Development Styles, Implementation Capability, and Firm Performance: Investigating the Curvilinear Impact of Multiple Strategy-Making Styles, Marketing Letters, 14, 2, 111-124.

White, J. C./Varadarajan, P. R./Dacin, P. A. (2003), Market Situation Interpretation and Response: The Role of Cognitive Style, Organizational Culture, and Information Use, Journal of Marketing, 67, 3, 63-79.

Wiersema, M. F./Bantel, K. A. (1992), Top Management Team Demography and Corporate Strategic Change, Academy of Management Journal, 35, 1, 91-121.

Wikström, S. (1996), The Customer as Co-Producer, European Journal of Marketing, 30, 4, 6-19.

Windahl, C./Lakemond, N. (2006), Developing Integrated Solutions: The Importance of Relationships within the Network, Industrial Marketing Management, 35, 7, 806-818.

Wink, P. (1991), Two Faces of Narcissism, Journal of Personality & Social Psychology, 61, 4, 590-597.

Wise, R./Baumgartner, P. (1999), Go Downstream: The New Profit Imperative in Manufacturing, Harvard Business Review, 77, 5, 133-141.

Witell, L./Kristensson, P./Gustafsson, A./Löfgren, M. (2011), Idea Generation: Customer Co-Creation Versus Traditional Market Research Techniques, Journal of Service Management, 22, 2, 140-159.

Wong, K. S./Tong, C. (2011), The Mediating Effects of Customer and Competitor Orientations on New Product Success, International Journal of Business & Management, 6, 8, 34-43.

Wren, B. M./Souder, W. E./Berkowitz, D. (2000), Market Orientation and New Product Development in Global Industrial Firms, Industrial Marketing Management, 29, 6, 601-611.

Wu, C. H.-J. (2011), A Re-Examination of the Antecedents and Impact of Customer Participation in Service, Service Industries Journal, 31, 6, 863-876.

Yang, Y./Wang, Q./Zhu, H./Wu, G. (2012), What Are the Effective Strategic Orientations for New Product Success under Different Environments? An Empirical Study of Chinese Businesses, Journal of Product Innovation Management, 29, 2, 166-179.

Yannopoulos, P./Auh, S./Menguc, B. (2012), Achieving Fit between Learning and Market Orientation: Implications for New Product Performance, Journal of Product Innovation Management, 29, 4, 531-545.

Zaltman, G. (2007), How Customers Think: Essential Insights into the Mind of the Market, Boston, Mass.

Zeithaml, V. A./Berry, L. L./Parasuraman, A. (1988), Communication and Control Processes in the Delivery of Service Quality, Journal of Marketing, 52, 2, 35-48.

Zeithaml, V. A./Berry, L. L./Parasuraman, A. (1996), The Behavioral Consequences of Service Quality, Journal of Marketing, 60, 2, 31-46.

Zeithaml, V. A./Bitner, M. J./Gremler, D. (2006), Services Marketing: Integrating Customer Focus across the Firm, New York.

Zeithaml, V. A./Parasuraman, A./Berry, L. L. (1985), Problems and Strategies in Services Marketing, Journal of Marketing, 49, 2, 33-46.

Zeng, Y. E./Wen, H. J./Yen, D. C. (2003), Customer Relationship Management (CRM) in Business-to-Business (B2B) E-Commerce, Information Management & Computer Security, 11, 1, 39-44.

Zentrum für Europäische Wirtschaftsforschung (2012), Innovationsverhalten der Deutschen Wirtschaft, Mannheim.

Zhang, J./Di Benedetto, C. A./Hoenig, S. (2009), Product Development Strategy, Product Innovation Performance, and the Mediating Role of Knowledge Utilization: Evidence from Subsidiaries in China, Journal of International Marketing, 17, 2, 42-58.

Zhang, J./Duan, Y. (2010), The Impact of Different Types of Market Orientation on Product Innovation Performance, Management Decision, 48, 6, 849-867.

Zhang, X./Chen, R. (2008), Examining the Mechanism of the Value Co-Creation with Customers, International Journal of Production Economics, 116, 2, 242-250.

Zhen, Z./Nakata, C./Sivakumar, K./Grewal, D. (2007), Self-Service Technology Effectiveness: The Role of Design Features and Individual Traits, Journal of the Academy of Marketing Science, 35, 4, 492-506.

Zhou, K. Z./Li, C. B. (2012), How Knowledge Affects Radical Innovation: Knowledge Base, Market Knowledge Acquisition, and Internal Knowledge Sharing, Strategic Management Journal, 33, 9, 1090-1102.

Zhou, K. Z./Yim, C. K./Tse, D. K. (2005), The Effects of Strategic Orientations on Technology- and Market-Based Breakthrough Innovations, Journal of Marketing, 69, 2, 42-60.

Anhang

Tabelle A-1: Arbeiten zum Einfluss der Marktorientierung auf die Innovativität von Unternehmen (A[+]-Journals)

Studie	Messung MO	Diff	Messung Innovativität // Innovationserfolg	Andere Befunde als positiver Effekt von MO (Richtung)	Moderatoren // Mediatoren für MO-Innovativität Link	Datengrundlage
Atuahene-Gima 2005	Separate NS	Ja	Incremental and radical innovation performance*	Cu & Co on radical innovation performance (n.s.)	Perceived market opportunity / IntCo // competence exploitation & exploration	227 Chinese electronic firms
Atuahene-Gima/Ko 2001	Combined JK	-	- // NPP	-	- // -	181 Australian firms (30% service)
Gatignon/Xuereb 1997	Separate NS	Ja	Innovation characteristics (radicalness / advantage / cost) // IP	Cu on innovation performance (-) / Cu & Co on innovation characteristics (n.s.)	Demand uncertainty / market growth / competitive intensity // -	393 marketing executives from US manufacturing and service firms
Han/Kim/Srivastava 1998	Separate NS	Ja	Technical & administrative innovation // -	Co & IntCo on technical & administrative innovation (n.s.)	Market turbulence / technological turbulence // -	134 US banks
Matsuno/Mentzer/Özsomer 2002	Combined JK	-	- // Objective NPP	-	- // -	364 US manufacturing firms
Moorman/Rust 1999	Separate JK // separate NS	Ja	NPP (financial performance / speed / creativity)*	Information acquisition & dissemination on NPP (n.s.) / Co & IntCo on NPP (n.s.)	- // -	330 US firms
Noble/Sinha/Kumar 2002	Separate NS	Ja	Innovation capability // -	-	- // -	36 firms of retailing industry
Slater/Narver 1994	Combined NS	-	- // NPS	-	Market turbulence / technological turbulence / market growth / competitive hostility // -	107 strategic business units of two manufacturing firms
Zhou/Yim/Tse 2005	Combined NS	-	Technology based & market based innovation // NPP	MO on market-based innovation (-) / model with organizational learning MO on tech-based innovation (n.s.)	- // -	350 Chinese consumer brands

Diff = unterschiedliche Effekte einzelner Dimensionen der Marktorientierung; MO = Marktorientierung; Cu = Kundenorientierung; Co = Wettbewerberorientierung; IntCo = Interfunktionale Koordination; NS = Skala nach Narver und Slater; JK = Skala nach Jaworski und Kohli; NPP = New Product Performance; NPS = New Product Success; IP = Innovation Performance; * Messung vereint Innovativität und Erfolg

Tabelle A-2: Arbeiten zum Einfluss der Marktorientierung auf die Innovativität von Unternehmen (A-Journals)

Studie	Messung MO	Diff	Messung Innovativität // Innovationserfolg	Andere Befunde als positiver Effekt von MO (Richtung)	Moderatoren // Mediatoren für MO-Innovativität Link	Datengrundlage
Atuahene-Gima 1995	Combined Ruekert	-	- // NPP (market & project performance)	-	Degree of newness to customer & firm / stage of product life cycle / environmental hostility // -	275 Australian firms (both service and manufacturing)
Atuahene-Gima 1996b	Combined JK	-	Product newness to customers & firm / innovation advantage // market success	Total sample: MO on newness to firm (n.s.) / MO on newness to customers (-)	- // -	275 Australian firms (both service and manufacturing)
Atuahene-Gima/Slater/Olson 2005	Responsive / proactive	Yes	- // New product program performance	U-shaped effect of responsive MO on NPP / inverted U-shaped effect of proactive MO on NPP	- // -	175 US firms
Baker/Sinkula 2005	Combined JK	-	- // NPS	-	- // -	243 marketing executives from different industries
Baker/Sinkula 2007	Combined JK	-	- // NPS	-	- // -	243 marketing executives from different industries
Calantone/Harmancioglu/Droge 2010	Cu & Co	-	New product innovation // NPP	Moderator level of analysis (Cu on new product innovation, n.s.)	Data source (east / west) / level of analysis (project / program) / product / service / ... // -	Meta analysis with 70 samples from 64 studies (total sample size 12.921)
Camarero/Garrido 2012	Separate NS	Yes	Organizational innovation / technological innovation // -	-	IntCo / competitor collaboration // -	491 British, French, Italian, and Spanish museums
de Luca/Verona/Vicari 2010	Separate NS	Yes	R&D effectiveness (e.g. number of innovation projects and patents) // -	Cu & Co on R&D effectiveness (n.s.)	Knowledge integration // -	50 Italian biotech firms
Dibrell/Craig/Hansen 2011	Combined NS	-	Firm innovativeness (frequency) // -	-	Environmental attitudes // -	284 owners or CEOs residing in the US food processing industry
Frambach/Prabhu/Verhallen 2003	Cu & Co	Yes	Number of new products // -	Co (-)	Cu as partial mediator for Co on number of new products // -	175 Dutch manufacturing firms
Gotteland/Boulé 2006	Cu & Co & Technological orientation	-	- // NPP	Co (n.s.)	Environmental conditions // use of information	142 product managers and sales directors of French firms
Govindarajan/Kopalle/Danneels 2011	Emerging Cu / mainstream Cu	Yes	Radical innovation / disruptive innovation // -	Mainstream Cu - disruptive (n.s.) / emerging Cu radical (n.s.) / longitudinal: mainstream Cu - disruptive (-)	-	128 SBUs of 19 corporations
Grinstein 2008	Separate NS	Yes	Innovativeness // -	-	Technological turbulence / competitive intensity / size / ... // -	Meta analysis of 56 studies
Im/Hussain/Sengupta 2008	Separate NS	Yes	Novelty / meaningfulness // -	-	Risk-taking / Separate NS // -	206 US high-tech manufacturing firms

Diff = unterschiedliche Effekte einzelner Dimensionen der Marktorientierung; MO = Marktorientierung; Cu = Kundenorientierung; Co = Wettbewerberorientierung; IntCo = Interfunktionale Koordination; NS = Skala nach Narver und Slater; JK = Skala nach Jaworski und Kohli; NPP = New Product Performance; NPS = New Product Success; IP = Innovation Performance; * Messung vereint Innovativität und Erfolg

Tabelle A-2: Arbeiten zum Einfluss der Marktorientierung auf die Innovativität von Unternehmen (A-Journals)

Studie	Messung MO	Diff	Messung Innovativität // Innovationserfolg	Andere Befunde als positiver Effekt von MO (Richtung)	Moderatoren // Mediatoren für MO-Innovativität Link	Datengrundlage
Ingenbleek/ Frambach/ Verhallen 2010	Separate NS	Yes	Relative product advantage // NPP (market & financial)	Co on relative product advantage (n.s.)	Interfunctional coordination // value based pricing	144 Dutch manufacturing and service firms
Kahn 2001	Separate NS	Yes	- // Product development & product management performance (PDP & PMP)	MO on PDP & PMP (manufacturing managers & R&D Managers) (n.s.); Co on PDP & PMP (marketing managers) (-); IntCo on PDP & PMP (marketing managers) (n.s.)	Respondents (marketing / manufacturing / R&D manager) // -	156 managers of US textile manufacturer
Laforet 2008	Self-developed	-	New product development / process innovation / continuous improvement / culture / working environment // -	Co on innovativeness (n.s.)	- // -	60 UK manufacturing firms
Langerak/ Hultink/ Robben 2004	Combined NS	Yes	Product advantage // NPP	MO on NPP (n.s.)	- // Launch tactics	126 Dutch manufacturing firms
Ledwith/ O'Dwyer 2009	Separate NS	Yes	- // NPP	Co & IntCo on NPP (n.s.)	- // -	106 Irish B2B and B2C manufacturing firms (SMEs)
Lukas/Ferrell 2000	Separate NS	Yes	Line extensions / me-too products / new to the world products // -	Cu on me-too products (-) / Co on line extensions & new-to-the-world (-); IntCo on me-too-products (-)	- // -	194 US manufacturing firms
Murray/ Gao/Kotabe 2011	Combined JK	-	New product development capability (speedily, exploit, successfully) // NPP	-	Market turbulence / competitive intensity / coordination / cost leadership // -	491 Chinese export ventures
Narver/ Slater/ MacLachlan 2004	Responsive / proactive	Yes	- // NPS	Responsive MO on NPS (n.s.)	- // -	41 business units from 25 firms (products and services)
Ngo/O'Cass 2012	Combined JK	-	Innovation capability / innovation related performance (number of new products / number of new markets / product quality / product uniqueness)	-	- // -	163 service and manufacturing firms
Paladino 2007	Combined NS	-	Innovation // NPS	MO on NPS (n.s.)	- // -	249 senior executives of top-performing manufacturing firms
Paladino 2008	Combined NS	-	Innovation // NPS	MO on NPS (n.s.)	- // -	211 senior executives of top-performing manufacturing firms

Diff = unterschiedliche Effekte einzelner Dimensionen der Marktorientierung; MO = Marktorientierung; Cu = Kundenorientierung; Co = Wettbewerberorientierung; IntCo = Interfunktionale Koordination; NS = Skala nach Narver und Slater; JK = Skala nach Jaworski und Kohli; NPP = New Product Performance; NPS = New Product Success; IP = Innovation Performance; * Messung vereint Innovativität und Erfolg

Tabelle A-2: Arbeiten zum Einfluss der Marktorientierung auf die Innovativität von Unternehmen (A-Journals)

Studie	Messung MO	Diff	Messung Innovativität // Innovationserfolg	Andere Befunde als positiver Effekt von MO (Richtung)	Moderatoren // Mediatoren für MO-Innovativität Link	Datengrundlage
Rodríguez-Pinto/ Carbonell/ Rodríguez-Escudero 2011	Combined JK	-	Quality / innovation speed // NPP	-	Order of market entry (first-to-market / early entrants / late-entrants) // -	244 Spanish manufacturing firms
Sandvik/ Sandvik 2003	Separate JK	Yes	New-to-the-market-products / new-to-the-firm-products // -	Dissemination & responsiveness (n.s.)	- // -	298 Norwegian hotels
Spanjol/ Qualls/Rosa 2011	Cu & Co	Yes	Ideation novelty & volume // -	Cu on ideation volume (n.s.) & market search (n.s.) / Co on ideation novelty (n.s.) & ideation volume (n.s.)	- // Market search (partial mediation)	182 household products firms
Talke/Salomo/ Kock 2011	Proactive	-	Market newness of product portfolio // -	-	- // -	122 firms from 17 countries
van Riel/ Lemmink/ Ouwersloot 2004	Separate JK	Yes	- // NPS (short / long / indirect)	Mostly non-findings / competition information acquisition on short-term success (-)	- // -	251 innovation projects in European, US and Japanese high technology service firms
Wei/ Frankwick/ Nguyen 2012	Combined JK	-	- // Objective NPP	-	- // -	290 Chinese firms
Wei/Morgan 2004	Combined JK	-	- // NPP	-	- // -	110 Chinese manufacturing firms
Yang et al. 2012	Separate NS	-	- // NPP	-	- // -	501 Chinese manufacturing and service firms
Yannopoulos/ Auh/Menguc 2012	Responsive / proactive	Yes	- // NPP	-	- // Explorative and exploitative learning	216 Canadian high-tech firms

Diff = unterschiedliche Effekte einzelner Dimensionen der Marktorientierung; MO = Marktorientierung; Cu = Kundenorientierung; Co = Wettbewerberorientierung; IntCo = Interfunktionale Koordination; NS = Skala nach Narver und Slater; JK = Skala nach Jaworski und Kohli; NPP = New Product Performance; NPS = New Product Success; IP = Innovation Performance; * Messung vereint Innovativität und Erfolg

Tabelle A-3: Arbeiten zum Einfluss der Marktorientierung auf die Innovativität von Unternehmen (B-E Journals)

Studie	Messung MO	Diff	Messung Innovativität // Innovationserfolg	Andere Befunde als positiver Effekt von MO (Richtung)	Moderatoren // Mediatoren für MO-Innovationstätigkeit Link	Datengrundlage
Agarwal/ Erramilli/ Dev 2003	Combined NS	-	Innovativeness // -	-	- // -	201 international hotels
Aldas-Manzano/ Küster/Vila 2005	Combined NS	-	Electronic / process / product / strategic // -	MO on innovativeness (n.s.)	- // -	In-depth interviews with 17 directors of Spanish textile industry
Appiah-Adu 1998	Pelham and Wilson	-	- // Objective NPP	-	Market turbulence / technological turbulence / market growth / competitive intensity // -	110 small UK manufacturing firms
Augusto/ Coelho 2009	Separate NS	Yes	New-to-the-world product introductions (number and degree) // -	IntCo on new-to-the-world product introductions (n.s.)	Environmental (technological turbulence / competitive intensity) // firm-specific (firm innovativeness / competitive strength)	89 Portuguese firms (38,4% service firms)
Baker/ Sinkula 1999	Combined JK	-	Product innovation (e.g., differentiation, frequency, success) // -	-	- // -	411 manufacturing and consumer services firms
Boso/ Cadogan/ Story 2012	Separate JK	No	- // NPP	Interaction with entrepreneurial behavior (measure includes innovativeness)	Entrepreneurship x competitive intensity (3-way interaction) / entrepreneurship x financial capital (3-way interaction) // -	212 British export firms
Carbonell/ Rodríguez-Escudero 2010	Separate JK	Yes	Innovation speed // NPP	Intelligence generation on innovation speed (n.s.) / J-shaped effect of responsiveness on innovation speed // intelligence generation & dissemination on NPP (n.s.)	MO on innovation speed for late entrants (n.s.) / MO on NPP for first-to-market & late entrants (n.s.) // -	247 Spanish manufacturing firms
Feng et al. 2012	Cu	-	Customer knowledge development / time-to-market // -	-	IT-implementation // -	176 Chinese manufacturing firms
Hillebrand/ Kemp/ Nijssen 2011	Cu	-	Firm innovativeness // -	Cu on firm innovativeness (n.s.)	- // -	217 SMEs B2B services
Hsieh/Tsai/ Wang 2008	Separate NS	-	NPP (market/financial) // -	-	MO moderates effect of product advantage on NPP // -	112 Taiwanese biotechnology firms
Hult/ Hurley/ Knight 2004	Separate NS	No	Innovativeness // -	-	- // -	Marketing executives from 181 firms
Jiménez-Jimenez/ Valle/ Hernandez-Espallardo 2008	Separate JK	No	Second order (product / process / administrative) // -	-	- // -	744 Spanish firms

Diff = unterschiedliche Effekte einzelner Dimensionen der Marktorientierung; MO = Marktorientierung; Cu = Kundenorientierung; Co = Wettbewerberorientierung; IntCo = Interfunktionale Koordination; NS = Skala nach Narver und Slater; JK = Skala nach Jaworski und Kohli; NPP = New Product Performance; NPS = New Product Success; IP = Innovation Performance; * Messung vereint Innovativität und Erfolg

Tabelle A-3: Arbeiten zum Einfluss der Marktorientierung auf die Innovativität von Unternehmen (B-E-Journals)

Studie	Messung MO	Diff	Messung Innovativität // Innovationserfolg	Andere Befunde als positiver Effekt von MO (Richtung)	Moderatoren // Mediatoren für MO-Innovativität Link	Datengrundlage
Keskin 2006	Separate Ruekert	No	Firm innovativeness // -	MO on firm innovativeness (n.s.)	- // -	157 Turkish SMEs
Lado/ Maydeu- Olivares 2001	Separate Lambin	Yes	Innovation degree // IP	Cu on innovation degree for US services (n.s.)	- // -	211 top executives from European (137) and US (74) insurance market
Lisboa/ Skarmeas/ Lages 2011	Cu & Co	Yes	Exploration / exploitation // -	-	- // -	262 Portuguese firms
Low/Chapman/Sloan 2007	Separate NS	Yes	Innovativeness (entrepreneurship / act of finding creative or novel solutions) // NPS	IntCo on innovativeness (n.s.)	- // -	73 Australian manufacturing firms (SMEs)
Matear et al. 2002	Combined Gray	-	Innovation infrastructure / innovation implementation // -	-	- // -	231 New Zealand service firms
Mavondo/ Chimhanzi/ Stewart 2005	Combined NS	-	Administrative / product / process // -	-	- // -	227 Australian firms (high-tech, professional services, hospitality)
Maydeu-Olivares 2003	Combined Lado	-	Innovation degree // IP	-	- // -	122 European insurance providers
Mu/Di Benedetto 2011	Combined NS	-	Advantage / novelty / number // -	-	Organizational learning (mediator) / dynamism // -	348 Chinese firms
Nasution et al. 2011	Combined NS & JK	-	Innovation (product / process / administrative) // -	-	Entrepreneurial orientation // -	231 Indonesian hotels
Ramaseshan/ Caruana/Pang 2002	Separate Ruekert	Yes	- // NPP (overall / market / project)	-	- // -	127 Singaporean firms
Renko/ Carsrud/ Brännback 2009	Combined JK	-	Product innovativeness (frequency of new products) // -	MO on product innovativeness (n.s.)	- // -	85 bio-technology ventures
Salavou/ Baltas/ Lioukas 2004	Separate Ruekert	No	Organisational innovativeness (number of new products) // -	-	- // -	124 Greek SMEs
Salomo/ Steinhoff/ Trommsdorff 2003	Cu	-	- // New product development success	-	Product innovativeness // -	100 Product projects from German industrial corporations
Zhang/Duan 2010	Responsive / proactive	Yes	Innovativeness // product innovation performance	Responsive MO direct on NPP / proactive indirect on Innovativeness	Market turbulence / technological turbulence / competitive intensity // -	227 Chinese manufacturing firms

Diff = unterschiedliche Effekte einzelner Dimensionen der Marktorientierung; MO = Marktorientierung; Cu = Kundenorientierung; Co = Wettbewerberorientierung; IntCo = Interfunktionale Koordination; NS = Skala nach Narver und Slater; JK = Skala nach Jaworski und Kohli; NPP = New Product Performance; NPS = New Product Success; IP = Innovation Performance; * Messung vereint Innovativität und Erfolg

Tabelle A-3: Arbeiten zum Einfluss der Marktorientierung auf die Innovativität von Unternehmen (B-E-Journals)

Studie	Messung MO	Diff	Messung Innovativität // Innovationserfolg	Andere Befunde als positiver Effekt von MO (Richtung)	Moderatoren // Mediatoren für MO-Innovativität Link	Datengrundlage
Subramanian/ Gopalakrishna 2001	Combined NS	-	- // NPS	-	Supplier power / competitive intensity / market turbulence // -	162 Indian manufacturing and service firms
Tajeddini/ Trueman/ Larsen 2006	Separate NS	Yes	- // Objective NPP	IntCo on objective NPP (n.s.)	- // -	238 firms from Swiss watch industry
Tsai/Chou/Kuo 2008	Responsive / proactive	Yes	- // NPP	U-shaped effect of responsive MO on NPP for high technological turbulence / proactive has inverted u-shape for low level of competitive intensity and technological turbulence	Technological turbulence / competitive intensity // -	107 new product development programs in five high-tech industries
Vázquez/ Santos/Álvarez 2001	Combined JK / self-developed	-	Firm innovativeness / innovation rate / new product innovativeness // -	MO on innovation rate (n.s.)	- // -	264 Spanish industrial firms
Wren/Souder/ Berkowitz 2000	Market intelligence / Cu	Yes	- // NPS	Cu in Korea (n.s.)	- // -	375 firms from United States, New Zealand, Korea, Belgium, and Norway and Sweden

Diff = unterschiedliche Effekte einzelner Dimensionen der Marktorientierung; MO = Marktorientierung; Cu = Kundenorientierung; Co = Wettbewerberorientierung; IntCo = Interfunktionale Koordination; NS = Skala nach Narver und Slater; JK = Skala nach Jaworski und Kohli; NPP = New Product Performance; NPS = New Product Success; IP = Innovation Performance; * Messung vereint Innovativität und Erfolg

Tabelle A-4: Arbeiten zum Einfluss der Informationsgenerierung auf die Innovativität von Unternehmen (A[+]-Journals)

Studie	Messung Informations-generierung	Abhängige Variable Innovativität // Erfolg	Andere Dimensionen	Andere Ergebnisse als positiver Effekt auf Innovativität	Datengrundlage
Li/Calantone 1998	Customer knowledge processes	New product advantage // -	Competitor knowledge process / marketing R&D interface	-	236 firms from the US software industry
Moorman 1995	Information acquisition (processes)	New product creativity / timeliness // new product performance	Information transmission / individual information usage / conceptual utilization / instrumental utilization	No effect	92 firms with new product development programs
Moorman/Miner 1997	Organizational memory level	New product creativity // new product short-term financial performance	Organizational memory dispersion	No effect on new product creativity	92 firms with new product development programs
Song/Montoya-Weiss 2001	Competitive and market intelligence	Product competitive advantage // -	New product development project performance	No effect for high uncertainty	553 Japanese new product development projects
De Luca/Atuahene-Gima 2007	Market knowledge depth	- // Product innovation performance	Market knowledge breadth / tacitness / specificity / collaboration	-	363 Chinese high-technology firms; project level
Joshi/Sharma 2004	Customer knowledge development	- // New product performance	-	-	169 Canadian manufacturing firms; project level

Tabelle A-5: Arbeiten zum Einfluss der Informationsgenerierung auf die Innovativität von Unternehmen (A-Journals)

Studie	Messung Informations-generierung	Abhängige Variable Innovativität // Erfolg	Andere Dimensionen	Andere Ergebnisse als positiver Effekt auf Innovativität	Datengrundlage
Deeter-Schmelz/ Ramsey 2003	Information acquisition	Customer satisfaction with service // -	Information processing (exchange and use)	No effect	61 US health care teams and 1598 patients
Kawakami/ MacLachlan/ Stringfellow 2012	Market information acquisition	- // New venture performance	Market information utilization	-	453 Japanese, Chinese and US new venture firms
Kim/Atuahene-Gima 2010	Exploitation learning	New product differentiation / new product cost efficiency // -	Exploration learning	No effect on new product differentiation	157 manufacturing firms in China
Ordanini/ Parasuraman 2011	Customer orientation	Innovation volume / radicalness // -	-	-	91 Italian five-star luxury hotels
Ottum/Moore 1997	Market information gathered	- // Overall new product success / financial success / customer success / time & money success	Market information shared / market information used	No effect of gathering on financial / customer / time & money success	Projects in 28 US high-tech firms; information about 58 products
Parry/Song 2010	Market information acquisition	- // New venture performance	Market information use	-	222 Chinese new ventures
Sinkula/Baker/ Noordewier 1997	Market intelligence generation	Marketing program dynamism // -	Market intelligence dissemination	No direct effect / indirect via dissemination	125 firms
Slater/Narver 2000	Market focused intelligence generation	- // New product success	Collaborative / experimental / repetitive experience	No effect	66 electronic firms
Song/Di Benedetto/ Parry 2009	Market information acquisition	- // New venture success	Market information utilization	No effect of information acquisition in established markets; positive in emerging markets	222 new ventures in China
Song/Thieme 2009	Level of market information acquired from suppliers during predesign activities	- // Perceived product performance (for incremental and radical innovations)	Level of market information acquired from suppliers during commercialization activities	Negative impact on perceived product performance of radical innovations	205 incremental and 110 radical new product development projects
Spanjol/Qualls/Rosa 2011	Market search behavior	Product idea novelty / product idea volume // -	Competitor and customer orientation	-	182 marketing and technical managers
Van Riel/ Lemmink/ Ouwersloot 2004	Customer information gathering	- //Short-term / long-term / indirect success	Competitor and technology information gathering // information diffusion and use	Customer information gathering only effect on long-term success; competition information gathering has negative effect on short-term success	251 innovation projects from companies in Europe, the United States, and Japan
Yannopoulos/ Auh/Menguc 2012	Exploitation learning	- // New product performance	Exploration learning / proactive and responsive market orientation	No effect on new product performance	216 high-tech Canadian firms
Zhou/Li 2012	Market knowledge acquisition	Radical innovativeness // -	Knowledge sharing	No effect of knowledge sharing	117 Chinese high technology firms

Tabelle A-6: Arbeiten zum Einfluss der Informationsgenerierung auf die Innovativität von Unternehmen (B-E-Journals)

Studie	Messung Informationsgenerierung	Abhängige Variable Innovativität // Erfolg	Andere Dimensionen	Andere Ergebnisse als positiver Effekt auf Innovativität	Datengrundlage
Atuahene-Gima/Murray 2007	Exploitation learning	- // New product success	Exploration learning	Negative effect on new product success	179 Chinese ventures
Harmancioglu/Grinstein/Goldman 2010	Market information collection efforts	Firm innovativeness // -	-	-	97 B2B firms from Israel (55.7% service firms)
Hultink et al. 2011	Market information acquisition	- // NPD performance	Dissemination / use	No effect of dissemination	152 Dutch NPD projects
Johnson/Piccolotto/Filippini 2009	Market knowledge competence	- // New product success	-	-	NPD projects from 250 firms from Germany, Italy, Japan, USA
Song/Di Benedetto/Parry 2010	Formal processes for information generation	- // New venture performance	Formal processes for information utilization	-	222 Chinese new ventures
Song/Wang/Parry 2010	Market information acquisition	// New venture performance	Market information utilization / customer interaction	Acquisition has negative effect	224 US new ventures
Stewart/Mullarkey/Craig 2003	Market information acquisition	- // New product performance	Collection from external sources / informal customer / formal customer // market information transmission and conceptual use	No effect on performance / effect on novelty depends on turbulence / customer processes positive significant for stable environments	Managers from 70 different firms
Veldhuizen/Hultink/Griffin 2006	Market information acquisition	Product advantage / product newness to the market // -	Environmental / customer / dissemination and use of market information	No effect on efficiency / no correlation to newness	166 NPD managers in Dutch high-tech firms
Verhees/Meulenberg 2004	Customer market intelligence	Product assortment attractiveness // -	Supplier intelligence	-	152 rose growers
Wren/Souder/Berkowitz 2000	Marketing intelligence	- // New product success	Customer orientation	Market intelligence important over all 5 countries; customer orientation only relevant for 4	R&D and marketing manager from US (111), New Zealand (74), Korea (52), Scandinavia (72) and Belgium (66)
Zhang/Di Benedetto/Hoenig 2009	Knowledge utilization	- // Product innovation performance	-	-	103 R&D managers of Chinese subsidiaries of multinational firms; projects

Tabelle A-7: Ausgewählte empirische Arbeiten zu Self-Service Technologien

Studie	Zeit-schrift	Unabhängige Variablen	Mediatoren	Abhängige Variablen	Moderatoren
Bhappu/ Schultze 2006	JSR	Enacted service design / perceived threat of SST / perceived usefulness of SST / purchase frequency	-	Intention to adopt SST	-
Collier/Sherrell 2010	JAMS	Perceived control / perceived convenience	Speed of transaction / exploration / trust in service provider	Perceived value / satisfaction // intention to use SST	-
Curran/Meuter/ Surprenant 2003	JSR	Attitude toward employees / attitude toward specific SST	Global attitutde toward firm / global attitude toward SST	Intention to use SST	-
Curran/Meuter 2005	JSM	Ease of use / usefulness / need for interaction / risk	Attitude toward SST	Intention to use SST	-
Dabholkar 1996	IJRM	Expectations (speed of delivery / ease of use / reliability / enjoyment / control)	Expected service quality of TBSS	Intention to use TBSS	-
Dabholkar/ Bagozzi 2002	JAMS	Ease of use / performance / fun	Attitude toward using TBSS	Intention to use TBSS	Consumer traits / situational factors
Lee/Allaway 2002	JSM	Predictability / controllability / outcome desirability	Perceived risk / adoption intention	Perceived value	-
Mattila/Cho/Ro 2011	JBR	SST failure / human failure	Human recovery	Complaints (Perceived Fairness)	-
Meuter et al. 2003	JBR	Technology anxiety / demographics	-	SST usage / SST experience	-
Meuter et al. 2005	JM	Individual differences / innovation characteristics	Consumer Readiness	Trial	-
Nilsson 2007	EJoM	Age / gender / education / family income	-	Internet bank use	Country (Sweden / Estonia)
Reinders/ Dabholkar/ Frambach 2008	JSR	Forced use of TBSS / Interaction with an employee as a fall back option / previous experience with TBSS	Attitude toward using TBSS & service provider	Positive word-of-mouth intentions / switching intentions	-
Robertson/Shaw 2009	JSR	Likelihood of voice success / causal locus / SST self-efficacy	Ease of voice / SST powerlessness	Need to vent / likelihood of voice	-
Simon/Usunier 2007	IJRM	Cognitive (rational engagement / experiential style) / age / perceived service complexity	Preference for using SST over personnel-in-contact	Situational preference / according to waiting time differential	Simple versus complex service
van Beuningen et al. 2009	JSR	Credibility / argument quality	Self-efficacy / perceived financial performance / perceived value	Usage intentions	Role engagement
Weijters et al. 2007	JSR	Perceived usefulness / perceived ease of use / reliability / perceived fun / newness	Attitude toward SST	SST use	Education / age / gender
Weijters et al. 2007	JSR	SST use / number of items purchased / number of customers at check-out	-	Actual time in store / perceived waiting time / satisfaction	-
Zhen et al. 2007	JAMS	Design features: comparative information / interactivity	-	Customers perceived control / interface evaluations	Prior experience / technology readiness

SST = Self-Service Technology; TTBS = Technology Based Self-Services

Tabelle A-8: Qualitative und quantitative Studien zu Co-Development bei Dienstleistungen

Studie	Titel	Art der Arbeit	Gegenstand der Studie	Erkenntnisse
Alam 2002	An exploratory investigation of user involvement in new service development	Exploratory interviews and investigation in 12 firms	New service development process / interaction with customers	Firms should proactively involve customers / user involvement leads to superior and differentiated services and reduced cycle time / educating users and develop long-term relationship / most effective are in-depth interviews and user visits
Alam 2006	Removing the fuzziness from the fuzzy front-end of service innovations through customer interactions	Field research involving 26 financial services firms	Process of customer interaction in the fuzzy front-end of new service development process	Customers should be involved in the front-end stages of new service development
Blazevic/ Lievens 2008	Managing innovation through customer coproduced knowledge in electronic services: an exploratory study	Qualitative data from three electronic service interaction channels	Coproduction of knowledge during electronic services	Three different roles of customers in knowledge coproduction: passive user, active informer and bidirectional creator / role impact on innovation tasks detection, development and deployment
Chen/Tsou/ Ching 2011	Co-production and its effects on service innovation	157 IT businesses in Taiwan	Business-to-business co-production for service innovation	Co-production positively influences service innovation; depends on the collaborative partner's compatibility and history of business relations, affective commitment, and expertise
Chen/Tsou/ Huang 2009	Service Delivery Innovation – Antecedents and Impact on Firm Performance	298 marketing and technology departments of financial firms in Taiwan	Antecedents and impact on firm performance / effect of external partner collaboration on service delivery innovation	Effect of external partner collaboration on service delivery innovation is not significant
Chien/Chen 2010	Supplier involvement and customer involvement effect on new product development success in the financial service industry	125 effective questionnaires distributed to financial services firms in Taiwan were returned	Customer involvement, supplier involvement, cross-functional department integration, and new product development (NDP) in the financial services industry	Customer involvement has a significant positive effect on the NPD process and on cross-functional integration // cross-functional integration has a significant positive effect on the NPD process
Gustafsson/ Ekdahl/ Edvardsson 1999	Customer focused service development in practice - a case study at Scandinavian Airlines System (SAS)	Case study	Investigations of Scandinavian Airlines System (SAS) into the concerns of the customers throughout the entire travel experience	Benefits of observational research (taping customers with video cameras); new techniques allowed SAS to identify 40 problems and 50 minor improvements
Gustafsson/ Kristensson/ Witell 2012	Customer co-creation in service innovation: a matter of communication?	334 managers with experience in new service and product development	Customer co-creation during new service and product development (communication – frequency, direction, modality, and content)	Incremental service innovations: positive effect of frequency, direction, and content on product success / radical innovations: frequency has a positive effect and content has a negative significant effect on product success
Lundkvist/ Yakhlef 2004	Customer involvement in new service development: a conversational approach	Case study	Transfer of information from customers to firm	Conversational approach allows in-depth understanding and is more useful than structural inquiry

Tabelle A-8: Qualitative und quantitative Studien zu Co-Development von Dienstleistungsinnovationen

Studie	Titel	Datengrundlage	Gegenstand der Studie	Erkenntnisse
Matthing et al. 2006	Developing successful technology-based services: the issue of identifying and involving innovative users	Telephone surveys; field experiment	Identification of innovative customers / effectiveness of employing such customers to generate new service ideas in a technology-based service setting	Technology readiness is a useful tool for identifying users who exhibit both innovative attitudes and behaviors / users with a high technology readiness increase quantity and quality of new service ideas
Matthing/ Sandén/ Edvardsson 2004	New service development learning from and with customers	Field experiment in Sweden with end-user mobile phone services	Proactive learning about the customer / customer involvement in the development process	Consumers' service ideas are more innovative (originality and user value) than those of professional service developers
Ordanini/ Parasuraman 2011	Service innovation viewed through a service-dominant logic lens: a conceptual framework and empirical analysis	193 five-star luxury hotels in Italy	Antecedents and consequences of service innovation / customer collaboration in development projects	Collaborating with customers increases innovation volume / no effect on radicalness / vice versa for collaborating with business partners
Perks/ Gruber/ Edvardsson 2012	Co-creation in radical service innovation: a systematic analysis of microlevel processes	40 incremental developments, involving multiple actors	Co-creation in radical service innovation	Two main patterns of sequences: One dominated by ad-hoc and enduring independent innovation activities by network actors and one dominated by lead-firm innovation and interaction activity
Schulteß et al. 2010	Innovating for and with your service customers: an assessment of the current practice of collaborative service innovation in Germany	Survey of German innovation managers	Current service innovation practices	Idea evaluation, service concept, investment decision are most important determinants of success / obvious barriers to the integration of customers in those important phases are the risk of losing confidentiality and the costs of managing the customer involvement
Witell et al. 2011	Idea generation: customer co-creation versus traditional market research techniques	195 development projects in European companies // experiment with 50 users	Proactive and reactive market research techniques during the development of new market offerings	In-depth interviews are limited; involving customers in the early development phases is useful; more use of market research techniques that capture real life situations